acabus

Robert Focken

Arnulf

Kampf um Bayern

Historischer Roman

Focken, Robert: Arnulf. Kampf um Bayern, Hamburg, acabus Verlag 2019

2. Auflage
ISBN: 978-3-86282-715-2

Dieses Buch ist auch als eBook erhältlich und kann über den Handel oder den Verlag bezogen werden.
ePub-eBook: ISBN 978-3-86282-717-6
PDF-eBook: ISBN 978-3-86282-716-9

Lektorat: ds, acabus Verlag
Cover: © Annelie Lamers, acabus Verlag
Covermotiv: © Ksenia Lanina

Bibliografische Information der Deutschen Nationalbibliothek:
Die Deutsche Nationalbibliothek verzeichnet diese Publikation in der Deutschen Nationalbibliografie; detaillierte bibliografische Daten sind im Internet über http://dnb.d-nb.de abrufbar.

Der acabus Verlag ist ein Imprint der Bedey Media GmbH, Hermannstal 119k, 22119 Hamburg.

Personenregister

Arnulf	Hundertschaftsführer der Schwarzen in Karls Diensten, genannt *sax hamar*
Arthur	ältester Sohn Arnulfs und Erikas
Atto von Freising	Bischof, heimlicher Anhänger Karls
Desiderius	ehemaliger Langobardenkönig, Leutbergas Vater
Einhard	königlicher Berater (*Consiliarius*)
Erika	Arnulfs Ehefrau, Halbschwester Widukinds
Fago	Graf, Heerführer in Tassilos Gefolge
Fastrada	Königin, Ehefrau Karls
Fulrad von Metz	Bischof und Hofkapellan, Leiter der königlichen Amtsgeschäfte
Gallo	Krieger in Arnulfs Hundertschaft
Gerswind	Tochter Arnulfs und Erikas
Gertrud	Zofe an Tassilos Hof
Grifo	Karlmanns Sohn, Karls Neffe, an Tassilos Hof
Grimbald	jüngster Sohn Arnulfs und Erikas, genannt Grimmo
Hagano	Dirnenhändler aus Sodom bei Regensburg
Hardrad	Herzog, Thüringer Fürst, Verräter
Heden	Hundertschaftsführer der Bärenhäuter

Karl	König der Franken, genannt *Der Große*, Sohn König Pippins
Karlmann	Karls verstorbener Bruder
Leutberga	Ehefrau Herzog Tassilos, langobardische Königstocher
Ludwig	Sohn König Karls
Nibelung	Bayer aus Regensburg, Vogelhändler
Samo	Arnulfs Deckname in Regensburg
Schweiger	Krieger in Arnulfs Hundertschaft
Sigfrid	Krieger in Arnulfs Hundertschaft
Swabo	Krieger in Arnulfs Hundertschaft
Tassilo	Herzog der Bayern, Sohn Odilos, Nachkomme Agilos
Theodoso	Sohn von Tassilo und Leutberga
Udalrich	Graf, Fürst der Wesersachsen (Engern), Vasall Karls, genannt *Der Blutgraf*
Uto	Bastard Tassilos, genannt *Der Sänger*, Leibwache Tassilos
Virgil von Salzburg	Bayerischer Bischof, Anhänger Tassilos
Widukind	Herzog der Sachsen, Karls Gefangener auf der Insel Reichenau
Worad	Graf, Oberbefehlshaber der Panzerreiter unter Karl

Althochdeutsche Begriffe

ahta	Ansehen, Ruf
gilerito	Gelehrter
giniscaft	Kriegertreue
gundfanari	Oberster Heerführer König Karls (s. Graf Worad)
Kaghan	Heerführer der Awaren
samantwist	das (intime) Zusammensein
Scara	Leibwache des Königs, unterteilt in Hundertschaften, genannt *unfortha* = die Furchtlosen
Skizan	Scheiße
tobaswam	Fliegenpilz
wurf kliuwa	Spiel mit Holzkugeln

Kapitel I

Worms, Mai 787

Einen Königsmord kündigt man nicht an. Der Mörder gibt sich nicht zu erkennen – bis er dem Herrscher nahe genug ist. Und zur Klinge greift.

Später fragte Arnulf sich, ob er die Attentäter hätte erkennen können: Da waren diese Kerle des Herzogs Hardrad, eines Thüringer Fürsten, die sich unter die Jagdgruppe König Karls mischten; etwa zehn Mann im grünen Jagdwams, mit Pelz am Rocksaum. Wenn sie irgendetwas von den gutgelaunten Männern um Karl herum unterschied, dachte Arnulf, dann dieses stille Nach-vorne-Starren: Männer, die in ein Gefecht ziehen, sahen so aus … *Aber hätte man sie deshalb gleich totschlagen sollen?*

Es war keine echte Jagd, bei der man einem Wisent mit einer Stoßlanze gegenübertritt. Eher eine Art königlicher Zerstreuung, die den Hoftag abschloss. Dieser Hoftag – Mitte Mai im Jahre des Herrn 787 – hatte Worms am Rhein mit hunderten von Besuchern überflutet. Drei Tage dauerte das Spektakel aus prunkvollen Empfängen, Gottesdiensten und klirrenden Waffenschauen. Dann, am vierten Tag, lud Karl die Gaugrafen, Bischöfe und Edelherren zum Jagdvergnügen im Königswald nahe der Stadt. Auch ausländische Würdenträger waren dabei: in helle Seide gekleidete Sarazenen, Bulgarenhäuptlinge in langen Kaftanen und sogar ein Byzantiner, ein Kaiser-Emissär aus dem alten Ostrom. Er trug Schuhe und einen Gürtel, die mit Brillanten besetzt waren. Durfte man diese Leute Wisenten und Bären aussetzen?

Wildschweine und Rotwild scheuchten die Treiber auf die Stellung der Jäger zu: eine kleine Erhebung, von der man die trichterförmige Senke überblickte, in der Keiler und Rehe sich wiederfanden. Jagdknechte der Königspfalz standen mit Bogen und Jagdspeer bereit. Aber kaum ein Krieger der Scara, der königlichen Panzerreiter, die für den persönlichen Schutz Karls verantwortlich waren! Denn sie sicherten die Königspfalz südlich der Stadt, wo Scharen von Habenichtsen und Namenlosen zusammenströmten, in der Hoffnung auf Brosamen der Edlen.

An diesem schicksalhaften Nachmittag fand nicht nur die Königsjagd statt, sondern im Rüsthof der Pfalz trafen auch zwei Ochsenwagen mit der überfälligen Jahresabgabe eines Königsgutes ein – Waffen und Rüstzeug. Dieser Zufall sorgte dafür, dass einige der Hofleute während der Jagd mit der Überprüfung von Sätteln, Pfeilen und Lanzen beschäftigt waren. Und weil die Fuhre vom Amtmann des Königsgutes selbst ausgeliefert wurde, der als überheblich und streitsüchtig galt und gerne behauptete, einst vom alten König Pippin in sein Amt eingesetzt worden zu sein, hatte der königliche Pfalzgraf auch Offiziere wie Arnulf hinzugerufen: einen Hundertschaftsführer mit kräftigem Körperbau, braunem, über die Ohren fallendem Haar und einer gewissen Ausstrahlung, die Menschen zweimal überlegen ließ, was sie sagten. Arnulf hatte auf vielen Feldzügen *ahta*, Ansehen und Ruhm, erworben und sein Kriegsname, *sax hamar*, war an der blutgetränkten Nordgrenze des Reiches fast so bekannt wie der Name Karls selbst.

Pfalzknechte entluden die ankommenden Wagen zwischen zwei scheunenartigen Lagerhäusern, während der in helles, eng geschnittenes Leinen gekleidete Amtmann dem Pfalzgrafen ungefragt von der Aufmüpfigkeit seiner Hörigen berichtete: »Ohne den Stock bringt man heute keinen mehr zum Arbeiten!« Der Pfalzgraf murmelte etwas Unverbindliches und strich sich über seinen hufeisenförmigen Schnurrbart, doch Arnulf nahm die Worte mit Stirnrunzeln auf; die Hände über der Brust verschränkt, stand er ein paar Schritte abseits und sagte nicht besonders laut, aber deutlich vernehmbar: »Ein guter Herr braucht keinen Stock.«

Der Amtmann blinzelte, fuhr sich über die kahle, hellbraune Kopfhaut und würdigte den Mann mit dem zerschrammten Schuppenpanzer eines abschätzenden Blicks. Er nahm den Waffengürtel mit dem Langschwert und der Streitaxt auf, das dunkle Leder der Unterarmschützer, den nicht besonders neuen Wollstoff der Hose, die unterhalb des Knies nach fränkischer Art in der Kreuzbindung zusammenlief. Dann erst, beim zweiten Blick, sah er die kleineren und größeren Narben in dem Kriegergesicht, die vom Schnurrbart und den Kinnstoppeln kaum verborgen wurden.

»Das ist Arnulf *sax hamar*«, erläuterte der Pfalzgraf beiläufig. »Er hat Widukinds Sachsen geschlagen. Seid besser nett zu ihm!« Dann begann er, die Lederschichten und Steigbügel des ersten Sattels zu untersuchen. Zwei andere, die wie Arnulf in Leder und Eisen gekleidet waren, prüften derweil die Spitzen der etwa sechs bis sieben Fuß langen Lanzen, von denen die Knechte einige Dutzend auf dem Boden verteilt hatten. Der Amtmann nickte unsicher und murmelte, dass es eine Plage sei, sich mit den sächsischen Umsiedlern herumschlagen zu müssen, die König Karl aus ihrer Heimat im Norden gerissen hatte, um ihren Widerstandsgeist für immer zu brechen.

»Die Pfeilbündel«, sagte Arnulf nur, ohne auf das Gerede einzugehen. Einer der Pfalzknechte mit kurzem Haar und einem koboldhaften Gesicht zerrte eine etwa drei Fuß hohe und ebenso lange Kiste herbei, die Pfeiltrommeln enthielt: Bündel von Pfeilen, die jeweils von zwei runden, zehnfach eingekerbten Holzscheiben auseinander gehalten wurden. Das schonte die empfindliche Befiederung der Geschosse. Der Knecht sah Arnulf mit einem Grinsen an, das andere für frech gehalten hätten. Arnulf aber erkannte den Burschen: ein Vetter dieses Mannes diente ihm, Arnulf, seit einem Jahr als Bogenschütze. »Von unten, Herr?«, fragte der Mann und packte auch schon die obersten Bündel beiseite. Arnulf nickte und grinste nun selbst – *der Mann denkt mit!* Er ahnte, dass der Bogner seinem Verwandten schon häufiger von schlecht verklebten Befiederungen erzählt hatte …

Arnulf klaubte einen Pfeil aus der Trommel, die der Knecht ihm reichte, und ging mit der Daumenkuppe über die weiße, gerade geschnittene Gänsefeder, gegen die Schussrichtung. Er sah den Pfalzgraf an, dann den Knecht und schließlich den Amtmann selbst. Der brachte noch einen Satz zu Ende über den hervorragenden Federschutz, der schon von König Pippin gelobt worden war.

Arnulf warf ihm das ganze Pfeilbündel vor die Füße. »Die sind schlecht geleimt«, stieß der Offizier aus. »Beim fünften, sechsten Schuss löst sich die Feder, der Pfeil flattert und verfehlt sein Ziel. Nehmt das Zeug wieder mit und bringt uns bessere Pfeile!«

Der Amtmann stemmte die Hände in die Hüften und plusterte sich auf: »Wie wollt Ihr das denn so schnell beurteilen, he?« Arnulf starrte ihn an, und was der Kerl in Arnulfs Augen sah, ließ ihn zur Seite schauen. Der Kriegsmann nickte dem Pfalzgrafen zu und machte einem der Pferdeburschen im Hintergrund ein Zeichen. *Hier werde ich nicht mehr benötigt …*

Mit einer einzigen, kraftvollen Bewegung schwang er sich in den Sattel des Apfelschimmels, während hinter ihm ein heftiger Wortwechsel entbrannte. Als er anritt, wurde der Wortwechsel zum Geschrei. Das Letzte, was er mitbekam, war das Geräusch einer Handfläche auf einer Wange – kein Zweifel, einer der

Offiziere hatte dem Amtmann seinen wahren Rang aufgezeigt, Pippin hin oder her!

Er brauchte dem Apfelschimmel nur sanft die Fersen in die Flanken zu drücken. Das Tier ließ die Gebäude der Pfalz hinter sich und schoss vorwärts, schien die helle Sonnenwärme genauso zu genießen wie er selbst. In der Luft lag ein Versprechen des Sommers. Vorwärts, zum Jagdlager! Das lag irgendwo südlich oder südwestlich der Pfalz, am Rand des Königsforstes. Der König hatte ihm zwar nicht direkt befohlen, am Geschehen teilzuhaben, aber natürlich wusste Arnulf, dass es guter Sitte entsprach, den Herrscher bei solchem Treiben zu flankieren. Man zeigte der Welt, dass der Herr der Christenheit allzeit von treuen Vasallen umgeben war! Und andersherum betrachtet, ehrte es einen wie Arnulf, nahe beim König zu stehen und als ein Vertrauter des Herrschers zu gelten.

Er durchpflügte Wiesen, Weiden, Äcker und bald hörte er das Hundegebell. Dann trieb ihm der Wind den Fleischgeruch entgegen. Am Rand eines Forstes waren mehrere Planwagen der Scara aufgefahren, in deren Mitte schuppengepanzerte Krieger eine Hirschkuh über einem Feuer drehten. Die meisten von ihnen trugen ein schwarzes Tuch um den Hals, andere hatten es um den Kopf gebunden. Sie gehörten zur schwarzen Hundertschaft, zu Arnulfs Männern. Um sie herum wimmelte eine vielköpfige Menge: das Gefolge der fremden Herren natürlich, Diener und Leibwächter, Jagdknechte in knielanger Tunika mit ledernem Unterarmschutz und eine ganze Zahl von Halbgaren – so nannte man die zwölf-, dreizehn- und vierzehnjährigen Kinder der Hofleute, die noch Freiheit zum Herumschweifen hatten. An diesem Tag hatte der Pfalzgraf sie eingeteilt, mit Wein- und Wasserkrügen unter den Wartenden zu kreisen. Arnulf wich einem Eselskarren mit Brotlaiben aus und sprang aus dem Sattel.

»Das Ross könnt Ihr bei mir lassen, Vater!« Mit breitem Grinsen griff ein halbwüchsiger Bursche nach den Zügeln des Pferdes. Der Lederpanzer ließ ihn breiter wirken als er war, höchstens zwei Zoll fehlten ihm noch bis zu Arnulfs Körpergröße. Das offene Gesicht mit den graugrünen Augen und dem breiten Mund hatte die feine, fast spitze Nase der Mutter – unmöglich, Arthur anzuschauen, ohne an Erika zu denken.

»Nimm die Hand vom Schwertgriff«, knurrte Arnulf gutmütig. »Sonst sieht jeder, wie verdammt stolz du darauf bist!« Arthur verzog den Mund und nahm die Linke vom Griff des Langschwerts, das seit wenigen Tagen an seiner Seite baumelte. Eine Waffe aus mehrfach geschmiedetem, damasziertem Stahl, die für das Töten auf dem Schlachtfeld gemacht war – als wäre er schon sechzehn und waffenfähig, statt vierzehneinhalb. In diesem Augenblick hörte er von hinten das Klirren und Knarren, das bewaffnete Reiter erzeugen. Die Thüringer Hardrads zogen an ihnen vorbei, ohne einen Blick nach links oder rechts zu werfen. Eine seltsame Ruhe lag über der Gruppe, fand Arnulf, kein Wort fiel zwischen den Männern. Sie trugen die gleichen buschigen Schnurrbärte wie die fränkischen Krieger, ebenso die gleichen kurzgeschnittenen Kinnbärte. Kampfschilde mit rotschwarzen Mustern hingen an den Flanken der Pferde, klapperten mit jedem Schritt der Tiere.

»Reiten die nach vorn?«, fragte Arthur arglos. »Selbst der König hat sein Ross hiergelassen!« Seine Hand wies in Richtung eines aus jungen Birken geschnittenen Querholzes, wo Dutzende von Pferden unter den Bäumen spärliches Gras fraßen.

»Hochmut«, sagte Arnulf nur und strich sich über die sprießenden Kinnstoppeln. *Ich werde mich rasieren, bevor Erika zurückkommt.*

»Vater? Ein Kaufmann aus Worms hat erzählt, dass der Thüringer Herzog Groll auf den König hat. Der Herrscher hat seine Tochter entführt, um sie einem Vasallen zu geben. Stimmt das?«

Arnulf verzog das Gesicht. »Entführt nicht, aber …« Ein lautes Dröhnen unterbrach seinen Gedanken. Es kam aus einer Gruppe Halbgarer, die mit allerlei Fremden um ein breites, hellbraunes Ding herumstanden. »Unsere Trommeln?«, entfuhr es Arnulf. »Was soll das? Wer hat die hergeholt?« Arthur hob wie zur Entschuldigung die Hände. »Da waren ein paar Langobarden, glaube ich, die wollten was über den Spanienzug wissen …«

»Sigfrid!«, rief Arnulf. Ein Krieger mit blonder Mähne drehte den Kopf, erkannte den Offizier und kam mit federnden Schritten herbei. »Wollen die Hosenscheißer da zum Krieg rüsten?«, feixte Arnulf. Der andere lachte und wischte den Sachsenzopf aus der Stirn, einen einzelnen dünnen Zopf, der hinter dem Ohr landete. »Einer der Hundertschaftsführer hat sie geholt. Ich meine, Heden war's. Wollte den Olivenfressern zeigen, wie eine Sarazenenpauke aussieht … Na und?«

»Trommeln heißt Alarm geben, oder?«, sagte Arnulf mit mildem Vorwurf in der Stimme. »Nehmt ihnen das Ding weg, bevor sie was anstellen … Kommt Ihr mit nach vorn?«

»Beides gleichzeitig?«, grinste der Sachse. Arnulf brummte und boxte ihn freundschaftlich gegen die Schulter, was bedeutete, dass der Sachse hier für Ordnung sorgen würde. Arnulf rief seinem Sohn noch zu, den Apfelschimmel abzureiben, dann machte er sich auf in das Halbdunkel aus Buchen und Eichen.

Seine Füße zertraten die Abdrücke der Hufeisen vor ihm. Der Weg würde ihn zum königlichen Jagdvergnügen bringen. Frisches Laubgrün wölbte sich wie ein magischer Tunnel über ihm. Ein Specht hämmerte los, hart und schnell wie ein Schmied der Bäume, dann verstummte er wieder. Das Lager hinter Arnulf war nicht mehr zu hören, die Jagd vor ihm noch nicht. Er sog die frische, duftende Luft ein und musste an einen ähnlich engen Weg denken, den er mit dem König und einigen Edlen vor genau zwei Jahren zurückgelegt hatte: Zur Pfalz von Attigny waren sie geritten, zusammen mit dem geschlagenen Sachsenherzog Widukind und seinen engsten Gefolgsleuten. Der große Widukind hatte die Taufe genommen, dem alten Glauben abgeschworen und dem König den Vasalleneid geleistet – dreizehn Jahre nach dem ersten Feldzug Karls gegen die Heiden im Norden. Blutige Jahre, die den Franken Siege auf dem Schlachtfeld brachten, aber keinen Frieden. Die sächsischen Teilstämme – Westfalen, Engern, Ostfalen – unterwarfen sich, um später ihr Wort zu brechen und erneut gegen die Frankenmacht loszuschlagen. Die Feldzüge verwüsteten ganze Landstriche – aber sie ließen auch Unbekannte wie Arnulf zu Ruhm aufsteigen: Im Jahr des Herrn 774 hatte der junge Hesse sich mit einem letzten Aufgebot zwischen Hersfeld und Fulda gegen Widukinds Heer gestemmt; längst waren die Edlen davongelaufen, denn der König stand mit seiner Armee weit weg in Italien. Mit einem gewaltigen Axthammer hatte der Krieger damals die Schildreihen der Sachsen zertrümmert, seine Kameraden mitgerissen und Widukind am Ende fast totgeschlagen. Die Erinnerung an den mörderischen Tag ließ ihn das Stechen im linken Oberarm fühlen, der damals eine tiefe Wunde davongetragen hatte. Bei Frost schmerzte diese Stelle oft. Niemals wieder hatte er jenen Hammer benutzt. Er hätte nicht einmal sagen können, wo das seltsame, mehr für den Steinbruch als den Kampf geeignete Gerät heute lag ...

Ein Fuchs tauchte vor ihm auf, musterte den Menschen und verschwand mit einem Satz im Unterholz. Er dachte an Erika, die längst von der Reichenau zurück sein müsste. Sie würde staunen, dass ihr ältester Sohn schon wie ein Krieger herumstolzierte. Staunen, ohne auch nur im Geringsten erfreut zu sein! *Aber kann ein gesunder Bursche etwas anderes tun, als seinem Vater nachzueifern?* Er hatte den Satz laut ausgesprochen, als müsste er sich rechtfertigen – dann grinste er in sich hinein. Nein, Erika würde es verstehen …

Seine Gedanken wanderten wieder zum König und den Besitztümern, die Karl Wochen zuvor einem neuen Vasallen im Sachsenland geschenkt hatte. Arnulf hatte es mit gespieltem Gleichmut beobachtet; unter den Truppenführern Karls galt er längst als einer, der auf ein Grafenamt oder eine andere spektakuläre Erhöhung rechnen konnte. Und spätestens seit Widukinds Kapitulation rechnete Arnulf praktisch täglich damit, dass der König ihn zur Seite nahm, um ihm den Oberbefehl über alle Scarakrieger anzutragen. Doch die Jahreszeiten gingen ins Land und Arnulf blieb der Führer einer Hundertschaft. Dass seine Schwarzen mitunter hundertfünfzig Mann oder mehr zählten, blieb eine kleine Befriedigung: Immer gab es mehr als genug Krieger, die für ihn kämpfen wollten. Sein Name zog sie an, aber auch seine Freigiebigkeit: Wenn Beute anfiel, schanzte er auch dem letzten Trossmann etwas zu. Längst hatte sich das herumgesprochen!

Ein Schrei ertönte, irgendwo hinter dem Grün vor ihm. Wie von selbst lief er schneller. Stand irgendetwas anderes bevor als ein gefälliger Nachmittag, bei dem die Jagdknechte Tiere für Männer erlegten, die dazu allein nicht fähig waren?

Da setzte das Jagdhorn ein. Ein Horn vom Auerochsen: tiefe, kurze Stöße, dreimal, viermal, fünfmal, Signale, wie er sie vom Schlachtfeld kannte. Im Geiste sah er plötzlich die Thüringer in voller Kriegsrüstung den König umringen … Er begann zu rennen.

* * *

Der Weg kurvte um einen dunklen Tümpel, er sah die Rösser spät, fast zu spät. Im Galopp trommelten sie den Waldboden entlang, trotz der Wurzeln. Auf dem ersten Pferd saßen zwei Krieger. Der hintere klammerte sich am vorderen fest. Arnulf sah dunkle Spritzer in ihren Gesichtern – Blut, Dreck? Die Augen waren weit aufgerissen, mit stampfenden Hufen dröhnte der Gaul auf ihn zu. »Halt!«, hörte er sich brüllen. Er wich nach links aus, in einen Streifen Brennnesseln – wie von selbst sprang das Langschwert in seine Hand. Fast war das vordere Ross auf seiner Höhe, da sah er die Axt mit weit vorstehender Klinge in der Hand des Reiters. Ihre Blicke kreuzten sich. Arnulf sog die Luft ein und holte aus.

Das Hufgetrommel verschluckte das Zischen der Schwertklinge. Erdklumpen des vorbeistürmenden Rosses flogen ihm um die Ohren, er sah Hand und Axt des Angreifers in den Dreck fliegen. Ein gellender Schrei … Die Lanzenspitze des folgenden Reiters raste ihm entgegen, ohne dass er sich noch wegducken konnte. Wuchtig riss die Querstange der Lanzenspitze Arnulfs Schuppenpanzer über der Hüfte auf. Er hörte das kehlige Triumphkrächzen des Mannes, dann ließ Arnulf sein Schwert fallen und umklammerte mit beiden Händen den Holzschaft der Lanze. Der andere flog aus dem Sattel, landete krachend auf dem Waldboden und überschlug sich. Arnulf sprang vor, sein Fuß traf den Mann im Gesicht, er setzte nach, noch ein Tritt in die Rippen, doch der Panzer des Kriegers hielt das Schlimmste ab. Stimmen drangen von hinten an sein Ohr, aus Richtung der Jagd. Arnulf wirbelte herum. Zwei Kerle stürmten in vollem Lauf auf ihn zu, zu Fuß, Schwerter in den Händen, Blut an Hals und Panzer. *Noch mehr Thüringer …*

Arnulfs Hand riss an der Axt, die an der rechten Seite seines Waffengürtels hing. Doch es dauerte zu lange, um sie zu werfen. Er konnte nur noch das Beil heben und den ersten Schwerthieb abwehren. Dann der zweite, schräg von oben. Arnulf blieb mit einem Fuß an einem Stein oder einer Wurzel hängen und

fiel hintenüber. Er sah aus den Augenwinkeln die anderen beiden Kerle verletzt davonhinken. Wieder ging die Schwertklinge
eines der Thüringer auf ihn nieder, er musste sich blitzartig zur
Seite drehen, in die Brennsesseln – und dort fühlte er den Griff
des eigenen Schwertes zwischen den Pflanzen! Er rappelte sich
wieder auf und ging mit beiden Waffen zum Angriff über. Der
andere wehrte die ersten Hiebe ab, aber dann trieb Arnulf ihn
mit einem gnadenlosen Hagel aus Schwert- und Axthieben über
den Weg hinaus bis zum Unterholz. Ein Schlag traf den Thüringer am Knie, er stolperte ächzend zurück, bis er mit dem Rücken
an einen Baum stieß. Arnulfs Schwert schlitzte dem Thüringer
den Hals auf. *Aus, vorbei …* Wo war der andere? Geflohen!

Schwer atmend starrte Arnulf den Weg entlang in Richtung
der Jagd. Niemand, nichts. Nur das immer neue *Wuuuh, wuuuh*
des Jagdhorns, als würde ein Wesen aus der Vorzeit zu laut Luft
holen. *Ich muss zum König …* Seine Finger betasteten das Loch
im Panzer, eine Handbreit über dem Hüftknochen. Noch kein
Blut, nur scharfes Pochen. Aber hinten, auf der Lichtung, da
waren Männer, die nichts Böses erwarteten. Und er sah einen
schlaksigen Burschen mit einem Langschwert, der ein Held wie
sein Vater sein wollte, und der diesen Kerlen entgegengehen
mochte …

Arnulf begann zu rennen. Nicht in Richtung des Königs.
Sondern zurück, zum Lager. Schneller und schneller wurden
seine Schritte, und doch kamen sie ihm vor wie das Kriechen
einer Echse.

Kapitel II

Das Waldlager südlich von Worms, Mai 787

Bedrohlich wie Brandgeruch verbreitete sich die Nachricht. In Worms läuteten die Glocken. Der Erzengel Gabriel, rief jemand, habe den König vor dem Dolch der Attentäter gerettet! Andere wollten einen grellen Schein über den Pfalzgebäuden gesehen haben. Töpfer ließen halbgeformten Ton stehen, Färber stiegen aus ihren Kesseln, Mägde ließen die gerupften Hühner fallen und liefen ihrer Herrin hinterher. Alles drängte durch das Stadttor hinaus und strömte über eine große Weide zur Königspfalz.

Der König lebt! Gelobt sei Gott!

Vor dem mit hellem Lehm verputzten, zweistöckigen Hauptgebäude lagen die Toten aufgereiht: drei Thüringer, zwei Jagdknechte und ein Krieger. Eine doppelte Kette von Scarakriegern hielt das Volk auf Abstand. Herzog Hardrad war entkommen. Gerüchte rasten durch die Menge: Hardrad selbst wollte König werden! Der Thüringer war im Bündnis mit anderen Rebellen, mit den Nordsachsen, vor allem aber mit den Bayern! Heirateten nicht beide Herzogsfamilien untereinander? *Warum, Pest und Eiter, ist der Bayernherzog gar nicht erst zum Hoftag erschienen?*

Plötzlich behauptete jeder Wichtigtuer, dabei gewesen zu sein: vorne bei der Jagdgrube selbst. Oder zumindest hinten, im Jagdlager. Und zwar in dem Moment, als die fliehenden Thüringer aus dem Wald brachen und sich mit Schwertern einen Weg durch den Pulk der überraschten Wartenden bahnten. Sie hatten den einen oder anderen niedergehauen, sich Pferde gegriffen und waren nach Norden davongaloppiert, in Richtung der Stadt. Wenig später dann, wie eine Erlösung, tauchte der König auf. Umringt von einem halben Dutzend seiner Getreuen erschien der Herrscher mit Schnittwunden an Hals und Schultern, wie einer, der vom Schlachtfeld kommt. Und wirklich: Karl hatte das Königsschwert *durendal* in der Hand, und jeder konnte sehen, dass Blut an dieser Klinge haftete! Schwarze Haarsträhnen klebten auf der schweißigen Stirn des Königs, Blutflecken auf dem zerschnittenen Jagdwams kündeten von der überstandenen Gefahr. Alle strömten zusammen und riefen »Heil!« und »*Carolus magnus!*«, schrien Nützliches und Unnützes durcheinander. »Die Thüringer waren das!«, brüllten einige, was Karl mit lautem »Ja, Hardrads Sippe!« bestätigte. Er sah zwei, drei Schwerverletzte oder Erschlagene herumliegen, erkannte, dass die meisten Übeltäter entkommen waren und fand zur Überraschung aller zu einem Lächeln, worauf die Heilsrufe noch lauter wurden. Dieser König von gewaltigem Wuchs überragte seine Umgebung um eine volle Haupteslänge. Aber die wahre Größe, das spürte jeder, lag in diesem kriegerisch-würdigen Lächeln nach größter Gefahr: *Hier stehe ich, Allmächtiger, dank Deiner Gnade! Der Herr ist mit uns, den Franken, und mit seinem König!*

Mit einer hohen, angestrengten Stimme, die nicht recht zur gewaltigen Erscheinung passen wollte, rief Karl den Leuten ein paar Brocken zu: »… den habe ich selbst durchbohrt, Leute: so …!« *Durendal* machte einen Stoß nach vorne. Raunen, Seufzen und Bekreuzigungen folgten: »Gelobt sei Gott!« Dann entdeckte der Herrscher einen der Truppenführer in der Menge und hielt inne. »Arnulf! Himmel, wo wart Ihr?« Alle starrten den Hundertschaftsführer an, zu dessen Füßen ein zusammengekrümmter Körper im Gras lag.

»Sie kamen mir entgegen, Herr«, stieß der Offizier mit rauer Stimme aus, in der etwas Schlimmes mitschwang. »Ich war auf dem Weg nach vorn …«

»An meiner Seite hätte ich Euch gebraucht!«, rief Karl hitzig. »Aber der Herr hat über mich gewacht, der Herr selbst!« Es hätte ein Vorwurf oder einfach nur Gotteslob sein können. Arnulfs Gesicht versteinerte, und obwohl der König ihn mit heißen, von starken Brauen überwölbten Augen anstarrte, glitt Arnulfs Blick hinab zu dem Körper im Gras. Karl sah nur ein Bein und einen Teil des Oberkörpers, ahnte aber, dass es einer war, der Arnulf nahestand. Doch es war nicht der Augenblick für Sentimentalitäten.

»Holt ihn Euch, *hamar*!«, rief Karl endlich, wobei der Zorn seine Miene verzerrte. »Bringt mir den Thüringerherzog, *tot oder lebendig*!«

Karl sah, wie sich die Züge des Offiziers strafften. Im selben Augenblick tauchte ein Junge von schmalem Wuchs neben dem wuchtigen Kriegsmann auf. Karl erkannte in ihm Arnulfs jüngsten Sohn Grimbald. Arnulf packte den Knaben an der Schulter und stieß fast beschwörend ein paar kurze Sätze aus. Dann ging sein Blick zurück zum König, und Karl sah etwas wie Mordlust in den Augen des Kriegers aufblitzen. Wie das Brüllen eines Stieres drang Arnulfs Stimme über den Lärm der Lichtung – lauter, viel lauter als das Organ des Königs. Und wütender. »Auf die Pferde, Männer! Holen wir uns die Schweine, bei Gott!«

Damit schlang Arnulf rasch das schwarze Tuch um den Hals, das eben noch feucht von Blut in seiner Hand gehangen hatte und rannte zu seinem Pferd.

* * *

Königshalle nannte man den großen Raum des Hauptgebäudes der Pfalz. Eine lehmverputzte Wand wies lebensgroße Heiligenbilder auf, mittendrin der Heilige Martin in Rüstung beim Zerteilen seines Militärmantels; auf einer anderen Wand waren bunte Webbilder mit Löwen und Bären und Jägern auf Pferden. Durch zwei kleine gläserne Fenster in der Rückwand des Raums strömte das Licht des Spätnachmittags ein, hell genug für die Ärzte, um die Wunden des Königs zu versorgen. Schlimmer als Karl hatte es den Grafen Worad erwischt, den Oberbefehlshaber der Panzerreiter. Seine rechte Hand war ein blutiger Stumpf, zwei Finger hingen nur noch an Hautfetzen. Der in eisenbeschlagenes Leder gehüllte Kriegsmann saß zusammengekauert auf einem Stuhl, flankiert von zwei Ärzten oder Leuten, die sich dafür hielten. Mit weißgrauem Gesicht murmelte er religiöse Formeln sowie Verwünschungen vor sich hin. Fiebrig klang das, und jeder im Raum hatte denselben Gedanken: Wie lange konnte einer noch der oberste Leibwächter Karls sein, wenn seine Schwerthand zuschanden war?

Karl selbst hingegen stand aufrecht da, trutzige Stärke ausstrahlend. Eine bunte Zuschauerschar aus Edelherren in Jagdkluft, schmalschultrigen Kanzleischreibern und Leibdienern mit kurzem Haupthaar verfolgte die Wundversorgung des Königs aus wenigen Schritten Abstand. An zwei Stellen hatten die Schwertklingen oder Dolche der Attentäter das Jagdwams durchdrungen und blutige Risse in der Haut hinterlassen. Karls Leibarzt musste für die Versorgung ein Stück des dichten Haargekräusels wegschneiden, das fellartig die Brust und den leicht vorgewölbten Bauch des Königs überzog.

Manchen Auserwählten rief Karl etwas zu, mal mit ernstem Gesicht, mal mit hartem Lachen. Die einzige Frau im Raum – ein auffallend schönes Weib mit gleichmäßig geschwungenen Augenbrauen – saß auf einer kissenbestückten Wandbank unterhalb der Fenster. Sonnenlicht funkelte auf dem goldenen Diadem, das ihr blondes Haar band. Mit gerunzelter

Stirn verfolgte sie die Verarztung ihres Mannes, während zwei halbwüchsige Jungen und ein kleines Mädchen unruhig neben ihr hin und her rutschten. Schließlich wurden ihre Lippen zu einem Strich. Ihre Stimme war hell und fest.

»Hofkapellan! Euer Gnaden?!«

Der Angesprochene wendete den Kopf. Bischof Fulrad von Metz war ein ältlicher, schwergewichtiger Mann in weinroter Robe, auf der ein silbernes Kruzifix befestigt war. Es waren nur ein paar Schritte bis zum Platz der Königin, die er mit gemächlichen Watschelschritten zurücklegte – nicht ohne sich anmerken zu lassen, dass dies für den Hofkapellan und ersten Berater des Königs eine kleine Zumutung war.

»Was soll das ganze Volk hier, Euer Gnaden?« Sie senkte die Stimme. »Warum lasst Ihr den König unter aller Augen behandeln wie ein krankes Pferd?«

Er sah sie mit trüben Augen an, die der Königin noch unheimlicher waren als sein aufgequollenes Gesicht mit der riesigen, fischartigen Unterlippe.

»Jeder muss sehen können, dass der König lebt, Herrin«, sagte Fulrad mit sanfter Stimme, und sie bemerkte die Schweißtropfen auf seiner Stirn. »Und dass die Wunden, dem Herrn sei Dank, harmlos sind. Denn wisst Ihr«, er neigte den Kopf ein wenig, und seine Stimme klang nun freundlich, »Gerüchte werden durch das Reich fliegen, schneller als Brieftauben: dass der Thüringer einen Anschlag auf des Königs Leben unternommen hat. Und Wichtigtuer werden sagen, dass Hardrads Schergen den Herrscher tatsächlich …«

»Wichtigtuer sind hier mehr als genug«, entfuhr es Fastrada. »Werft sie raus, oder muss ich das selbst tun?« Das Lächeln des Hofkapellans gefror. Er wandte sich Karl zu, dem ein Leibdiener eine saubere Tunika und ein frisches Wams übergestreift hatte. Der König bestätigte Fulrads Murmeln mit einem Nicken und fügte hinzu, laut genug für alle: »Der Kronrat soll zusammentreten, in einer Stunde.«

Fulrad wies die Anwesenden mit dürren Worten zur Tür und legte ihnen noch nahe, für die baldige Ergreifung Hardrads zu beten. Unter lautem Murmeln leerte sich die Halle, auch der verwundete Graf Worad wurde unter sanftem Druck Fulrads von Ärzten und zwei Schuppengepanzerten hinausgeleitet. Zurück blieben neben dem Hofkapellan, der Königsfamilie und ein paar Leibdienern noch ein gedrungen wirkender Edelmann mit schulterlangem Haar und wildem Bart, dessen braune Tunika über dem Schlüsselbein aufgeschlitzt war, ohne dass er offenbar eine Verletzung davongetragen hatte oder diese zur Schau stellen wollte. Und etwas abseits, mit dem Rücken zur Wand, stand der Kanzler, ein grauhaariger Mann mit tiefen Linien im Gesicht. Wie einen Schutz drückte er eine lederne Schreibmappe an seine Brust, als wäre er unsicher, ob es schon Zeit für politische Worte war, während das Blut noch trocknete.

Fastrada trat auf Karl zu und ergriff seine Hände. Sie musste zum Herrscher aufsehen, der sie um fast zwei Kopf überragte. »Das alles wegen einer Grafentochter aus dem hintersten Wald«, murmelte sie. »Der Teufel soll Hardrads Sippe holen!«

»Eine Herzogstochter, meine Liebe!«, lächelte Karl grimmig und nahm einen Weinbecher vom Tisch, auf dem eben noch die Werkzeuge des Wundarztes gelegen hatten. »Lassen wir ihr den Rang.« Er reichte seiner Frau den Becher, ein Zeichen der Hingabe, denn das war eigentlich unter der Würde eines Königs. Sie trank einen kleinen Schluck. »Es war heikel, diese Heirat gegen den Vaterwillen zu beschließen«, fuhr sie fort, nun deutlich lauter und mit einem bösen Blick auf den langhaarigen Mann in der braunen Tunika, der sich von der anderen Seite Karl genähert hatte. »Ihr hättet anderswo freien können, Sachsengraf! Wegen Euch wäre der König fast umgebracht worden!«

Kaum jemand außer der Königin hätte solche Worte an den Grafen Udalrich richten können. Der Fürst der Wesersachsen, die man auch Engern nannte, berührte mit zwei Fingern die von einer Flechte zerfressene Haut über der rechten Wange, dann die kleinen Goldkugeln, in denen ein halbes Dutzend der Bartsträhnen zusammenliefen. Sein Blick durchbohrte die Königin und war mindestens so respektlos wie ihre Worte. Die tief liegenden Augenhöhlen, an die die Flechte heranzuwachsen schien, gaben diesem Blick etwas, das den meisten Menschen Angst gemacht hätte. Er zischte den Leibdienern etwas zu und nun wanderten seine Finger, als hätte er sich auf etwas besonnen, zum goldenen Kreuzanhänger, der zusammen mit einem Bernsteinklumpen an seinem Hals hing. »Erstens, *regina*«, knurrte er, während ihm Wein eingeschenkt wurde, »dieser Brautplan war Eurer so viel wie meiner – die Thüringer Edlen mit den besten Geschlechtern Sachsens zu verschmelzen, so hattet Ihr selbst gesprochen! Zweitens …«

»Ich?«, rief sie schrill. »Die Treulosen mit den Unzuverlässigen zu verbinden, das war nicht meine Idee!«

»Das reicht«, sagte Karl. »Jammern wir nicht über zerschlagene Töpfe! Sagt mir lieber, welchen Nutzen wir aus der Sache ziehen können. Hat Hardrad diese Sache allein ausgeheckt? Ich kann's mir nicht vorstellen!«

»Selbst wenn«, platzte Udalrich heraus, »ich kann tausende von Kriegern aufbieten. Ich brauche nicht mal Euren Heerbann, um die thüringischen Gaue kurz und klein zu hauen!«

»Das trauen wir Euch durchaus zu, schließlich seid Ihr unser Statthalter in den nördlichen Marken«, schnaufte Fulrad. »Nur leider« – nun schwang ein Hauch von Sarkasmus mit – »leider hätten wir herzlich wenig von solch einer Verwüstung. Es gibt aber ein viel lohnenderes Ziel, ihr Herren: Bayern!« Schwer lehnte er sich nun mit beiden Händen auf die Tischplatte. Ein Diener platzierte einen Wasserbecher vor ihm, den er mit lauten Schlucken zur Hälfte leerte. Alle blickten ihn an. »Hardrad ist nur ein Aufwiegler«, fuhr der Hofkapellan fort. »Die wirklichen Verschwörer stehen hinter ihm! Seitdem der Bayernherzog Tassilo die Heidenstämme der Südalpen unterworfen hat, hält er sich selbst für einen König. Selbst die gottlosen Awaren aus den östlichen Steppen dienern jetzt vor ihm! Und niemand anders als seine böse, hinterhältige Frau flüstert ihm täglich ein, dass er zu Höherem berufen ist. Kein Mensch unter Gottes Himmel hasst Euch, *Carolus Rex*, mehr als dieses Weib!«

»Warum?«, fragte Udalrich rau, den Becher an den Lippen. »Sie stammt nicht einmal aus Bayern, oder?«

»Eben drum«, sagte der König mit einem kalten Lächeln. »Sie ist eine langobardische Königstochter. Wir haben das Reich ihres Vaters in Norditalien zerstört und ihn ins Kloster gesteckt, damals, als Ihr selbst noch gegen uns gekämpft habt. Tassilo hätte uns bei dem Krieg leicht in den Rücken fallen können. Er hat's nicht getan, weil ich ihm versprach, sein hübsches kleines Herzogtum in Ruhe zu lassen …«

Udalrichs Lächeln wirkte gezwungen. Er ruckelte an seinem Waffengurt, ein klickerndes Geräusch entstand – da war ein kleiner Beutel, in dem einige Knochen seiner Ahnen steckten, hieß es. »Auf die neue Zeit!«, prostete er dem König zu.

Der König erhob ebenfalls den Becher. »Weiter, Euer Gnaden! Ihr führt meine Gedanken gleichsam wie einen Jagdhund zur Wolfshatz … Also?!«

»Tassilos Weib will ihren Vater, ihre Eltern rächen«, stieß Fulrad aus. »Ich lege mein Hand dafür ins Feuer, Herr: Sie und Tassilo wussten von Hardrads Anschlag! Wie oft war der Thüringer im letzten Jahr in Regensburg? Mindestens zweimal, sagen meine Spione! Und mindestens einmal hat er sich mit Beratern des Bayern an einem Mainübergang getroffen, vor unserer Haustür.«

Karl nahm ein Messer auf, das die Diener mit Brot, Schmalz und Joghurt gebracht hatten. Seine Augen hatten einen kämpferischen Glanz. »Das taucht die Dinge in ein anderes Licht. Seien wir ehrlich: Allein dafür, dass Tassilo dem Hoftag fern blieb, verdient er Züchtigung!«

»So ist es, mein König«, pflichtete Fulrad eilig bei. »Ihr seid das Oberhaupt der Christenheit, Ihr seid Gottes Stellvertreter. Der Herzog der Bayern hat kein Recht, Euch zu trotzen! Gerade weil er Euer Vetter ist, der Sohn Eurer Tante, hat er das Knie vor Euch zu beugen.«

Karl prüfte mit dem Daumen die Spitze des Messers. »Seine Verwandten kann man sich nicht aussuchen, nicht wahr?« Ein Lächeln glomm auf und verschwand wieder. »Aber früher oder später muss diese Sache entschieden werden. Probleme aufzuschieben, heißt, sie wachsen zu lassen, sagte mein Vater, König Pippin, gerne. Also …« Sein Blick streifte sein Weib, den Sachsengrafen und den Kanzler, der mit geräuschlosen Schritten an den Tisch getreten war. »Eines freilich ist wichtig: Wir dürfen nicht wie die Angreifer aussehen, verstanden? Wenn der *consiliarius* Einhard meine *vita* fertiggeschrieben hat, dann muss deutlich werden, dass … «

Der König brach ab und sah sich abrupt nach links und rechts um. »Heilige Mutter Gottes – wo ist Einhard abgeblieben?«

Alle sahen einander an. Der Kanzler räusperte sich. »Ich glaube, mein König, er wollte zum Kloster Lorsch.«

Der Hofkapellan nickte und etwas Hämisches erschien in seinen Mundwinkeln. »Richtig, er suchte ein paar Bände eines alten Griechen über … über unchristlichen Geistesschwulst. Wir kennen ja seine Vorlieben.«

Kapitel III

Wormser Rheinufer, Mai 787

Die Wachen am Stadttor hatten Hardrad zum Rhein reiten sehen, zusammen mit einem halben Hundert Bewaffneter, die sich unterhalb der Stadt bereitgehalten hatten. Arnulf schlug mit seinen Leuten die Straße zur Rheinbrücke ein, einem sehr langen Bohlenweg, der sich wie auf hohen Stelzen über den mächtigen Strom dehnte. Doch was sie am anderen Ufer sahen, war wie ein Schlag in die Magengrube: Über dem Ende der Brücke hing eine dunkle Wolke. »Die Schweine haben Feuer hinter sich gelegt«, rief Sigfrid aus und zügelte sein Pferd neben Arnulfs Apfelschimmel. Er fuhr sich durch den Bart, fluchte und sah Arnulf herausfordernd an. »Vielleicht kommen wir trotzdem durch. Zu Fuß, die Pferde am Zügel?!«

Arnulf richtete sich in den Steigbügeln auf und kniff die Augen zusammen. Ein leichter Wind ging, die Rauchwolken trieben gen Osten. Die Flammen im Zentrum des Qualms waren mehr zu ahnen als zu sehen. »Versucht es, Sigfrid! Aber bringt Euch nicht um, hört Ihr?«

Der Sachse grinste, machte zwei Kriegern ein Zeichen und ritt mit ihnen im leichten Trab auf die Brücke. Ein weiterer Kampfgefährte Arnulfs brachte sein Pferd neben ihm zum Stehen, und allein durch den Weingeruch wusste Arnulf, dass es sein zweiter Truppführer war.

»Was macht der da?«, grunzte Gallo. Er war ein Westfranke aus Neustrien, ein Welscher also – so nannte man alle die, die nicht den ostfränkischen Dialekt sprachen.[1] Er war nicht eben eine Schönheit: ein eher schmaler Kopf saß auf einem dicken Hals und fleischiger Schulterpartie, die Arme waren lang, die Beine etwas kurz, gerade im Sattel war das kein hübscher Anblick. Doch seine gute Laune war so zäh wie Büffelleder, und dafür schätzte ihn Arnulf. Ernst, das wusste der Offizier, wurde Gallo nur in völlig nüchternem Zustand. Und dies war auch an diesem Tag nicht zu befürchten. »Der Sachsenschädel will sein Pferd braten?«, lästerte Gallo. »Hätte er in der Pfalz machen können, am Feuer!«

»Schwätzer«, presste Arnulf hervor, was der Welsche in keinster Weise übel zu nehmen schien. Er wischte dicke, schwarze Haarsträhnen aus der Stirn und löste einen Trinkbeutel vom Sattelhorn. »Von hundert Leuten, *hamar*, kommen genau zwei auf so eine Idee: Sigfrid und Ihr selbst. Warum nicht die Fähre nehmen? Einen Trunk?«

Arnulf nahm den Beutel und trank einen Schluck: Ein Geschmack wie in Bier aufgeweichte Ziege. Schon machten die Reiter auf der Brücke kehrt – da war kein Durchkommen. Eilig ritten sie durch sumpfige Wiesen ein Stück flussaufwärts zum Fährplatz. Das Frühjahrshochwasser lag noch nicht lange zurück. Schwärme von Mücken stiegen auf. Einige Krieger brachen in lautes Fluchen aus, andere schlugen nach den Quälgeistern, die meisten aber zogen einfach die Halstücher über das Gesicht und gaben den Pferden die Sporen. Zwei Fähren setzten Arnulf und Sigfrid mit den ersten fünf Dutzend Mann über, während Gallo mit weiteren Leuten am Westufer wartete.

»Die Thüringer können noch nicht weit sein«, sagte Sigfrid und drehte den Donarhammer am Handgelenk.

---

1   Neustrien: Der Westen des Frankenreichs, also der Rumpf des späteren Frankreichs

»Sie haben Verwundete dabei«, nickte Arnulf. »Wenn sie die mitschleppen, haben wir den Haufen bald eingeholt.«

Sigfrid grinste kriegerisch, als freute er sich auf jenen Moment. Er ritt seit nunmehr bald vier Sommern an Arnulfs Seite. Auf der Flucht vor einer blutigen Fehde in seiner sächsischen Heimat hatte er Arnulfs Schutz angenommen. Im Gegenzug hatte er ihm *giniscaft* geschworen, Kriegertreue.

»Wir warten nicht auf Gallos Trupp«, stellte Arnulf grimmig fest. Schon kam das östliche Ufer auf sie zu. Er musste an seinen Sohn denken und sah dabei so besorgt aus, dass Sigfrid seine Gedanken erriet. »Das war nur eine Fleischwunde, meine ich«, murmelte der Sachse unvermittelt. »Sein Schädelknochen war intakt … In ein paar Tagen prahlt er wieder mit seinem Schwert.«

Arnulf brummte etwas und biss sich auf die Unterlippe. Die Schwertspitze des Thüringers hatte Arthur über der Stirn getroffen, vom Haaransatz bis zur Braue. Er war nicht bei Bewusstsein, als der Vater die Wunde untersuchte, aber Arnulf wollte glauben, was Sigfrid sagte. *Wäre dies auch passiert, wenn ich ihm nicht schon das Schwert gegeben hätte? Hat sein Bruder ihn gleich zum Arzt schaffen lassen?*

»Der Junge ist reif für den Kampf«, sagte Sigfrid halblaut. »Ich hab' schon Achtzehnjährige gesehen, die weniger reif waren.« Arnulf knurrte etwas wie Zustimmung. Die Worte des Gefährten taten ihm gut, auch wenn er es nicht zugegeben hätte. Sigfrid mochte etwa dreißig sein, ein paar Jahre jünger als Arnulf selbst. Eine Narbe, schräg über den Lippen, bildete eine schmale Schneise im blonden Vollbart.

»Woher habt Ihr eigentlich diese Scharte?«

Graublaue Augen starrten den Offizier an, nicht mehr freundlich. »Habe ich das noch nie erzählt?«, murmelte der Sachse.

Arnulf schüttelte den Kopf. »Das waren Panzerreiter, hm? Habt Euch mit Scarakriegern rumgeschlagen, vor meiner Zeit!«

»Nein.« Es war stillschweigende Übereinkunft zwischen Sachsen und Franken, nicht über die Kämpfe zu sprechen, die man einst gegeneinander ausgefochten hatte. Sie sahen wieder nach vorn: eine halbe Bogenschussweite bis zum Ufer. Menschen mit löchriger Kleidung und ein paar Ziegen am Strick blickten ihnen misstrauisch entgegen.

»Meine Mutter«, sagte Sigfrid endlich. »Ich war ein paar Jahre jünger als Euer Sohn … Meine Mutter erwischte mich, wie ich von der Blutwurst fraß, die für den Wodanspriester bestimmt war. Sie schlug sofort zu. Mit einem Topf, glaube ich.«

»Im Ernst?« Arnulf erlaubte sich ein Grinsen. »Gut, dass wir nie gegen Eure Frauen kämpfen mussten!«

* * *

Vorwärts!

Arnulfs Ahnung trog nicht: Ein halbes Dutzend Meilen östlich des Rheins stießen sie im Kloster Lorsch auf die ersten der Fliehenden. Einen rotgesichtigen Krieger, der noch ein ledernes Jagdwams trug, sahen sie unter den Torbogen des großen Eingangs stehen. Sie gaben den Pferden die Sporen, der Mann verschwand im Hof.

Keiner hatte Augen für das prächtige Torhaus mit der Front aus weinroten und weißen Steinen, und niemand nahm Anstoß daran, dass sie durch den mittleren der drei Torbogen galoppierten, der eigentlich König und Bischöfen vorbehalten war. Hinter einer Pferdetränke sah Arnulf Mönche in langer, mit Stricken zusammengehaltener Kutte, die dort in Deckung gegangen waren. Sie gestikulierten und zeigten auf einen mageren Kerl mit strubbligem Haar, der vor der Kirchentür Aufstellung genommen hatte.

Die Franken sprangen von den Pferden. Der Magere wedelte mit den Armen und schrie laut »Asyl des Herrn!« und »Kreuz-

Asyl!«, als müsste er den Verfolgern etwas erklären. Sie sahen Blut aus einem Hosenbein rinnen, der Stoff war aufgeschlitzt.

»Wo sind die anderen?«, herrschte Arnulf ihn an. Er antwortete mit neuen, noch lauteren Asylrufen. Arnulf mähte ihn mit einem Faustschlag nieder. »Asyl ist *in* der Kirche, nicht *vor* der Kirche!« Als er die Tür des Gotteshauses aufstieß, flatterten Schwalben auf. Fensteröffnungen in zehn Fuß Höhe ließen genügend Licht ein, um ein paar Gestalten am Altar zu erkennen. Eine war wimmernd zusammengesunken. Eine andere hatte die Hände vorgestreckt wie zur Abwehr. Der dritte Mann hielt ein Schwert in der Hand. »Gott ist mein Schild«, krächzte er, als Arnulf auf ihn zumarschierte. »Am Altar müsst Ihr uns verschonen!«

»Auf Gott beruft Ihr Euch?«, herrschte Arnulf ihn an. »Warum nicht gleich auf den König?« Er zog die Axt aus der Schlaufe, rechts am Gürtel, wo die meisten das Kurzschwert hatten. Schon klirrte das Schwert auf den Boden.

»Erbarmen!« Der Thüringer ging in die Knie. Arnulfs wuchtiger Tritt mit dem Reiterstiefel unterbrach sein Wimmern, keuchend krümmte der Kerl sich zusammen. Sigfrid packte ihn an den Haaren und zog seinen Dolch.

»Der Herzog ist längst weitergezogen, er hat uns hier zurückgelassen, verschont uns!« Sigfrid grunzte etwas und legte ihm das Messer an den Hals.

»Lasst ab«, sagte Arnulf eindringlich. »Nicht am Altar!«

»Weil Euer Heiland dann böse ist?«, fragte Sigfrid mit gerunzelter Stirn, die Klinge über dem Hals des Japsenden.

»Erraten.«

Sigfrid wedelte mit der Dolchhand, sein silberner Donarhammer baumelte am Handgelenk hin und her. »Sagt dem Heiland, dass ich ein Heide bin, dann drückt er ein Auge zu.«

»Schenkt Ihnen das Leben!« Eine schmächtige Gestalt eilte herbei, tauchte aus dem Halbdunkel auf wie eine Erscheinung.

»Einhard!?«, entfuhr es Arnulf. »Was treibt Ihr hier, *gilerito*?«

Der Gelehrte trug eine schmucklose Tunika mit einem hellen Überwurf, der vorne im Gürtel steckte; unter seinem linken Arm steckten einige Papierrollen. »Ich war in der Bibliothek, als diese … diese Burschen hier reinstürmten«, sagte der Gelehrte mit etwas angestrengtem Lächeln und fuhr sich durch das dünne, weit oberhalb der Stirn beginnende Haar. »Nun, wir sind erstmal in Deckung geblieben, was?« Die beiden schmalen, etwa zwanzig Jahre alten Burschen hinter Einhard wedelten mit weiteren Papierrollen. »Die hätten uns was antun können, Herr«, murmelten sie.

»Sie wollten dem König etwas antun, Leute«, sagte Arnulf kalt. »Es sind Meuchelmörder!«

Einhard zuckte zusammen und berührte Arnulfs röhrenartigen Unterarmschutz. »Der König lebt?«

Arnulf schilderte mit drei Sätzen, was passiert war. Einhard strich über sein Bärtchen, viele Linien durchzogen jetzt die hohe Stirn. »Sie werden es den Bayern anhängen«, sagte er, den Blick nach innen gerichtet.

Arnulf verzog das Gesicht. »Tassilo? Der Herzog war nicht in Worms.« Dazu nickte Einhard nur, als würde es seinen Gedanken bestärken. Dann fragte er noch beiläufig, ob der Hofkapellan wohlauf sei.

Arnulf kratzte sich an den Kinnstoppeln. »Bischof Fulrad war nicht bei der Hatz dabei, dem kann nichts passiert sein.«

»Gelobt sei der Herr!«, seufzte der Gelehrte. Fast klang es aufrichtig.

* * *

Als Arnulfs Männer durch das Klostertor preschten, um die Verfolgung wieder aufzunehmen, stieß Gallo mit seinen Leuten zu ihnen. Halbernst gemeinte Worte flogen den Ankömmlingen entgegen: dass die Westfranken gerne zu spät kamen, und wenn, dann betrunken.

Im straffen Galopp ging es weiter. Die Spur führte nicht nach Norden, wie Arnulf zuerst erwartet hatte, sondern ostwärts: Die von vielen Hufen aufgewühlte Straße schlängelte sich die Höhen des Odenwalds hinauf. Die Straße wurde zum Weg, bald streiften die Zweige der Bäume ihre Schultern. Vorbei ging es an aus dem Wald geschlagenen Gehöften. Sie sahen Frauen hinter Zäunen verschwinden, riefen halbnackte Arbeiter auf dem Feld an, die sofort mit der Hand nach Osten zeigten: Zum Main sind sie!

Am frühen Abend hielten sie auf einem kleinen Plateau mit einem Steinkreuz. Von hier ging der Blick weit nach Osten, und Arnulf konnte das Maintal im grünen Gewoge erkennen. *Wollen die Attentäter auf ein Schiff? Sie würden gegen die Strömung segeln müssen ...*

Sie ritten weiter bergab, schließlich tauchte noch eine letzte Höhe vor ihnen auf, über die der Weg zum Ufer hinabzuführen schien. Arnulf befahl Halt. Rechts von ihnen war der Hang überzogen mit einem Filz aus Brombeeren, Kletterpflanzen und jungen Bäumen, zwischen ihnen sah man noch die schwarzen Stümpfe eines Waldbrandes. Dort war kein Durchkommen.

Da kam ein einzelner Krieger aus der Kolonne an den anderen Pferden vorbei nach vorn. Ein drahtig wirkender Kerl mit wettergegerbtem Gesicht und Linien um die Augen, die etwas Düsteres hatten – einer von Sigfrids Wesersachsen, die er in Arnulfs Dienst mitgebracht hatte. »Ich kann sie riechen, Herr«, sagte der Mann, ohne die Stimme zu heben. Er hielt Arnulfs Blick für die Dauer eines Herzschlags. »Sie warten auf uns!«

Arnulf folgte dem Blick, starrte wieder auf die bewaldete Höhe vor ihnen. »Ein Hinterhalt?«, grunzte Arnulf und zurrte an seinem Halstuch, um Luft an die Haut zu lassen. »Keine schlechte Stelle.« Er befahl abzusitzen. Der Hagere murmelte noch etwas zu Sigfrid und verschwand wieder nach hinten in die Kriegerkolonne.

Misstrauisch sah Gallo ihm nach. »Ist das ein Seher oder was? Der sagt doch sonst nie was!«

»Deshalb nennen wir ihn auch Schweiger«, entgegnete Sigfrid und ließ den dünnen Zopf durch die Finger gleiten. Auch er war angespannt.

»Ach, wirklich?«, murmelte Gallo. »Wie gut, wenn man Wodansanbeter dabei hat, die sprechen mit den Bäumen und den Käfern.«

Sigfrid schnaubte etwas Verächtliches und schlüpfte mit dem linken Arm in die Griffringe des Schildes, das er vom Sattel gelöst hatte. Erwartungsvoll sah er Arnulf an. Der hatte sein Tuch wieder straff um den Hals gebunden und prüfte die Axt in der Halteschlaufe am Gürtel. Ein harter Blick glitt über seine Krieger.

»Die wollen uns überraschen. Drehen wir den Spieß um!«

Kopfnicken und das Grinsen narbiger Gesichter antworteten ihm. Sie zogen die Kinnriemen der Helme fest, bekreuzigten sich und ließen die Schwertspitzen aneinander klirren: Kriegertreue, *giniscaft,* verhieß dieses Geräusch. Dann gab *sax hamar* seine Befehle.

* * *

Gallo würde mit seinen gut dreißig Mann in Richtung der Hügelkuppe weiterreiten. Als ahnten die Franken nichts … Die anderen mussten sich durch das Unterholz links des Weges auf die Kuppe zubewegen. Ihr Lärm war der einer Rinderherde im Wald – so kam es Arnulf vor, als er mit großen Schritten vorweglief. Doch nichts tat sich vor ihnen. Als das Gelände kaum noch anstieg, verharrte er einen Augenblick, sah sich nach

Sigfrid um und zog die Axt. Bei einem Kampf im Unterholz war sie handlicher.

»Und jetzt?«, raunte Sigfrid und zerquetschte eine Mücke am Hals. »Geht mit Euren Leuten weiter, geradeaus, auf die andere Seite der Kuppe«, murmelte Arnulf, einer Eingebung folgend. »Ihr fangt dort alles ab, was vom Kampfort flieht.«

Sigfrids Blick ging nach vorne, versuchte das dichte Grün zu durchdringen. Schweigend nickte er. Doch ausgerechnet jetzt kam Arnulf sein ganzer Plan tollkühn und halsbrecherisch vor. *Ist dieser Schweiger denn ein Hellseher?* Aber einfach weiterzureiten, das wäre genauso riskant gewesen. Er drückte Sigfrids Oberarm, kurz und kräftig. Der Sachse grunzte, machte seinen Leuten Handzeichen und arbeitete sich weiter vor.

Arnulf zählte langsam bis dreißig. Er spürte die Blicke der Krieger auf sich, wusste, dass er nicht eine Spur von Zweifel zeigen durfte. Von den Sachsen war nichts mehr zu sehen, auch nichts zu hören. Vorsichtig setzten sie sich wieder in Bewegung, hielten jetzt direkt auf die Kuppe zu. Äste knackten, Krieger zischten wütend, wenn sie in Erdlöcher traten. Nichts regte sich vor ihnen. Doch Spechte arbeiteten über ihren Häuptern. Das Geräusch erinnerte Arnulf an den Vormittag, den Marsch zur Jagdstellung. Rasch verdrängte er die Gedanken wieder. Dann tauchte zwischen dem Grün vor ihnen das Rotbraun einiger Pferde auf – die Thüringergäule?! Angebunden an jungen Bäumen. *Wo bleibt Gallo?*

Sie warteten mit klopfendem Herzen ... Endlich: Hufgetrappel! Lärmend kam Gallos Truppe die Höhe hinauf. Arnulf sprang auf. Die Lichtung auf der Kuppe hatte eine birnenartige Form, der breitere Teil lag in Gallos Richtung. Der Welsche mit seinen Männern ritt geradezu in einen Pfeil- und Speerhagel hinein! »Unter den Buchen!«, brüllte Arnulf, denn die ersten Bogner der Thüringer lösten sich jetzt aus dem Schutz der Bäume.

Arnulfs Axt fegte einen von ihnen mit blutigem Schädel zur Seite, dann stand da einer mit Speer, der sofort reagierte. Die Spitze krachte in Arnulfs Schild. Der Offizier sah die schreckgeweiteten Augen und trat dem Mann in die Körpermitte, sodass der Mann zusammenklappte. Ein Schildstoß gegen den Kopf schickte ihn ins Reich der Träume. *Irgendwen muss man noch befragen können!*

Ein Schlag aus dem Nichts: Im letzten Moment konnte Arnulf die Waffe heben, ein Schwert kreischte über die Axt-klinge. Ein heftiger Schildstoß ließ Arnulf nach hinten stolpern. Er fing sich, schlug mit einem wilden Hieb ein paar Späne aus dem Schild des anderen. Der Kerl brüllte etwas, entblößte eine riesige Zahnlücke und schlug wieder zu. Arnulf wehrte ihn mit dem Schild ab, fasste die Axt am untersten Schaftende, fiel auf ein Knie und zertrümmerte dem anderen mit einem sichelarti-gen Schlag das Schienbein. Arnulf spürte den Knochen nachge-ben, doch der Kerl fiel nicht um. Er schrie einen Schmerzenslaut hinaus wie ein Ochse und stach irgendwie mit der Schwertspitze nach unten. Glühend heiß glitt der Stahl über die Knochen und Knorpel seines Nackens.

»Verzeihung!« Ein dumpfes Aufschlaggeräusch, dann fiel der Kerl mit Würgen und Krächzen nach hinten über. Senk-recht ragte der Schaft einer Stoßlanze aus seiner Brust. Arnulf richtete sich zitternd auf und sah in die *Ich-kann-auch-anders-Fratze* Gallos. Auf der Lichtung, am Waldsaum erklang noch das Geräusch von Waffen, doch kein Kampfgetöse mehr. »Habt Ihr Hardrad?«

»Pfeile im Arsch haben wir, sonst nichts«, knurrte der West-franke und wischte die Lanzenspitze am Hosenbein des Toten ab.

Die Enttäuschung überdeckte für einen Moment den Schmerz in Arnulfs Nacken. Zwei ihrer eigenen Männer lagen blutüberströmt und reglos auf dem Waldboden. Ein paar hielten sich zerschmetterte Gelenke, ein halbes Dutzend Mann war damit beschäftigt, Pfeile aus den Pferden und Kriegern zu zerren. Die rasch angefertigte Panzerung der Tiere aus zusammengeknüpften Satteldecken hatte die meisten Geschosse aufgefangen.

Im Laufschritt und mit klappernden Waffengürteln kamen Sigfrid und seine Leute herbei. Arnulf wrang schwarzroten Saft aus seinem Halstuch. »Wen habt Ihr gefangen?« Der Schweiger stieß zwei junge, picklige Kerle mit leeren Schwertscheiden nach vorn: *Die Pferdewachen?!*

»Verdammt!«, zischte Arnulf. Nichts war gewonnen, Hardrad womöglich über alle Berge! Da blieb sein Blick an dem Speerkämpfer hängen, den er niedergeschlagen hatte. *Eine kleine Hoffnung …* »Der Kerl lebt!«, rief einer. Man klatschte dem Verwundeten Wasser ins Gesicht und schrie ihn an, wohin Hardrad sich wenden wollte. Blinzeln, Röcheln und schließlich flehte der Mann: »Zur Würzburg. Schont mein Leben, Herr!«

Am Main?! Wo genau? Alle sahen Arnulf an. »Eine Festung mit Holz-Erde-Wall, hoch über dem Fluss«, sagte er langsam und drückte das feuchte Halstuch wieder in den Nacken. »Leicht zu verteidigen.«

»Schwerer zu nehmen als eine Sachsenbraut!«, rief einer der Krieger.

»Abwarten, Mann«, stieß Arnulf aus und brachte ein schiefes Grinsen zustande. »Ich bin mit einer Sachsenbraut verheiratet – sehe ich aus, als hätte ich Angst?«

Kapitel IV

Tassilos Pfalz in Regensburg, Mai 787

Der Innenhof des herzoglichen Palas in Regensburg war ein belebter Platz an jenem Sonntag. Zwei Äbte waren geweiht und ein Vasall mit Grenzgauen in Tirol belehnt worden. Weit mehr als hundert Menschen füllten den Hof der Regensburger Pfalz: Vasallen und herzogliche Bedienstete, Legaten anderer Mächte, Handelsfürsten aus Regensburg selbst und die üblichen Krümelpicker, die sich bei solchen Anlässen dazu schlichen.

Das Herzogspaar saß mit den Edlen an einer breiten Tafel unter einem Baldachin vor dem Portal des Palas. Das Segeltuch dämpfte nicht nur das Sonnenlicht, sondern hielt den Dreck vieler Hundertschaften von Staren ab, die über dem Hof kreisten. Die Edlen blickten von ihren Sitzen auf den mit Marmor eingefassten Brunnen im Pfalzhof, aus dem ein Wasserspiel aufragte: ein bronzener Wolf und eine Tierfigur mit Mähne und großen Pranken, die man den Löwen nannte, spuckten Wasser in das Becken. Auf dem kleinen Feld zwischen Baldachin und Brunnen ließ ein Gaukler einen Zwergesel im Kreis reiten, zwei Äffchen vollführten Sprünge auf dem Esel. Fröhliches Gelächter erscholl von der Tafel her, als die Affen mit Stöcken auf den Esel einschlugen und sich dann gegenseitig traktierten.

Die Edlen klatschten in fettige Hände und tauchten sie wieder in die Donaukarpfen, die mit Krebsen und Störeiern gefüllt waren. Jenseits des Brunnens füllten in der Mitte des Hofes junge Pfalzknechte Wein in die Becher der niederen Vasallen. Sie saßen auf schlichten Bänken und schauten teils den Gauklern zu, teils verfolgten sie die Schaukämpfe im oberen Bereich des Hofes am Fuß des großen Turms. Niemand schien die beiden Gestalten im Schatten eines schmalen Durchgangs zu beachten: eine Frau im hellblauen Kleid mit weiten Ärmeln, die Haare zu straffen Zopfketten hinter dem Kopf gesteckt, und ein hochgewachsener, schlanker Mann ohne Waffen, dessen Gesicht von einer Kapuze halb verdeckt war.

»Neben dem Herzogspaar sitzen die alten Geschlechter«, raunte sie. »Die Huosi, Fagana und Hahilinga[2] ...«

Ihr Zuhörer machte ein kehliges Geräusch. »Ich kenne die Namen. Wie viele gepanzerte Reiter bringen sie zusammen?«

Überrascht sah sie ihn an – sein Gesicht war völlig glattrasiert, ein Jünglings-Antlitz mit ernsten Augen, die irgendwie alt wirkten. »Viele«, sagte sie verlegen, denn sie hatte von Militärischem nur eine vage Ahnung.

Er verzog das Gesicht. »Sprecht mich mit ›Herr‹ an, Gertrud.«

»Natürlich, Herr.« Eine Pause entstand. »Die meisten Bischöfe und Äbte kommen aus den alten Familien ...«

»Erzählt mir nur Nützliches«, unterbrach er sie. »Wer gilt als stärkster Heerführer?«

»Das ist Graf Fago«, sagte sie, erleichtert, dies beantworten zu können. »Er hat den Angriff der Franken und Langobarden auf die Pässe in Tirol zurückgeschlagen, letztes Jahr.« Sie beschrieb seine Position an der Herzogstafel, und ihr Begleiter schien den massiven, grauhaarigen Mann mit dem sonnenverbrannten Gesicht zu studieren. Das scheppernde Lachen des Grafen war sogar über dem Lärm der anderen zu hören. Dann

---

2   Für die historisch Interessierten: In der Lex Baiuvariorum, den im 7. Jahrhundert niedergelegten Gesetzen der Bayern also, sind die sechs ältesten bzw. mächtigsten Familien namentlich aufgeführt.

ertönte das Klirren von Metall auf Stein vom unteren Ende des Hofes. Ein Schaukampf war im Gange, bei dem ein athletischer Krieger mit zwei Schwertern drei Speerkämpfer auf Abstand hielt.

»Der Kerl in dunklem Leder mit den zwei Klingen – wer ist das?«

Sie räusperte sich. »Sänger« nennt man ihn. Sein richtiger Name ist Uto, herzogliches Blut fließt in seinen Adern.«

»Ein Bastard, was?« Beeindruckt verfolgte der Fremde die Fechtkünste des Sängers, der einem der Gegner das Wams aufschlitzte. Ein Schmerzensschrei ertönte. Der Fremde schwieg eine Weile; dann: »Leutberga sieht aus wie eine Königin. Aber der Herzog … Jeder Feldherr in Byzanz trägt mehr Gold und Ornat als er!«

Gertrud zog es vor, zu schweigen. Tassilo war ein bullig wirkender Mann mit kurzem Hals, der selbst im Sitzen etwas Stiernackiges hatte; ein dünner Umhang hing über seine Schultern, als einziger Schmuck prangte die goldene Herzogskette auf seiner blauen Tunika. Die kräftigen Brauen wirkten fast wie ein durchgehender Strich, ein dunkler, drei Zoll langer Bart überwucherte das Kinn.

Seine Gattin neben ihm erstrahlte geradezu in heller Seide, die Schultern waren von einer Art goldenem Gewebe bedeckt und ein mit Brillanten geschmücktes Diadem zog die Blicke von Männern und Frauen an.

»Ihr habt am Kaiserhof in Byzanz gelebt, Herr«, sagte sie endlich. »Die Griechen[3] neigen zum Prunken, nicht wahr?«

»Prunk? Ich nenne es Großzügigkeit. Sie haben meiner Mutter Kleider gegeben, mit denen sie ihren Rang zeigen

---

3   Byzanz, der Nachfolgestaat Ost-Roms, gehörte zum griechischen Kulturraum.

konnte – eine Königin auf der Flucht.« Ein bitterer Unterton begleitete diese Worte.

Wieder überlegte sie, wie alt er sein konnte. Zwanzig, fünfundzwanzig? »Ist Eure Mutter in Byzanz zurückgeblieben, Herr?«

»Sie ist tot.« Sein Blick züchtigte sie. »Hat die Herzogin Euch das nicht erzählt? Ich dachte, Ihr seid ihre Kammerfrau?«

»Das bin ich, Herr«, sagte sie und beschloss, dass sie diesen Menschen niemals mögen würde. Trotzig schob sie nach, dass er auch ihr vertrauen könne.

»Seid nicht albern«, sagte er grob. »Ein Königssohn ohne Thron und Titel kann niemandem vertrauen!«

Sie spürte Blut in die Wangen steigen. »Und warum seid Ihr dann überhaupt hier, Herr?«

Er schob die Kapuze vom Kopf. Seidenglattes, fast schwarzes Haar kam zum Vorschein, das locker über die Ohren fiel. »Weil ich auf die Gerechtigkeit Gottes hoffe! Mir gebührt der Thron des Frankenreiches, mir gebührt alles, was dieser Mörder *Carolus Rex* angehäuft hat!«

Sie spürte etwas wie Angst, als diese Worte fielen. Doch die Ankunft von drei Reitern lenkte ihre Aufmerksamkeit ab. Der vorderste von ihnen, ein sehniger Mann im Kettenhemd, der den Schmutz eines längeren Ritts im Gesicht trug, sprang aus dem Sattel und näherte sich der Tafel des Herzogs als gehörte er hierher. Und doch wusste Gertrud, dass dem nicht so war, denn sie hatte ein Gedächtnis für Gesichter. Ein kurzer Wortwechsel des Hageren mit einigen Wachen zehn Schritt vor dem Baldachin folgte.

»Wer ist das?«, raunte der Mann aus Byzanz.

»Einer, Herr, der keine gute Nachricht bringt«, sagte sie nur.

* * *

Bewaffnete führten den Besucher steinerne Stufen hinauf, die zu einer Halle führten. Quer am Kopfende stand ein erhöhter, mit Elfenbein und dunklem Holz geschmückter Sitz mit hoher Rückenlehne, breit genug für zwei Menschen. Den oberen Abschluss der Lehne bildeten kräftig geschwungene goldene Doppelhörner, die wie der Kopfschmuck eines Steinbocks aussahen. Unterhalb des Throns füllte eine Tafel aus rohen Holzplanken die Mitte des Saals aus. Mächtige Feuerstellen mit rußgeschwärzten Steinquadern in den Wänden kündeten von kalten Wintern.

Zwei Diener schleppten ein Dreibein und eine Wasserschüssel herbei. Der Mann im Kettenpanzer klatschte sich Wasser ins Gesicht und wusch sich gründlich Hände und Unterarme.

»Was zum Teufel …?!«, stieß er beim Abtrocknen aus, als er den hölzernen Lindwurm bemerkte: Ein Ast so dick wie zwei Menschenleiber durchbrach die linke Wand in etwa zwölf Fuß Höhe, Querverästelungen und grünbraune Zweige füllten die Hälfte des Saalhimmels aus.

»Wir nennen diesen Ast Agilos Arm«, sagte Uto ohne Einleitung. Geräuschlos hatte er den Saal betreten, eine Hand lässig hinter den Gürtel gehakt. Der Fremde musterte ihn eher beiläufig. »Agilo, des Herzogs Urahn?«

Uto nickte, mit breitbeiniger Pose, eine Hand zwirbelte die Enden des langen Schnurrbarts. »Der Urgroßvater Tassilos, der Großvater seines Vaters Odilo. Solange dieser Baum wächst, gedeiht das Herzogtum, heißt es … Hat man Euch noch nie hier reingelassen?«

Die Dreistigkeit der Frage verunsicherte den Besucher. Schnell sah er sich in der Halle um. »Ihr habt einen forschen Ton, Mann«, knurrte er. »Nennt mir Euren Namen!«

»Uto«, sagte der andere mit derselben Herablassung wie zuvor. »Der Herzog ist mein Vater.«

In diesem Augenblick knarrten die Türflügel und der Bayernherzog Tassilo betrat den Thronsaal. Der Kopf auf dem kurzen Hals war ein wenig nach vorne geneigt, als würde der Herzog auf etwas vor seinen Füßen blicken. Tatsächlich trottete neben ihm ein dunkelbrauner Hund mit massiver Schulterpartie und kräftigem Gebiss, dessen Kopf mit kleineren und größeren Narben übersät war.

Tassilo rief den Dienern etwas zu und ließ sich ein paar Schritt neben dem Besucher auf einen Lehnstuhl vor einer Feuerstelle fallen. Er hob den Kopf und warf dem Gast einen kühlen Blick zu. Mit einer tiefen, befehlsgewohnten Stimme sagte er: »Es ist kühn von Euch, Adalung, hier unter den Augen aller reinzuplatzen.«

Der Angesprochene straffte sich. »Herzog …«, hob er an, doch Tassilo war noch nicht fertig: »Man könnte auch sagen: Es ist dumm!«

Adalung warf das Handtuch zu Boden und baute sich vor dem Herzog auf, mit Wangen, die rot anliefen. »*Heil Eurem Herzogtum!*«, stieß er aus. »Damals habt Ihr freundlicher zu uns gesprochen, als Ihr Waffenbrüder suchtet.«

Tassilo machte ein kehliges Geräusch, das den Hund ruckartig aufblicken ließ. Die ringbesetzte Rechte des Herzogs begann, den Hund an seiner Seite zu streicheln, ohne auch nur anzudeuten, dass Adalung sich setzen durfte. Dessen Hand ging plötzlich zum Schwertgriff. Fast geräuschlos kam die Klinge aus der Scheide. Ein scharfer Ruf hallte durch den Saal, dann war Uto schon neben dem Angreifer.

»Weg damit!«, zischte er, seine Klinge gegen Adalungs Hals gerichtet.

Doch trotz Utos Drohung senkte der Thüringer die Klinge nicht; braune Verfärbungen waren auf dem Stahl zu sehen. »Das ist das Blut König Karls, Herzog! Wäre Satan nicht auf seiner Seite ... Wir haben es gewagt, beim Hoftag. Er entkam um Haaresbreite!«

»Beim Hoftag? Ihr Thüringer seid doch von Sinnen!«, schnaubte der Herzog, dann wurden seine Augen eng. »Werdet Ihr verfolgt?«

Nun erschien ein seltsam hochmütiger Ausdruck in Adalungs schmalem Gesicht. »Keine Angst, ich hab' die Panzerreiter abgeschüttelt! Aber ich brauch' neue Pferde und ein paar Kriegsknechte von Euch, die fechten können. – Himmel, habt Ihr nichts mehr zu trinken?«

Es war kein gutes Omen für Adalung, dass Uto nun das Wort an ihn richtete, in einer Art Murmelton. »Ihr Thüringer Helden ... Mein Herr hat Euch Pferde gegeben und Silber, reichlich Silber, und jetzt kommt Ihr an und bettelt um mehr?«

* * *

Leutberga hatte die Ankunft Adalungs aus den Augenwinkeln verfolgt. Sie ahnte, was geschehen war. Sie war eine Frau mit Verständnis für den Lauf der Dinge. Gewiss, Politik galt als eine Sache der Männer. Aber sie war am Hof eines der mächtigsten Königreiche ihrer Zeit aufgewachsen. Mit männlichem Denken, mit männlichen Gelüsten war sie mehr als vertraut, denn sie hatte den Aufstieg und Untergang mächtiger Sippen von klein auf verfolgen können.

Dass Tassilo nicht gleich zurückkehrte, bestätigte ihre Befürchtung, dass etwas Ernstes passiert war. Ihr Blick streifte kurz ihren Sohn, Theodoso, der zwei Plätze neben ihr mit leicht vorgeneigtem Kopf und angestrengter Miene ein Gespräch mit einem der Bischöfe bestritt. Der Sechzehnjährige hatte denselben Wulst über den Augen wie der Vater, doch das überflaumte Kinn sah aus wie abgeschnitten. Es lechzte geradezu nach einem kräftigen Bart, der ihm eine männlichere Form geben würde.

Es war das fliehende Kinn von Leutbergas Mutter, das auf den Jungen gekommen war. Das Kinn, das sie täglich an das Schicksal der Langobardenkönigin erinnerte, die von Karl gut ein Dutzend Jahre zuvor entthront worden war. Die getrennt von ihrem Mann als Gefangene über die Alpen geführt worden und in einem Klostergefängnis verschwunden war, während Karl den Königspalast in Pavia entweiht und dessen Kostbarkeiten an seine Kriegsleute verschenkt hatte! Von billigen Versprechungen des Königs hingehalten, hatte Tassilo damals stillgehalten. Leutberga spürte den Schmerz darüber wie einen schlecht verheilten Knochenbruch: Sie hatte Tassilo seine Untätigkeit niemals wirklich verziehen. Wie auch?

Beunruhigt wandte sie den Kopf nach dem Eingang des Palas. Der Herzog blieb verschwunden. »Semper adhaeret suorum consuetudinem …« Der Bischof von Salzburg sprach Latein mit Theodoso, was dessen krampfigen Gesichtsausdruck erklärte. Leutbergas Hand berührte ein seidenes Beutelchen am Gürtel, in dem ein juwelenbesetzter Goldring steckte. Drei Jahre zuvor hatte eine Äbtissin und aus Bayern stammende Karlsdienerin dieses Lebenszeichen der Mutter aus dem Gefängnis herausgeschmuggelt. Wenn es denn ein Lebenszeichen war!

»Erzählt ihm von der Größe des Reiches meiner Eltern, Virgil«, warf sie dem Bischof hin. »Ich lasse Euch allein.« Der Kirchenfürst nickte, nicht ohne eine Braue hochzuziehen, denn dieser gewisse Unterton Leutbergas schien vor allem für ihn reserviert. Doch dann nahm sein hartes Gesicht mit der Adlernase wieder einen milderen Ausdruck an und er zitierte, einem Schulmeister gleich, den dritten Artikel der Gesetze der Bayern, damit der Junge ihn ins Volkssprachliche übersetzen konnte.

Leutberga stand auf und lief ohne weitere Worte auf die großen Torflügel des Palas zu. Prompt bemerkte Bischof Virgil, wie die anderen Gäste die Köpfe drehten. Tuscheln setzte ein.

Theodoso sah den Bischof erstaunt an. »Darf ich Euch etwas fragen, Euer Gnaden?«, sagte der Bursche dann mit einer Stimme, die etwas gequetscht klang. Virgil lächelte. »Gewiss doch, Herr Theodoso.«

»Stimmt es, dass Ihr Euren Bischofssitz nur der Fürsprache König Karls verdankt? Die Zofen meiner Mutter sagen das …« Virgils Miene veränderte sich nicht, aber seine Augen nahmen einen kalten Glanz an. »Und wäre das denn schlimm, junger Herr? Diene ich nicht der Ehre Gottes, des Allerhöchsten?«

Theodoso kniff kurz die Augen zusammen, als müsste er die Antwort abwägen. »Meine Mutter sagt, Euer Gnaden, dass man nicht beiden dienen kann: dem Allmächtigen und dem Frankenkönig. Weil er ein Bruder Satans ist … Verzeiht, hätte ich das nicht sagen sollen?«

* * *

In der Thronhalle sah sie Adalung, bewacht von mehreren Bewaffneten, unter dem Astdurchbruch mit einem Krug und einem Laib Brot. Rechts, am anderen Ende der Halle, saß Tassilo in einer Wandnische im Zwiegespräch mit Uto. Gleichzeitig warf der Herzog dem Hund Happen hin, die dieser mit schnellen Kopfbewegungen aufschnappte. Als Leutberga näherkam, sprang der Hund auf.

»Ist es geschehen, Herr?«, fragte sie ohne Umschweife. »Hat Hardrad gegen Karl rebelliert?«

Der Herzog sah auf. »Die Haut haben sie ihm geritzt, mehr nicht«, grollte er. »Beim Hoftag, vor aller Augen!« Seine Augen waren blutunterlaufen, die Tränensäcke größer geworden, Folge des ewigen Weins und einer Geißel namens Schlaflosigkeit. »Adalung sagt, er ist Karls Kriegern entkommen«, stieß Tassilo aus. »Aber wenn sie noch hinter ihm her sind, klopfen sie bald ans Tor.«

Sie zwang den Hund zur Seite und legte Tassilo eine Hand auf die Schulter. Ihren schnellen Seitenblick auf Uto konnte der Herzog nicht wahrnehmen. »Dann geschieht jetzt, was geschehen soll, Herr. Ihr wart nicht in Worms, als einziger der Großen. Karl wird beides miteinander in Verbindung bringen. Er kann gar nicht anders, dieser *Wolf*!«

»Aber wir sind nicht *bereit*, Weib!« Er sah zu ihr auf und sie merkte, wie er das Diadem auf ihrer Stirn musterte, als verberge es eine Botschaft. Vom unteren Rand des goldenen Reifs fiel ein schmaler Vorhang mit Goldfäden bis zu den Augenbrauen. »Hardrad sollte vor dem ersten Schnee losschlagen, wenn die Franken keine Reiterarmee mehr ins Feld führen können«, sagte Tassilo grimmig. »Jetzt muss sich der Narr verschanzen und wir müssen unsere Vasallen erst zusammenrufen.«

Leutbergas linke Hand griff nach dem Rosenkranz aus Bernsteinperlen, der hinter ihrem Gürtel klemmte. Sie gab ihrer Stimme die ganze Festigkeit, zu der sie fähig war. »Umso mehr Zeit, Herr, haben wir für die Einberufung einer Synode! Wir führen Karlmanns Sohn den Bischöfen und Edlen vor. Wir lassen sie erkennen, dass ihr Carolus Rex nur ein gewöhnlicher Mörder ist, der seinen Bruder hat umbringen lassen. Wer wird ihm dann noch folgen? Er wird am Ende von seinem Thron stürzen, ohne dass wir mehr als einen kleinen Stoß gegeben haben!«

Tassilo machte einen Grunzlaut und nickte, als wollte er daran glauben. »Karlmanns Sohn sieht Karl sogar ähnlich ... der Neffe dem Onkel, das sollte helfen.« Sie sah die Zuversicht in seine Züge zurückkehren. Er stand auf, geschwinder und agiler, als man es hätte vermuten können. Sein Kuss kam unbeholfen, grob, der Bart kratzte über ihr Kinn – sie waren fast gleichgroß. »Ihr seid Euch sehr sicher, *Königstochter*«, sagte er langsam, in ihre Augen blickend. »Eure Eltern waren sich auch einmal sicher, als sie sich mit Karl einließen.«

»Sie ließen ihn angreifen«, antwortete sie mit belegter Stimme. »Das war ihr Fehler. Wir aber kommen ihm zuvor!«

* * *

Als die Herzogin wieder in den Hof zurückkehrte, blieb Tassilo noch einen Augenblick zurück. Uto, der mit respektvollem Abstand auf dem Gang gewartet hatte, fing den Blick seines Herrn auf. »Was soll mit Adalung geschehen, Herr?«

Der Herzog starrte ihn an. »Mit dem Bart seht Ihr wie ein Aware aus, wisst Ihr das?« Utos Augen wurden schmal, er presste die Lippen zusammen. Tassilo stellte befriedigt fest, dass seine Worte getroffen hatten. Die Barttracht Utos war ihm gleichgültig, doch er mochte es nicht, wenn ein unehelicher Sohn, Ergebnis einer hitzigen Nacht, sich wie ein Thronfolger aufspielte.

Mühsam räusperte sich der Jüngere, und seine Hände fummelten am Waffengürtel herum. »Herr? Was wollt Ihr mit ihm machen?«

Tassilo sah auf den Hund hinab. »Adalung kann uns nur noch schaden, nicht wahr, Wolfbiz?« Das Tier hörte etwas in der Stimme seines Herrn und richtete sich knurrend an Tassilo auf. Grinsend stieß ihm Tassilo den linken Unterarm zwischen die Kiefer. Der Arm war an dieser Stelle durch eine dicke Lederschicht geschützt. »Gebt Adalung einen kalten Ausgang!«

»Ja, Herr«, antwortete Uto ohne zu zögern. Selbstsicherheit war in seine Miene zurückgekehrt. »Darf ich Wolfbiz mitnehmen?«

Tassilo nickte huldvoll. »Reinigt ihn danach, hört Ihr? Ich will kein blutiges Vieh in meiner Halle herumlaufen sehen!«

Kapitel V

Worms, Mai 787

Königliche Herolde verließen die Pfalz, unterwegs nach Süden, Westen und Norden. Der Thüringer Herzog Hardrad war ein Königsmörder und vogelfrei, verkündeten sie in den Dörfern und auf den Märkten. Seine Güter waren dem König verfallen. Ein reines Gewissen durfte nur haben, wer alsbald dem König den Treueeid leistete!

Während Karl insgeheim seine Berater das Vorgehen gegen den Bayernherzog ausarbeiten ließ, kümmerte er sich um die Männer, die seinen Thron sicherten: die Krieger der Scara Francisca. Einige dieser Hundertschaften bemannten Festungen in den unruhigen Grenzmarken oder warfen irgendwo Aufstände nieder; stets aber umgaben mehrere hundert Panzerreiter das Reisequartier des Königs. *Unfortha*, die Furchtlosen: so nannten sie sich selbst. Auf Ruhm und Beute waren sie aus und auf Land, das oft das Land der im Krieg Besiegten war.

Die Kriege fraßen Menschen, aber mehr noch Pferde: Rösser, die in der Schlacht umkamen, die auf dem Weg dorthin zugrunde gingen, Pferde, die an Seuchen starben. Ein trüber Himmel wölbte sich über den Wiesen südlich der Pfalz, als der König ein oder zwei Stunden vor Mittag zur Musterung der Dreijährigen in einer großen Rundkoppel stieß. Sein Marschalk, ein untersetzter, quadratisch wirkender Burgunder mit O-Beinen, begutachtete jedes Tier und ließ sie einmal im Kreis laufen: Rösser von Königshöfen, die im Frühjahr ihrer Abgabenpflicht für Kriegsgerät aller Art nachkamen. Etwa hundert schuppen-gepanzerte Zuschauer saßen auf den Balken der umliegenden Gatter, scherzten und höhnten und brüllten ihre Meinung zum jeweiligen Pferd über den Platz. Sie wussten: Die Besten würde der Marschalk für das königliche Gefolge abzweigen und die übrigen den Hundertschaftsführern zur weiteren Ausbildung geben. Kleine oder anfällig wirkende Tiere hingegen wurden auf den Märkten verkauft.

»Das sind Rindviecher, verdammt! Rindviecher mit Mähnen, sage ich Euch! Die Gäule kann man doch nicht fürs Gefecht drillen!« Mit verschränkten Armen musterte der Marschalk die vorbeiziehenden Pferde, die am Ende einen unfreiwilligen Galopp hinlegten. Ein Jüngling mit weißem Kopfverband klatschte ihnen dazu mit dem Riemen auf die Kruppe. Der König schmunzelte. Ein Blick auf ein kleineres Gatter mit zwei Dutzend jungen, rassig aussehenden Pferden zeigte Karl, dass der Marschalk wie üblich übertrieb. Dann kam eine kastanien-braune Stute mit leuchtend weißer Blesse, deren seidige Mähne leicht im Wind wippte. Unter dem glatten Fell zeichnete sich das Muskelspiel ab, ein Rhythmus der Kraft, der Karl berührte wie eine gute Flötenmelodie.

»Die ist zugeritten, kommt vom Hof meines Schwagers«, sagte der Marschalk wie zur Erklärung und schob sich die schwere, braune Filzmütze in den Nacken, die angeblich sogar Pfeilen standhielt.

Karl hörte nur halb hin, denn in diesem Moment erkannte er den Burschen mit dem Kopfverband. Und während der Mar-schalk mit zwei Fingern zwischen den Zähnen pfiff und seinen Leuten zurief, wo die Braune einzuordnen war, gab der König einer seltenen Anwandlung nach – *Könige scherzen nicht!* Aber wenn sie gutgelaunt sind, tun sie es doch … Er trat ein Stück zurück, sodass er dank seiner Körpergröße über den stämmigen

Marschalk hinwegblickte. Ein königlicher Arm begann zu winken, wie ein Windmühlenflügel.

»Was denn? Wer hat was von Herkommen gesagt?«, schnarrte der Marschalk, als der Bursche nun im schnellen Schritt auf den obersten Pferdeprüfer und den König zueilte und dabei das pendelnde Schwertgehänge an die linke Hüfte presste. »Eure Zeichen, Herr, ich sollte …«

»Zeichen? Lasst die Braune weiterlaufen und putzt Euch die Pupille, Bursche!«

»Ich spreche nicht mit Euch, Marschalk, sondern mit unserem Herrn!«

»Mit *Gott* willst du sprechen? Rabendreck, verfluchter!«

Eine Röte zog über die Wangen des Burschen. »Hinter Euch.«

Gelächter brandete unter den schadenfrohen Zuschauern auf. »Lasst gut sein, Marschalk …« Lächelnd baute der Herrscher sich neben seinem etwas verunsicherten Hofmann auf. »Ihr seid Arnulfs Sohn, nicht wahr?« Der Junge bejahte das und schien zwei Zoll größer zu werden. »Ihr habt Euch eine Wunde geholt, als die Meuchelmörder davonliefen?«

Arthur nickte, das Rot seiner Wangen wurde kräftiger. »Herr, wenn ich gewusst hätte, wer da kommt …«

»Die Kerle haben uns alle überrascht«, sagte der König ernst und tätschelte der Kastanienbraunen den Hals, was das Pferd mit leisem Schnauben über sich ergehen ließ. »Das Mädchen hier ist ein echtes Prachtstück. Wie gemacht für unsere besten Kämpfer. Wollt Ihr sie haben?«

Arthur schluckte, seine Augen begannen zu leuchten. »Ja, Herr!« Die Grimasse des Marschalks nahm er nicht wahr, als er dem Ross auf den Hals klopfte und nach einem Sattel fragte. Der oberste Pferdeprüfer zeigte mit starrer Miene auf einen Stapel rotbrauner Sättel, die nach Lederbeize rochen und aus

Klosterwerkstätten kamen. Das Pferd aufzuzäumen, den Sattelgurt festzuschnallen – es ging so schnell wie das Anziehen von Hose und Tunika.

* * *

Arnulfs Sohn drehte eine große Runde um Koppeln und Weiden. Die Stute lief wie von selbst, mit sanftestem Fersendruck steuerte er sie durch Gruppen von herumlungernden Kriegern und Knechten mit Musterungspferden, sprang über ein paar Baumstämme, die irgendwelche Zimmerleute dort liegengelassen hatten, und hielt endlich wieder auf den König und den Marschalk zu.

Da sah er seine Mutter. Sie kam aus Richtung der Pfalzgebäude über den von vielen Hufen aufgewühlten Weg auf die Koppeln zu, mit kräftigen Schritten, gerade, das Haupt erhoben. Müsste er sich nicht freuen? Er wusste, sie kehrte von der Reichenau im Bodensee zurück, mit einigen Tagen Verspätung. Sie hatte ihren Halbbruder aufgesucht, den großen Herzog Widukind, ein Gefangener des Königs, ein Geschlagener. In diesem Augenblick wurde ihm klar, dass er seinen Posten beim Pferdetreiben verlassen hatte wie ein Kind! Er zauderte, blickte nach der kleinen Gruppe um den Marschalk und den König, dann wendete er die Braune und galoppierte die letzten hundert Schritt auf seine Mutter zu.

»Arthur! Gott schütze dich!« Sie schien erleichtert, als er aus dem Sattel rutschte und ihre Hand küsste. »Was ist deinem Kopf passiert?« Er ärgerte sich, dass sie nicht nach dem Pferd fragte, und erzählte in wenigen Worten, was sich auf der Lichtung ereignet hatte. »*Almahtigan*!«, rief sie. »Warum stellst du dich solchen Leuten in den Weg?« Sie nahm seinen Kopf in die Hände und betrachtete mit gerunzelter Stirn Arthurs Leinenverband. »Mutter!« Er trat einen Schritt zurück. *Alle können uns sehen.*

Dann kam die Frage, die nur eine Frau fragen konnte. »Wieso trägst du ein Langschwert? Und wo war dein Vater, als das passierte?«

»Sprecht mich nicht an wie ein Kind, ich bitte Euch!«

»Ihr könnt stolz sein auf den Burschen«, rief der König von seinem Schimmel herab. Arthur hatte ihn nicht herankommen hören. Erika neigte würdig den Kopf. Der König lächelte. »Er ist tapfer eingeschritten, Edelfrau, wo andere hilflos zusahen. Habt Ihr Euren Bruder trösten können?« Seine Stimme war härter geworden bei den letzten Worten und mit einer eigentümlichen Befriedigung bemerkte er den Hauch von Röte auf ihren hellen Wangen. Sie zögerte, sein Sarkasmus lag ihr nicht. Verlegen strich sie dicke, braune Zöpfe über die Schultern zurück und plötzlich empfand der König die Anwesenheit des Jungen als störend. »Der Marschalk kann Euch sicher noch brauchen«, ließ er leichthin fallen. Arthur grinste, bedankte sich noch einmal, stieg auf sein Pferd und zog fröhlich davon.

Sie sah ihm einen Augenblick nach. »Verzeiht mein Säumen, Herr.« Rasch erzählte sie von den schweren Regenfällen auf dem Rückweg von der Reichenau, die ganze Straßen und Wege weggespült hatten. »Wundert mich nicht«, bemerkte Karl trocken. »Widukind steht heimlich noch im Bunde mit dem alten Sturmgott Donar, was?« Ein hartes Lachen folgte. »Also, willigt er ein? Zu meinen Bedingungen?«

»Ich fürchte nicht, mein König.« Sie sah ihn kurz an, und er schien diesen Blick festzuhalten. »Widukind wird die sächsischen Gaufürsten nicht auffordern, das Kreuz zu nehmen. Er sagt, er kann niemanden von seinen Göttern trennen.«

»Dann schmort er weiter unter den Mönchen!«, schnaubte der König und machte den Leuten hinter ihm Zeichen. Schon hielt einer seiner Diener Erika den Steigbügel eines gesattelten Pferdes. Sie zögerte, dann schwang sie sich in den Sattel. Unter ihrem Kleid schauten die Beine der Hosen hervor, die sie während der Reise getragen hatte. Sie streifte Karl mit einem Seitenblick. »Ist mein Mann ... ist er am Hof, Herr?«

»Er steht vor der Würzburg und belagert Herzog Hardrad«, sagte der König. »Der Kerl wollte mich ermorden.« Der Ausdruck der Sorge in ihrem Gesicht mit den leicht geöffneten Lippen gefiel Karl, auch wenn er wohl mehr Arnulf als dem König galt. »Allmächtiger«, stieß sie aus. »Ich hörte unterwegs davon. Jeder, der vom Mittelrhein kam, brachte die Geschichte mit ...«

»Gott wird uns die Schuldigen in die Hand geben«, erklärte Karl ruhig. »Und ich spüre, dass Arnulf bald wieder unter uns sein wird. Sorgt Euch nicht!«

Die letzten drei Worte waren in einem so vertraulichen Ton gesprochen, dass er Erika einerseits schmeichelte und sie gleichzeitig an Karls bekannte Zuneigung zu liebreizenden Frauen erinnerte – von den »Blumen des Hofes« sprach er gerne. Wiederum erschien ein Hauch von Röte auf ihren Wangen, den Karl mit einem sanften Lächeln quittierte. Die nächsten zwanzig, dreißig Schritt sagte keiner von beiden etwas. Dann seufzte sie und sagte: »Wenn meine Söhne nicht mit der Waffe auf andere losgehen, will ich zufrieden sein. Sie sind zu jung.« Wenn es ein Vorwurf sein sollte, prallte er an Karl ab wie Kiesel an einem Auerochsen.

»Nicht nur ich habe Euch vermisst, Erika«, lächelte er wieder und wies auf eine kleine Ansammlung von Hofleuten, die jenseits einiger Kastanienreihen zu sehen war. »Da vorne ist die Königin mit den Kindern. Besser, Ihr macht gleich Eure Aufwartung.«

* * *

Sie steuerten eine Wiese an, die durch Baumreihen von den Koppeln getrennt war. Erika sah Fastrada in einem senffarbenen Kleid zwischen Zofen, Kindern und Halbwüchsigen sitzen, im Stuhl einer Sänfte. Sie rief den Reitern vor ihr etwas zu. Der vordere war ein Junge von zehn oder elf Jahren in kurzärmeliger Tunika, der mit seinem Pferd in diesem Augenblick über einen liegenden Stamm von einer Elle Durchmesser setzte. Sofort darauf entdeckte er Erika und winkte ihr fröhlich zu. Hinter ihm blieb ein etwas älterer, im Sattel mehr hängender als sitzender Bursche auf seinem Ross zurück, das einen nervösen Kreis vor dem Stamm lief und laut schnaubte.

Erika zügelte ihr Pferd und ließ den König die letzten Schritte allein auf die Gruppe der Königin zureiten.

Fastrada erhob sich kopfschüttelnd. »Unser Sohn sitzt auf dem bravsten Gaul des ganzen Hofes und was macht er?«

Der König brüllte etwas über die Wiese; abermals versuchte der halbwüchsige Reiter, sein Pferd über den Baumstamm zu zwingen. Der erste Bursche ritt unterdessen auf Erika zu und begrüßte sie überschwänglich.

»Ludwig hält sich etwas besser im Sattel, immerhin«, knurrte Karl. Betreten wichen Zofen und Höflinge einen Schritt zurück.

»Und er fiel heute noch nicht runter«, ergänzte Fastrada spöttisch und verfolgte mit kaltem Blick, wie Erika von ihrem jüngeren Sohn Grimbald begrüßt wurde. »Meine Kammerfrau ist zurück, bei Gott! Wie schön, dass sich noch jemand an mich erinnert.«

Gnädig streckte Fastrada die von Brillantringen glänzende Rechte aus, als Erika sich näherte und ihre Hand küsste.

»Habt Ihr Euren Bruder weich gemacht, ja?« Erika schüttelte den Kopf. »Seine Rivalen wird's freuen«, sagte Fastrada mit gehässigem Unterton. »Graf Udalrich hätte mehr als ein Problem, wenn Widukind zurückkehrt. So kann unser Neugetaufter mit dem Knochenbeutel weiterhin den Löwen der Christenheit spielen – und dabei riecht er wie ein heidnischer Vielfraß!«

»Genug davon«, mahnte Karl und murmelte etwas von der später folgenden Kronratsbesprechung.

»Der sollte ich beiwohnen, mein Herr, nicht wahr?« Fastradas Worte hatten etwas Kokettes, Herausforderndes.

»Ihr seid willkommen, solange Ihr keinen beleidigt«, entgegnete Karl leicht gereizt. »Ansonsten, verehrtes Weib, nehmt lieber ein Bad, das wird Eurer Laune helfen.«

Kapitel VI

Unterhalb der Würzburg, Mai 787

Der Burgberg der Würzburg oberhalb des Mainufers war genauso steil, wie Arnulf ihn in Erinnerung hatte. Hardrad hätte sich ein schlechteres Versteck suchen können, grunzten die Männer. Aber Arnulf war fest entschlossen, ihn nicht von dort oben entkommen zu lassen: Er legte Posten an den Fuß des Hügels und begann, unter den Menschen in den umliegenden Ufersiedlungen kampftaugliche Männer zu sammeln. Freie mit Landbesitz also, die im Kriegsfall mit dem fränkischen Heerbann zu marschieren hatten. Aber jeder suchte Ausreden und verwies auf den Bischof der Würzburg, ohne dessen Zustimmung man nichts unternehmen konnte, doch der Geistliche war noch auf dem Rückweg von Worms. Arnulfs Ungeduld wuchs. Dann, nach ein paar Tagen, dröhnte ein wild aussehender Reiterhaufen auf der Uferstraße heran. Die mit Planen bespannten Trosswagen hatten Bärenschädel über dem Kutschbock der Lenker – Schmuck und Einschüchterung zugleich. Ein schlanker, eher gut aussehender Kerl führte sie an, dessen silbrig gebürstetes Kettenhemd aus den löchrigen Schuppenpanzern seiner Männer hervorstach. Er zügelte sein Pferd vor Arnulf und lupfte eine Fellmütze: »Karl schickt Euch Heilsgrüße, Mann! Ich soll den Mist hier zu Ende bringen.«

»Was redet Ihr da, Heden?«

Mit einem Grinsen auf den Lippen sprang der königliche Hundertschaftsführer aus dem Sattel und umarmte den anderen. »Der Alte will Euch sehen, *hamar*! Er hat was vor …« War da etwas wie Neid in Hedens Augen?

»Ist der Hof denn noch in Worms?«

Kopfschütteln. »Sie ziehen nach der Augsburg. Es geht gegen Tassilo, heißt es.«

Arnulf stutzte. »Dasselbe sagte Einhard, bevor er überhaupt wusste, was los ist.«

Heden feixte, helle Zähne leuchteten aus einem staubigen Gesicht. »Der *gilerito* liest die Gedanken des Königs, bevor Karl sie selbst kennt. Aber am Ende ist er auch nur ein Hofmann, zum Teufel!« Er schlug Arnulf auf die Schulter. Verlassen konnte man sich nur auf Waffenbrüder!

Arnulf zeigte zur Festung hinauf und erläuterte, wie die Würzburg abzuriegeln war. Und welche Häuser in der Siedlung auf dem anderen Flussufer für die Fleisch- und Bierversorgung der Truppe aufkommen mussten.

Heden nickte, ohne wirklich hinzuhören. »Dort drüben«, meinte er irgendwann, »in dieser hässlichen Kastenkirche, da liegt doch ein Heiliger?«

»Sankt Kilian«, sagte Arnulf.

»Kilian?« Heden pfiff durch die Zähne und warf Arnulf einen eigentümlichen Blick zu. »Ein ausgewachsener Heiliger in diesem Kaff friedlicher Menschen, ohne Bischof und ohne Mauern … kommen Eure Männer da auf Gedanken, *hamar*?«

Arnulf räusperte sich und spürte eine winzige Gewissensregung – wie einen Mäusebiss in die Stiefelsohle. Der Diebstahl von Heiligenreliquien wurde streng geahndet. Aber wo kein Richter, da keine Strafe … »Mir egal«, sagte Arnulf leichthin. »Wir brechen morgen bei Sonnenaufgang auf. Heute Abend leeren wir ein paar Krüge zusammen, einverstanden?«

* * *

Fünf Tage später stießen sie bei Cannstatt am Neckar auf den königlichen Tross. Die Pfalz Cannstatt bestand aus einem steinernen Hauptgebäude mit Holzaufbau und einer Handvoll barackenartiger Nebengebäude. Der Amtmann, der dort für den König wirtschaftete, galt als sehr sparsam. Die Feldsteine der Halle waren römischen Ruinen am Neckar entnommen.

»Ich brauche Euch in meiner Nähe, Arnulf!« Die fast schon herzliche Begrüßung des Königs bei Arnulfs Rückkehr gefiel dem Kriegsmann – einerseits. Andererseits ließ sie Fragen offen. Und offene Fragen, das hatte Arnulf zur Genüge erfahren, konnten alles Mögliche bedeuten: Dass man sich wenig später im Krieg mit einem Freund befand. Oder Frieden mit einem Feind schloss … Der König war niemals ganz berechenbar, weder für sein Gefolge noch für seine Feinde. Er konnte einen Edelmann, mit dem er noch nicht einmal versippt war, zu höchsten Ehren erheben und mit riesigen Ländereien beschenken. Er konnte Bauern einen ganzen Wald überlassen, aus dem er nach der Jagd mit ihrer Hilfe wieder herausgefunden hatte. Und er konnte den Schlachtentod eines Hundertschaftsführers, der ihm seit Jahren diente, mit nichts als ein paar Bekreuzigungen abtun, um anschließend eine Runde Schach mit Einhard zu spielen oder zu einer Konkubine zu gehen.

Mehr als ein Dutzend Jahre im Königsdienst lagen hinter Arnulf; gute Zeiten wie schwere Zeiten, Trennungen auf Feldzügen, gemeinsame Zeit im Winterlager, Märsche bis vor die Küsten Afrikas, Kämpfe gegen verräterische Muselmanen und gegen Slawen in den Dickichten östlich der Elbe.

Dass Verdienst wichtiger sei als Abstammung, sagte der König gerne im Zwiegespräch – vor allem gegenüber Gefolgsleuten ohne alten Familiennamen, wie Arnulf oder auch Heden. Aber wenn dann später das Gebiet eines unterworfenen Heidenfürsten oder das Land einer rebellischen Sippe zur Verteilung anstand, dann schien es stets die zu treffen, die schon reichlich Land, Hörige und Vieh besaßen. Schon länger haderte Arnulf damit. Aber er wusste, dass der König ihn früher oder später belohnen musste … *Geduld,* mahnte Erika ihn immer einmal wieder. Aber niemand wusste besser als sie, dass dies keine Paradetugend von Arnulf war.

Irgendwann hatte er sich nach reichlich Wein im Zuge einer Siegesfeier einmal Einhard anvertraut, dem Gelehrten, mit dem Arnulf manches Abenteuer durchgestanden hatte. Einhard war der Sohn eines schlichten Amtmannes, der sich – wie Arnulf auch – aus eigener Kraft empor gearbeitet hatte. ›Ihr wart einst ein Holzhauer unter lauter Halbfreien im Hessengau, *haman*, hatte der Ältere dem Kriegsmann gesagt. ›Schaut Euch heute an – Ihr könnt zufrieden sein!‹

Auch Erika wies Arnulf gerne auf das hohe Ansehen hin, das er am Hof genoss, wenn sie seine innere Unruhe spürte. Zumindest hatte sie das früher getan. Nun, als er sich mit wachsender Ungeduld im Gewusel der Menschenmenge zwischen den Pfalzgebäuden nach ihr und Arthur umsah, wurde ihm klar, dass sie seit Längerem nicht mehr *für* ihr Leben am Hof gesprochen hatte.

Er entdeckte seine Frau endlich mit allen drei Kindern in einem Trubel aus Weibern und Halbgaren am Rande der Anlage, aus dem Arthur mit einem weißen Kopfverband und der gelangweilten Haltung des Fastkriegers hervorstach: die Jüngeren und Jüngsten ritten auf Ponys kleine Kreise, und von Ferne sah es aus, als säße Arnulfs Tochter Gerswind auf einem der Zwergpferde. Ein plötzliches Glücksgefühl durchströmte ihn, am liebsten hätte er Erikas Namen gerufen und gewunken. Doch schon trat ihm der Marschalk in den Weg. »Wie viele Pferde habt Ihr unterwegs verloren, Hauptmann?« Dann waren da die Krieger des Grafen Worad, die ihn offenbar gesucht hatten: Er solle den schwerverletzten *gundfanari* des Königs auf dem Krankenlager aufsuchen, baten sie ihn. Arnulf musste der Bitte sogleich nachkommen. Der Kriegsmann war seit dem Attentat ein fieberndes Wrack mit einem fauligen Armstumpf, der bereits einmal amputiert worden war. »Jesus ist mir im Traum erschienen, *hamar*, ich werde wieder gesund … sagt das dem König, hört Ihr?!« Die unversehrte Linke griff nach Arnulfs Hand, eine heiße Fieberkralle, die sofort wieder erschlaffte. Bewegt drückte Arnulf die Hand des Mannes, der als Herr der Hundertschaften bisher zwischen ihm und dem König gestanden hatte. Dem Arnulf, wie die anderen Offiziere auch, Kriegertreue geschworen hatte!

»Ich sage es Karl, aber …« Er fand nicht den Mut, den Satz zu vollenden: *Müsste dieser Unglückselige sich nicht auf seine Güter zurückziehen? Wen wird der König zum Nachfolger bestimmen?*

Am Nachmittag trat der Kronrat zusammen. Es war ein milder Frühsommertag Ende Mai, die Mücken nicht allzu zahlreich, und so fand man sich auf einer Wiese zwischen Obstbäumen ein. Unter einem großen Sonnensegel schilderte Arnulf den Edlen und Einflussreichen die Lage vor der Würzburg: Hardrad war eingeschlossen auf der Bergfestung.

»Das wird sein Berg Golgatha«, feixte jemand, was grimmige Lacher erntete. Der Sachsengraf aber lachte nicht: Udalrich saß zwischen Einhard und dem König. Er verstand den Golgatha-Vergleich nicht, wurde Arnulf klar. Als ihre Blicke sich zufällig kreuzten, ging die Hand des Sachsen zur rotleuchtenden Flechte, als müsste er sich jucken. Arnulf verspürte etwas Kaltes unter dem Bauchnabel. *Er ist geschmeidiger, als er aussieht* – das hatte Einhard Arnulf in einem vertraulichen Moment mitgeteilt. Damals hatte Arnulf es belanglos gefunden, wusste er doch aus eigener Erfahrung, wie gefährlich dieser blutgierige Mann war. Doch nun verstand er, dass Einhard mit *geschmeidig* schlicht »hinterhältig« gemeint hatte: Wer konnte hinterhältiger sein als ein Heide, der die Taufe nimmt, um dann in König Karls Namen das Blutgericht in Fardi an der Aller abzuhalten? Das »Ausmerzen der letzten Rebellen« hatte den Fluss rot wie einen Färbertrog gemacht. Hunderte waren geköpft worden, weil sie auf Land saßen, das Udalrich mit eigenen Gefolgsleuten besetzen wollte.

»Wir müssen uns der unbedingten Treue der Edlen versichern!« Mit leisem Ächzen hatte Hofkapellan Fulrad sich erhoben. Er erklärte, dass man deshalb den Bayernherzog zu einem Treffen auf dem Lechfeld geladen habe. »Er mochte bisher sein Haupt nicht vor dem König beugen. Trotzdem will der Herrscher ihm in seiner Milde entgegenkommen, um seinen Treueschwur zu erhalten. Fortan, Ihr Herren, werden wir den Weg zu einem neuen Reiche Davids gemeinsam mit den Bayern zurücklegen!«

»Und wenn er nicht schwört? Rufen wir dann den Heerbann gegen ihn auf?«

»Die Bayern liegen mit den Thüringern im Bett – warum noch mit Tassilo *reden*?«

Der Hofkapellan tupfte mit einem Tuch Schweiß von der Stirn. »Weil wir den Ölzweig reichen, bevor wir zum Schwert greifen. Ist das so schwer zu verstehen?« Und damit es wirklich jeder verstand, richtete der König sich auf und erhob die Hände wie ein Priester. »Unter euch sitzt der Gelehrte Einhard, der die Geschichte meiner Väter aufschreibt und auch meine Geschichte schreiben wird! Wie stünden wir da in der Erinnerung der fränkischen Christenheit, wenn wir wie Gewalttäter im Herzogtum einfielen?«

* * *

Die Sonne verschwand rot am Horizont und das Lärmen der Pfalz ebbte ab, als Arnulf endlich mit Erika allein war. »Arthur hat mir sein Pferd vorgeführt«, sagte Arnulf und setzte sich auf den Rand des Bettes. Der Wein, den der König nach dem Kronrat ausschenken ließ, begann zu wirken. Er schwärmte von der Bewegung des Tieres und seiner Verständigkeit und meinte mit schiefem Grinsen, dass er eigentlich neidisch sein müsste. Aber nichts davon verfing bei seiner Frau. Sie legte die Hände übereinander und sah auf ihren Mann hinab. »Er ist keine fünfzehn, und du willst ihn zu einem Krieger machen!«

»Und wenn?« Er hob den Kopf, nicht ohne wieder den Schmerz im Nacken zu spüren. »Steh doch nicht so herum, Liebes!«

Sie seufzte und ließ sich auf einem winzigen Hocker nieder, ihm unmittelbar gegenüber. Über ihnen raschelte es im Dachgebälk. Es roch nach Stroh, Lehm und dem schweißigen Leder des Schuppenpanzers, den Arnulf am Kopfende abgelegt hatte. Er löste sein Halstuch und berührte die verschorfte Stelle mit den Fingerspitzen. »Kann ihm schlecht das Schwert wieder wegnehmen, oder?«

»Es reicht, dass ich jedes Mal um dich zittern muss, Mann!« Sie beugte sich so weit vor, dass er ihren Atem riechen konnte. »Wie viele Feldzüge willst du noch für den König gewinnen? Wie viele Wunden soll ich noch flicken, bevor einer seinen Stahl in dein Herz stößt?«

Im Halbdunkel glänzten ihre Augen feucht. Er nahm ihre Hände. »Hör zu, *magad* ... Ich bin ein Krieger des Königs. Ich war's immer, anders hast du mich nie erlebt. Und jetzt ...« Und dann wusste er nicht mehr weiter. Konnte er denn ein Leben ohne sein Schwert führen? Er wusste, dass das niemals passieren würde. Und er hatte zu viel Respekt vor seiner Frau, um es ihr vorzugaukeln. *Frauen lieben das Leben – Männer den Ruhm und die Gefahr*. Bei einem grauhaarigen Krieger hatte er diesen Satz gehört, Jahre zuvor. In der folgenden Schlacht war der Mann getötet worden. In diesem Augenblick, im Halbdunkel mit seiner Frau, fühlte sich dieser Spruch wahrer an denn je.

Hundegebell ertönte unweit ihrer Baracke; Rufen, Pferdewiehern, der Gesang von Kriegern. Und Arnulf ahnte, woran Erika jetzt dachte: an ihre Flussburg in der sächsischen Grenzmark, am Weserknie, wo das Flusstal durch den Osning bricht. Diesen befestigten Edelhof hatte der König ihnen gegeben, zusammen mit einer Abteilung Panzerreiter und der nötigen Befehlsgewalt, um sächsische Aufstände zu unterdrücken. Es war eine Zeit des Aufbauens, des Wachsens und der Ruhe gewesen, die freilich immer wieder mit Kämpfen abwechselte.

»Wir hätten in der Weserburg bleiben können«, sagte er langsam. »Aber du wolltet, dass Einhard die Jungen unterrichtet, Erika. Du wolltest eine Schule, vergiss das nicht.«

»Es war nicht nur die Schule«, sagte sie nach einer kurzen Pause. Und erinnerte ihn an den ersten Zusammenprall mit dem Blutgrafen Udalrich. »Er wurde immer mächtiger. Du hast seine Rache gefürchtet!« Die Erinnerung war wie ein stachliger Klumpen in seinem Kopf, der anfing, sich zu bewegen.

»Wir saßen am Flussufer«, fuhr sie nüchtern fort. »Du sagtest: Der Graf wird auch auf uns losgehen, früher oder später. Weil wir seinen Feinden Schutz gewährt haben.«

»Ja«, presste Arnulf hervor, »ich *habe* Sigfrid Unterschlupf gewährt! Udalrich wollte seinen Kopf. Verdammt, hätt' ich den Burschen von meiner Tür wegschicken sollen?«

Sie schwieg für einige Atemzüge. »Wie gefährlich ist er für uns, hier am Hof?«

»Unter den Augen des Königs wird er nichts wagen«, raunte Arnulf. »Manchmal glaube ich …« Ihre Finger berührten einander.

»Sprich weiter!«

»Der König und ich, wir haben aus denselben Pfützen gesoffen, wir haben uns zusammen aus Hinterhalten rausgekämpft … Sowas fühlt sich wie Freundschaft an. Aber im Grunde sieht der König nur auf den Nutzen eines Gefährten. Der Blutgraf hat ihn Glauben gemacht, dass er jeden Aufstand der Sachsen niederwerfen kann, bei den Westfalen wie bei den Ostfalen. Also, wer nutzt dem König mehr?«

Nun endlich fiel es ihm ein. Aus seinen Taschen am Kopfende kramte er ein Stück Stoff hervor. Vorsichtig schlug er es auseinander. »Eine Fingerspitze vom Heiligen Kilian. Die beschützt dich vor allem und jedem, wenn ich auf die nächste Fahrt gehe.« Sie entzündete ein Öllicht und besah die Reliquie von allen Seiten. »Wie hast du …« Er legte einen Finger auf ihre Lippen. Ob er jemanden dafür getötet hatte? Er schüttelte den Kopf.

Sie ließ die Fingerkuppe in einem kleinen Beutel verschwinden, küsste ihn und drückte ihn auf das Bett nieder.

Später – es war dunkel, sie nahmen einander nur noch als Schemen wahr – lauschten sie auf die nächtlichen Geräusche des Hofes. Ein letztes Brüllen der Zugochsen, dann das kräftige Gebell der königlichen Meute, gefolgt von hellem Kläffen der Pfalzköter; Stille.

»Wir könnten Pferde züchten«, sagte er irgendwann. Seine Finger strichen um ihren Nabel. »Pferde für den Hof, für die Scara.«

»Wenn du dabei nicht dauernd zum Schwert greifen musst …«

»Die Wesergaue sind gutes Pferdeland«, brummte er. »Und Sigfrid und seine Leute verstehen sich auf Rösser – Sachsen eben!«

»Du sprichst mit einer Sächsin.« Ihre Finger ziepten an seinem Ohrläppchen. »Schon vergessen?«

»Nein. Aber du hast Kinder, die lesen und schreiben können und betest die Jungfrau Maria an«, lächelte er im Dunkeln. »Sächsinnen tun das nicht.«

Seine Finger waren jetzt südlich des Nabels unterwegs, im krausen Haar ihres Gärtchens. Sie machte ein Geräusch, wie ein kleines Schnappen nach Luft. Draußen, in der Ferne ertönte ein besoffener Fluch. »Hör nicht auf«, flüsterte sie. Er erreichte die Stelle. Erkundete die warme Feuchtigkeit. Spürte ihren Schauder, der seine eigene Erregung befeuerte. Dann schob er sich auf sie und ächzte, als sein Hals ihn an die Schwertspitze des Thüringers erinnerte.

* * *

In einer deutlich bequemer ausgestatteten Kammer unter dem Dach des Hauptgebäudes – dort schliefen normalerweise der Amtmann und seine Familie – klagte eine andere Frau über ihr Schicksal. »Ich habe Kopfschmerzen, ich leide, seit Tagen schon«, stieß die Königin mit halbgeschlossenen Augen auf einem Hügel von Kissen aus. »Und meine Kammerfrau? Vergnügt sich irgendwo mit ihrem Mann!« Fastrada drückte die durchgestreckten Finger gegen ihre Schläfen und schoss einen bösen Seitenblick auf den König ab, als obliege es ihm, die Betreuung seiner Gattin durch die Hofdamen zu überwachen.

Karl stand, das Gewicht von einem Fuß auf den anderen verlagernd, neben ihrem Bett und strich sich gleichmütig über den Bart. Schließlich brummte er etwas und machte den beiden Zofen, die Arzneien in Glastiegeln aus einer Kiste hervorgeholt hatten, ein Zeichen. Geräuschlos verschwanden sie. »Dass Erika ihrem Mann zu Willen ist, ist nichts Schimpfliches«, sagte er langsam und setzte sich auf den Rand ihres Kissenbettes. »Ehefrauen sollten das bisweilen tun. Ihr auch.«

Fastrada öffnete die Augen. »Kommt Ihr deshalb zu mir? Ich habe Euch zwei Kinder geboren, wie es sich für ein Frankenweib gehört, und davon bin ich ganz unförmig geworden!«

»Das seid Ihr nicht, Fastrada.« Seine Handfläche berührte ihre Wange, obwohl er sie lieber geohrfeigt hätte. Irrsinnige Übertreibungen waren Teil ihrer Wesensart, wusste er. Das Üble war, dass sie oft mit List vorging und selbst ihn, den König, täuschen konnte, zumindest eine Zeit lang.

Als ahnte sie seine Gedanken, richtete sie sich auf einen Ellenbogen auf. »Einen lebenden, gesunden Sohn habe ich Euch geschenkt, wie es von einer Königin erwartet wird. Ich flehe zur Jungfrau Maria, dass er nicht so ein Tollpatsch wird wie Euer Hildegard-Sohn Ludwig. Der ist wie ein Esel, dem man die Beine zusammengebunden hat!«

»Hört auf damit, Weib!«, entfuhr es ihm. Nie erwähnte sie ihre Stiefkinder, ohne sie herabzuwürdigen. Und sie war noch nicht fertig. »Ist Euch klar, mein König, dass alle Eure Kinder diesen halbgaren Kriegersohn namens Arthur bewundern oder gar beneiden? Und ausgerechnet den behandelt Ihr wie einen Kriegshelden!«

Karl schüttelte entnervt den Kopf. »Ich schmeichle damit lediglich seinem Vater, liebes Weib – und den brauche ich noch!« Damit erhob Karl sich und murmelte, dass er in der Nachtmesse für ihre Gesundheit beten würde.

»Bleibt!«, rief sie und richtete sich in eine sitzende Stellung auf. »Tassilo – Ihr werdet ihn zerstören, nicht wahr?«

Der König lächelte freudlos. »Das hängt von ihm ab. Schwört er Heerfolge, darf er seinen Thron erstmal behalten. Aber seine Söhne werden wir als Geiseln an unseren Hof holen, sicher ist sicher.«

»Zur Hölle mit seiner Brut!«, entfuhr es Fastrada. »Ihr wollt das Herzogtum, Mann, also warum noch mit diesem Ochsen Tassilo herumplänkeln?« Schaudernd spürte Karl erstmals seit Längerem wieder das Raubtierhafte in seiner Frau – nur in vertraulichen Momenten kam es zum Vorschein.

»Wollt Ihr mir etwas sagen, Weib?«

»Ich will den Herzogsthron für meine Kinder!« Sie funkelte ihn an, doch dann schien sie sich selbst wahrzunehmen und die Lippen formten sich zu einem falschen Lächeln. »Auch sie müssen etwas erben können, wenn Ihr zum Allmächtigen auffahrt. Sonst werden Eure Hildegardsöhne und der bucklige Kerl aus Eurer ersten Ehe alles an sich reißen!«

Kapitel VII

Augsburg, Juni 787

Würde Tassilo tatsächlich auf dem Lechfeld erscheinen? Keine Frage wurde häufiger gestellt unter den reisenden Hofleuten. Die Augsburg selbst war Königsbesitz, der Lech bildete die Grenze zum Herzogtum. Der Augstgau, den die Königlichen durchquerten, war hingegen alemannischer Boden. Früher, vor Karls Geburt, waren auch die Alemannen noch Rebellen gewesen. Bis die Franken das rebellische Treiben irgendwann auf althergebrachte Weise beendet hatten: Die Edlen Alemanniens wurden nach Cannstatt geladen – und erschlagen.

Arnulf überquerte mit seinen Leuten ein breites Schotterfeld südlich der Burg. Auf den ebensten Stellen errichteten die Hundertschaften ihre Zelte. Der König, seine Familie und die Edlen nahmen in der Burg selbst Quartier. Auch Einhard konnte sich eine Kammer zusammen mit dem Kanzler in der aus Stein errichteten, zweistöckigen Kommandantur sichern, wie Arnulf feststellte. Eine Stunde vor Sonnenuntergang suchte er den alten Gefährten in seinem Quartier auf. Zuvor vergewisserte er sich, dass Erika und die Kinder eine anständige Unterkunft gefunden hatten. Der Kanzler saß zu dieser Zeit noch mit dem Hofkapellan zusammen, so hatten der Kriegsmann und der Gelehrte einen seltenen Moment der Privatheit, um sich über das Kommende auszutauschen. Obwohl sie manches gemeinsame Abenteuer miteinander verband, dauerte es immer eine Weile, bis ihr Gespräch zu fließen begann – zu unterschiedlich waren die Temperamente. Einhard bot ihm einen Becher mit sauberem Flusswasser an. Er selbst nippte an einem Töpfchen mit frischer Ziegenmilch. Sogar eine Schüssel Erdbeeren stand auf dem winzigen Tisch vor dem Fenster. Arnulf legte die Hände aufs Fensterbrett und sah hinaus. Dünne Rauchfahnen stiegen aus schindelgedeckten Holzbauten auf, von einer gemauerten Schmiede drang der scharfe Lärm von Hammerschlägen an sein Ohr. »Draußen am Fluss ist's ruhiger«, grinste der Kriegsmann. Dann erst nahm er den schaurigen Geruch einer Färberei wahr, die irgendwo hinter der Schmiede liegen musste – der Wind stand schlecht!

»Gebt dem Sachsengrafen keinen Grund zum Streit«, sagte Einhard unvermittelt. Er hatte auf dem Stuhl am Tisch Platz genommen und schien Gehämmere und Gestank nicht wahrzunehmen.

»Ich bin froh, wenn er mich in Ruhe lässt«, gab Arnulf bedächtig zurück und betrachtete die tiefen Querlinien auf der Stirn des königlichen Ratgebers, die schmalen Wangen und die grauen Barthaare. *Er ist alt geworden.* Aber die Augen – blau? grau? – musterten Arnulf mit großer Konzentration. »Es bahnt sich etwas an, Hauptmann«, sagte Einhard eindringlich. »Dinge, die sonst festgefügt sind, geraten in Bewegung, wie Eisschollen auf einem Fluss im Frühjahr.«

Arnulf verschränkte die Hände vor der Brust. »Redet klarer, *consiliarius*! Ihr sprecht mit einem Krieger, nicht mit einem Hofmann.«

Aber Einhard ging nicht auf Arnulfs halbherzigen Humor ein. »Ad eins: Der König will die Sache mit Tassilo zur Entscheidung bringen. Stürzt der Herzog, dann tun sich riesige Möglichkeiten für uns im Osten auf.«

Arnulf kniff die Augen zusammen und schob die Finger hinter das Leder des Waffengurts. »Und zweitens?«

»Wenn es zum Krieg kommt, werden wir die Sachsen brauchen, zumal die Thüringer in Rebellion sind. Das verschiebt die Gewichte zugunsten Eures Freundes Graf Udalrich.«

Arnulf bleckte die Zähne. *Keine nette Aussicht …*

»Drittens«, fuhr Einhard fort und senkte die Stimme, »ist der Hofkapellan Fulrad kranker als er aussieht. Nachdem der Hof Worms verließ, erlitt er einen Schlagfluss, ich bin mir sicher. Er war zwei Tage nicht ansprechbar. Der König tat so, als bemerkte er es nicht, aber ich weiß, dass er es wahrgenommen hat.«

Arnulf zog die Brauen zusammen und massierte das kräftige Kinn. »Und das heißt, Ihr, *gilerito*, könntet dann den Hofkapellan als ersten Berater ablösen, oder?«

»Ihr steht am Fenster«, zischte Einhard, dessen Ohrläppchen sich rot färbten. Er beugte sich vor und sprach im Flüsterton weiter: »Der König hat seinen eigenen Kopf und er trifft seine eigenen Entscheidungen. Aber eins, lieber *hamar*, ist klar: In Zeiten großer Umbrüche ist es wichtig, zur richtigen Zeit am richtigen Platz zu sein!«

Arnulf nickte nachdenklich und sah eine Ratte unter dem Bett verschwinden. »Danke, *consiliarius*. Ich werd' auf mich aufpassen.«

Ein Lächeln erschien auf Einhards Zügen. »In mir habt Ihr einen Verbündeten, das wisst Ihr. Wenn Graf Worad am Fieber stirbt, wer könnte dann der neue *gundfanari*, der Herr aller Hundertschaften, sein? Wer wäre dazu besser geeignet als Ihr, *sax hamar*?«

* * *

Am nächsten Morgen begann das Warten auf Tassilo, den Bayernherzog. Arnulf beschäftigte seine Krieger mit dem Üben von Reiterangriffen nahe ihrem Lager. In etwa fünfhundert Schritt Entfernung zum Ufer stand quer zum Fluss ein Doppelriegel von Nussbäumen, zwischen denen die Zelte der Schwarzen aufgebaut waren. Jeweils drei Dutzend Krieger ritten südlich davon Scheinangriffe auf ein paar querliegende Baumstämme, auf denen man die runden Scara-Schilde befestigt hatte. Zwanzig Schritt vor dem Hindernis mussten die Männer abdrehen und gleichzeitig ihre Speere werfen. Arnulf stutzte, als er beim dritten Durchgang seinen Sohn unter den Kriegern entdeckte.

»Arthur!«

Eilfertig kam der Bursche mit dem neuen Pferd angetrabt, mit einem Galopp zwischendurch, obwohl es keine hundert Schritt waren. Über Arthurs rechtem Auge verlief dunkelrot eine schorfige Linie bis zum Haaransatz, so auffällig, dass Arnulf sich grinsend an die Stirn tippte. »Du hast dir die Fransen geschnitten, was?«

»Kein bisschen, Vater!«

»Damit man's besser sieht, klar.«

Auch Sigfrid grinste, der dazu gestoßen war. »Das gibt 'ne hübsche Kriegernarbe, wenn Ihr mich fragt«, verkündete er ungefragt. Und weil Arnulf noch heiter aussah, zurrte der Sachse am Zipfel seines schwarzen Halstuchs und fügte halb scherzhaft hinzu: »Wieviel gebt Ihr mir dafür, Arthur?«

»Lasst das, Mann«, schnappte Arnulf. Den Knaben auf dem Blutfeld sterben zu sehen, war eine üble Vorstellung, die Arnulf manchmal böse Träume bescherte. »Halt' dich erstmal an Pfeil und Bogen, Junge!«, befahl er mit einem Blick, der grimmiger war als beabsichtigt. »Für einen guten Lanzenstoß sitzt du noch nicht fest genug im Sattel.«

Arthur machte eine Grimasse. »Gallo hat mir gezeigt, wie ich die Stoßlanze halten muss.«

»Ach wirklich? Dann pass mal auf …«

Er ließ ein Wildschwein herbeischaffen, das ihre Jäger kurz zuvor erlegt hatten. Die Männer banden den Kadaver an ein

76

Holzgerüst, den Kopf nach unten. Dann nahm Arnulf die Lanze aus den Halteschlaufen am Sattel seines Pferdes, ritt einen Kreis und durchbohrte das Ziel im Vorbeiritt: ein hundertfach geübter Stoß! Blutige Fäden tropften aus dem Kadaver und bildeten einen dunklen Fleck auf dem Boden. Dann kam Arthur an die Reihe.

Die Männer verfolgten gespannt, wie der Junge mit der Lanze in der Rechten einen Bogen ritt, auf dem Königspferd, das jetzt Hasel hieß. Doch er ritt zu schnell auf das Ziel zu. »Langsamer!«, rief Arnulf. Mit nur einer Elle Abstand galoppierte Arthur am Ziel vorbei, mit schmatzendem Geräusch drang die Lanzenspitze ein. Dann bremste er das Pferd ein paar Schritt vor seinem Vater ab, mit einem Fluch auf den Lippen – die Lanze war nicht mehr in seiner Rechten, denn sie steckte noch im Schweinekadaver.

»Du sitzt noch oben, immerhin«, knurrte Arnulf belustigt. Verärgert sah der Jungkrieger sich um. Fast waagerecht ragte seine Waffe aus dem Schwein.

»Sehnen und Knorpel können eine Spitze festhalten«, erklärte der Vater. »Nicht alles geht so leicht raus wie rein. Sag, wo ist dein Bruder?«

Die Frage traf Arthur zwischen die Augen; als Älterer hatte er nach dem Jüngeren zu sehen, wenn sie außerhalb der Mauern schweiften. Und manchmal sogar nach der kleinen Schwester, etwas, das Arthur mittlerweile als Entwürdigung empfand.

Man hatte Grimbald mit einem der Kanzleischreiber zum Bootsplatz oberhalb der Furt gehen sehen, erzählten schließlich zwei Halbgare, die mit Arthur fischen gehen wollten. Aber das war schon länger her. Arnulfs Blick ließ den Sohn leise murrend losreiten. Arnulf selbst ritt ein Stück flussaufwärts, auf die Furt zu. Keine Spur von seinem jüngeren Sohn, doch von rechts schob sich nun mit lautem Hufgetrappel und dem eindeutigen Klirren von Metallteilen eine Doppelreihe Krieger aus einem Buschfeld ins Freie. Unter den vordersten Kriegern stach eine schmächtige, schlecht im Sattel sitzende Figur hervor, ohne Schild und Speer: Einhard *gilerito*! Zügig ritt die Kavalkade in das knietiefe Wasser. Arnulf verspürte einen Stich: Hatte Einhard eine geheime Mission vom König bekommen? Und wenn ja, warum hatte er ihn, den alten Freund, nicht beim abendlichen Zwiegespräch eingeweiht?

Am Hof hat man keine Freunde, sondern Verbündete. Auch das hatte Einhard ihm einmal gesagt. Aber gleichzeitig durch sein Gebaren deutlich gemacht, dass sie mehr waren als Verbündete.

Aber vielleicht war das nur in Arnulfs Einbildung so. Nachdenklich wendete der Offizier sein Pferd. Milchige Wolken schoben sich vor die Sonne. Ein kühler Wind kam auf, frischer, als es morgens den Anschein gehabt hatte. Arnulf fröstelte.

* * *

Dann kam Tassilo.

Herolde unter Leitung eines weißhaarigen Grafen kündigten den Herzog der Bayern an. Das Angebot von Karls Marschalk, den Herzog mit Gefolge in der Burg unterzubringen, lehnte der Bayer mit kaltem Lächeln ab. Im Lech, auf der Furtinsel, wollte Tassilo dem großen Karl gegenübertreten.

Hofleute und Knechte des Burggrafen begannen, einen Platz auf der etwa hundert Schritt langen und fünfzig Schritt breiten Insel herzurichten. Kalbsfelle wurden ausgelegt, darauf hochlehnige Holzstühle gestellt. Als Tassilo schließlich einen Tag später die Insel erreichte – die Bayern setzten mit Kähnen über, um trockene Füße zu behalten – wehte dort bereits das Banner von Karl mit dem Adlerkopf und dem Kreuz. Besser gesagt, es flappte lustlos am Fahnenstab: Der kalte, nicht mehr sommerliche Wind frischte immer wieder auf, das Inseltreffen würde keine warme Sache werden.

Tassilo trug unter einem schweren blauen Mantel einen silbrig glänzenden Kettenpanzer, auf der massiven Brust prangte die Herzogskette aus Gold. Sein rötliches Gesicht wirkte, als hätte er kurz zuvor getrunken. Unruhig musterten seine dunklen Augen die Reihen um den König und die Königin, während seine Leute das Herzogsbanner aufpflanzten: Ein schwarzer Steinbock mit gebogenen Hörnern prangte auf der ockerfarbenen Fahne.

Arnulf stand mit verschränkten Armen hinter der Stuhlreihe der fränkischen Edlen, zusammen mit anderen Offizieren, Edelleuten und einigen Priestern. Während Tassilos Hofkanzler und der Hofkapellan Geschenke austauschten, musterte Arnulf Leutberga, die Herzogin. Dass sie dabei war, wirkte versöhnlich. Ihr Prunk jedoch, was sollte der bedeuten? Eine aufwendige Kette mit mehreren waagerechten Strängen schmückte ihre Brust, Perlen und Juwelen in Hülle und Fülle waren auf diesen Strängen verteilt. Fast zu prächtig wirkte das alles. Hier saß offensichtlich die Tochter eines Königs, des Langobardenkönigs Desiderius! Die Königin Fastrada wiederum zeigte dieser Königstochter nur ein tiefgefrorenes Lächeln: *Es gibt nur eine Königin, und das bin ich!*

Fulrad begann mit bleichem Gesicht und etwas japsender Stimme die großen Taten von Karls Vater, König Pippin, und dem Großvater Karl Martell zu erzählen. Über Karls Bekehrung der Sachsen, der Befriedung der Aquitanier und der Zähmung der Friesen arbeitete er sich schließlich zu dem »unerhörten Ereignis« vor: dem Mordanschlag. »Schändlicheres hat sich niemals bei uns ereignet!«

Die Bayern stimmten dem mit Nicken und Raunen zu, selbst Leutberga machte ein trauriges Gesicht. Dann stand der kahlköpfige Hofkanzler Tassilos auf, ein Mann mit krächzender Stimme, der die Würde und Getragenheit eines Priesters ausstrahlte. Er pries das Herzogsgeschlecht, die Abkömmlinge des legendären Herzogs Agilo, die älter waren als die Stammväter Karls. Natürlich erwähnte der Kanzler die Blutsbande, die sie einten: König Pippin war der Bruder von Hiltrud gewesen, Tassilos Mutter. Hier saßen sich Vettern gegenüber! Als der Bayer auf diesem Punkt herumritt, begann Karls Rechte auf die Armlehne zu trommeln, wobei die Ringe das Geräusch zu lautem Klackern verstärkten.

»Wir wissen um die Blutsbande«, unterbrach der König schließlich den Bayern. »Für Euch wird im neuen Gottesreich folglich auch ein wichtiger Platz an meiner Seite sein!« Damit war Fulrad wieder im Spiel, der nun Karls Führungsrolle im neuen Reich ausmalte und die notwendige Heerfolge der Bayern, Alemannen, Sachsen, Friesen und Langobarden.

Arnulf hatte Zeit, das Mienenspiel der Bayern zu betrachten. Immer wieder blieb sein Blick dabei an einem Kerl hängen, der zwei Plätze rechts von Tassilo saß: ein sehnig wirkender Mann mit bronzefarbenem Gesicht, hohen Wangenknochen und einer bis über die Brauen reichenden Fellmütze. Der Kaghan der Awaren, so war er vom Hofkanzler genannt worden, musterte die Franken vor ihm auf eine selbstbewusste, fast unverschämte Weise. Arnulfs Nackenhaare richteten sich auf, als seine Blicke die des Awarenfürsten kreuzten.

Dann kam Spannung auf: Tassilo tat mit robustem Selbstbewusstsein sein Interesse an den mainfränkischen Gauen kund. Wer die Stirnfalten des Herrschers kannte, wusste, dass die Zeit der Höflichkeiten abgelaufen war. »Bevor wir über dergleichen sprechen können, Herzog«, sagte Karl laut und vernehmlich, »brauche ich Euren Treueschwur. Hier und jetzt, vor Gott und unseren Edlen!«

Ein Geraune setzte ein, Leutbergas Lächeln erstarb. Verlegenheit hing wie eine übelriechende Wolke zwischen den Parteien – dann aber stand Fulrad auf. Mit jovialem Lächeln verkündete er, dass es Zeit für eine Unterbrechung sei. Aus flachen Kisten holten Diener die vorbereiteten Leckereien und gingen mit Weinkrügen zwischen den Anwesenden herum. Fast konnte man das Aufseufzen der Herren hören … Arnulf nutzte die Zeit, um ein spektakuläres Geschenk Tassilos zu betrachten, das man am Nordende der Insel abgestellt hatte: einen Löwen, der in einem etwa acht Fuß langen Käfig aus Bambusrohr steckte. Der Geruch der Speisen schien das Tier zu erregen, weit dröhnte sein Gebrüll über den Strom. Arnulf machte endlich seine Augen von dem gewaltigen Tier los und versuchte zu schätzen, wie groß Tassilos Lager auf dem östlichen Ufer war. Eine Vielzahl achteckiger Zelte war nahe dem Wasser emporgewachsen, längst kräuselte sich der Rauch vieler Kochfeuer in die Luft. Eine Horde Awaren in Flatterkaftanen tauchte in diesem Moment ein Stück weiter flussabwärts auf, unterhalb der Zelte. Sie tränkten ihre Gäule im flachen Wasser ohne abzusteigen. Diese Menschen seien mit ihren Tieren verwachsen, sagte man.

Er spürte ein Pochen hinter dem Ohr.

Kapitel VIII

Augsburg, Juni 787

Als der König sich später mit den engsten Gefolgsleuten in eine Schreibkammer der Kommandantur zurückzog, war auch Arnulf dabei. Mit grimmiger Belustigung verfolgte der Kriegsmann, wie die Kanzlisten ihre Pergamente, Tintenfässer und Taschen zusammenrafften, um den Mächtigen Platz zu machen. Mit einem Tritt verscheuchte der Herrscher den Jagdhund, der sich an sein Bein schmiegen wollte. Jaulend verzog sich das Tier zur Tür. »Lasst ihn raus«, herrschte Karl die anderen an. »Der soll sich die Raubkatze im Hof ansehen, das erzeugt Demut!« Ein bitteres Lachen folgte. »Der Mann mit dem Steinbockbanner schenkt uns einen Löwen – was soll das heißen, he?«

»Dass er selbst ein Löwe sein möchte«, rief Udalrich und verschränkte die Arme über der Brust. Zustimmendes Gemurmel ermutigte ihn fortzufahren. »Dieses ganze Gerede über die Rechte von Herzögen und Königen, darauf hätten wir uns nicht einlassen sollen.«

Fulrad, der Verhandlungsführer, blickte auf. Erschöpft war er auf einen Stuhl gesunken, der gefährlich ächzte. »Wir müssen nun einmal unser Recht mit Brauch und Herkunft anderer Stämme in Einklang bringen, Graf: Dann fällt ihnen das Gehorchen leichter. Letztes Jahr hat ein leichtfertiger langobardischer Graf – ein Vasall des Königs! – die bayrischen Alpenpässe angegriffen. Ein Heißsporn mit Ehrgeiz … Tassilos Heerführer haben ihn verjagt. Heute behaupten die Bayern, wir seien in diese Sache eingeweiht gewesen. Das ist nicht gut für die *ahta* eines christlichen Herrschers, Graf!«

Udalrich verschränkte die Arme und zog es vor zu schweigen. Umso heftiger zog der König über Tassilos Weib her. »Wie sie mich angestarrt hat – wie ein Richter, dem ein Straßenräuber gegenübertritt! Dieses Weib hasst mich und wahrscheinlich treibt sie den Herzog gegen uns an. Und dann der Aware, bei Gott!« Der König sah Arnulf direkt an. »Wenn Tassilo zur Heerfolge bereit wäre, hätte er dann diese Heiden mitgebracht?«

Arnulf schüttelte den Kopf und sprach etwas aus, was die meisten so empfanden: »Die Kerle mitzubringen, mein König, das ist wie eine Drohung.«

Ein kaltes Lächeln ging über das Gesicht des Königs. »Und weil ich das alles genauso geahnt habe, ist unser *gilerito* Einhard auch schon unterwegs zum Bischof von Freising. Der Bischof steht uns nahe, er ist der Hüter des Korbinian-Grabes und der Erste unter Bayerns Kirchenfürsten. Wenn Tassilo seine Bayern gegen uns aufwiegeln will, wird der Bischof die Bayern gegen Tassilo aufwiegeln. Und das ist nur der Anfang!«

* * *

Am selben Abend stapfte ein Mann in zerschlissener Kleidung durch das kalte Wasser der Furt. Ein rotblaues Dämmerlicht hatte sich über den Fluss gelegt, das die Formen verwischte. Der Wanderer hatte ein Zicklein auf seinen Rücken gebunden, ein weiteres unter dem Arm. Auf der Insel lagen noch die Kalbsfelle, warteten noch Stühle und Fußhocker und zusammengerollte Leinwände auf den nächsten Tag. Einer der Scarakrieger hielt dem Mann die Speerspitze vor die Brust.

»Woher? Wohin?«

»Auf die andere Seite, Herr«, sagte der Ziegenmann unterwürfig. »Ich hab' Handel getrieben mit den Burgleuten.«

Wenig später verschwand der Bursche mit einem leisen, aber nicht abbrechenden Gesang auf den Lippen am östlichen Ufer. Dort, am Rand der ersten Lagerfeuer, wiederholte sich der Austausch mit Wachen, die einen ganz anderen Zungenschlag hatten. So kam es, dass der Viehhändler endlich auf das acht Fuß hohe Zelt mit einer Kuppel in der Mitte zulief, um das herum das Lager errichtet war. Die beiden stämmigen Krieger vor dem Eingang strafften sich, als sie im Halblicht der Dämmerung den Fremden erkannten. »Uto?! Seid Ihr das?«

»Niemand sonst«, schnaubte der Ankömmling und warf den beiden Wachen die Zicklein zu. »Gut durchbraten, verstanden?« Dann schlug er die Decke vor dem Eingang beiseite und betrat das Vorzelt.

* * *

»Das wäre Irrsinn, Weib!«

Tassilo starrte seine Frau an. Ihre Zöpfe waren wie eine Krone geflochten; eine Königstochter hatte er geheiratet, gerne erinnerte sie ihn daran! Er warf die Schafshaxe auf den Tisch und stand auf. Mehrmals durchmaß er den engen Raum, vom Eingang zur Rückwand des Zeltes mit dem riesigen Steinbockwappen und dem Korbinianbild. Geschwind musste ihm der Diener mit dem Weinkrug ausweichen, und einmal streifte der Ärmelsaum des Herzogs den großgewachsenen Burschen, der ihn mit den brennenden Augen eines Heiligen musterte: Ein Bittsteller von hochherrlicher Abkunft, der Neffe des großen Karls! Als Habenichts aus Byzanz, als Verfemter war er an Tassilos Hof gekommen, um sich an seinem Onkel zu rächen. *Aber warum hat Leutberga in Gegenwart des Byzantiners so offen sprechen müssen?*

»Die Gelegenheit kommt nie wieder«, sagte die Herzogin langsam und betont. »Bei der nächsten Begegnung hat er vielleicht schon ein Heer dabei – besser wir schlagen jetzt zu!«

»Herzog«, fiel der Fremde ein. »Euer Weib hat Recht, wir müssen es versuchen.«

»Wer hat Euch denn gefragt, Grifo?«, zischte Tassilo. Als wollte Wolfbiz die Wirkung dieser Worte verstärken, stellte der Hund sich vor dem Königsneffen auf, drohend, mit gefletschten Zähnen. Tassilo ließ das geschehen. Die mahlenden Kiefermuskeln Grifos zeichneten sich gegen die Haut ab, ohne dass sein Blick ein Anzeichen von Furcht zeigte. Nach einigen Augenblicken machte Tassilo eine flüchtige Handbewegung: »Wolfbiz, komm her!« Der Königsneffe durfte sich setzen.

Schweiß lief dem Herzog in die dichten, borstigen Brauen. Er legte seine beiden Hände flach auf den Tisch, als würde er seine Ringe zählen. Dann: »Wie könnt Ihr so sicher sein, Weib, dass Karl weniger Krieger hat als wir?«

»Uto hat sie ausgekundschaftet«, sagte sie schnell. »Ihr selbst habt ihn gehört. Traut Ihr seinen Worten nicht?« Tassilo griff in eine Schüssel mit Walnüssen und ließ drei davon in einer Handfläche aneinanderknirschen. »In der Augsburg selbst war er nicht. Wie viele Truppen sind dort noch verborgen?«

»Wir haben die Awaren«, sagte Leutberga. »Ihre Salven fegen die Hälfte seiner Leute weg, bevor er weiß, was passiert.« Ihre Stimme hatte eine Sicherheit, die ihn mitriss und gleichzeitig entnervte. »Später«, fuhr sie fort, »können wir immer noch sagen, dass die Franken uns angegriffen haben. Was denkt Ihr, Grifo?«

Nun ergoss sich ein Strom von Worten aus Grifos Mund, dem das Schweigen schwergefallen war. Er sprach schnell, verschluckte manche Silben. Dass man einen Reichstag und eine Synode mit den Bischöfen und Fürsten des Reiches zugleich einberufen müsste, um Karl vor diesem Tribunal zur Rechenschaft zu ziehen: für den Mord an Grifos Vater und für viele andere Dinge.

»Ihr sprecht von Gerechtigkeit?!«, höhnte Tassilo. Er leerte seinen Weinbecher, rülpste und ließ wiederum die Walnüsse durch die Hand rollen. »Wie wollt Ihr überhaupt glaubhaft machen, dass Ihr wirklich Karlmanns Sohn seid?«

Als hätte er nur darauf gewartet, riss der Königsneffe seinen Gewandkragen auf und holte eine Kette mit einem goldenen Anhänger hervor, der einer übergroßen, sehr dicken Münze glich. »Dies ist das Kreuzsiegel des Papstes Hadrian. Ich habe es von meinem Vater übernommen, den der Papst einst zusammen mit Karl in Rom zum König salbte. Dieses Zeichen beweist meine Ansprüche!«

Der Herzog grinste freudlos und hielt Grifo die Linke mit den Nüssen hin: »Könnt Ihr sagen, welche dieser Schalen als erste in meiner Faust zerbricht?«

»Herzog, ich weiß nicht, was …«

»Niemand kann das!«, stieß Tassilo aus und drückte die Finger zusammen, bis es laut knackte. Achtlos warf er dem Byzantiner die halbzerbrochenen Schalen hin. »Ihr redet von Recht und von Euren Ansprüchen, Mann. Ansprüche sind so viel wert wie Fliegenscheiße. Es sei denn, jemand setzt sie durch!«

* * *

Später, als Ruhe im bayrischen Lager eingekehrt war, fand Tassilo keinen Schlaf. So rief er einen älteren Schreiber seiner Kanzlei ans Bett. Der weißbärtige, kurzsichtige Mann – er hatte schon Tassilos Vater gedient – hatte die Geschichte der Agilolfinger aufgeschrieben. Es waren Geschichten von Wagemut und Kraft, von Siegen dank göttlicher Hilfe, von unchristlichen Verlockungen und Niederlagen; aber jeder Rückschlag war die Vorbereitung eines noch größeren Triumphes. Nie hatte das Herzogtum unter Tassilos Vater Odilo so stark dagestanden wie heute! Grübelnd lag der Herzog der Bayern auf seinem Feldbett und starrte in den Zelthimmel, während der Alte beim Licht eines Kerzenleuchters las.

Darf ich es wagen? War es ihm bestimmt, den hellen Stern Karls auszulöschen, um fortan selbst die anderen Fürsten zu überstrahlen? Der Steinbock war ein Tier, das keine Höhe scheute! Aber der Wolf – das war Leutbergas Bezeichnung für Karl – war so ausdauernd wie verschlagen. Einem hungrigen Rudel zu entkommen, das Blut gerochen hatte, war kaum einem Tier möglich. Und tatsächlich drangen die nächsten Sätze des Vorlesers schmerzhaft und klar an Tassilos Ohr:

»… und im Jahr des Herrn 743 führte der tapfere Herzog Odilo die Bayern, Sachsen und Alemannen gegen das Frankenreich Pippins. Die Heere prallten aufeinander am Lech, doch Pippin, der eiserne Führer der Franken, behielt durch teuflische Gunst die Oberhand und zwang Herzog Odilo zum Frieden.«

Tassilos eigener Vater war vom Vater Karls in den Staub gezwungen worden! Und Tassilo wusste, mit welcher Häme der fränkische Hof dieses Ereignis erinnerte: Der bayrische Gaul sei »zurück an die Kandare« geführt worden, sagte man dort. Der Herzog knirschte unwillkürlich mit den Zähnen und Wolfbiz, der am Kopfende des Bettes lag, hob beunruhigt den Kopf. Hatte Tassilos Weib nicht recht, dass er es seinen Vorfahren schuldig war, diese Demütigungen zu vergelten? Sie konnten Karl mit Gottes Hilfe stürzen oder in die Abdankung treiben! Ein König Grifo wäre dann nichts als ein Herrscher von bayerischen Gnaden. Und noch eine andere Fantasie nagte an Tassilos Seele: Wenn Karl am Boden lag, konnten die Bayern die Langobardenherrschaft in Norditalien wieder aufrichten: Theodoso, der Sohn Tassilos und Leutbergas, der Enkel des letzten Langobardenkönigs, konnte die alte Krone auf sein Haupt setzen!

Eine schlanke Gestalt im Kapuzenmantel trat durch den Eingang des Zeltes. Der Vorleser brach ab. Wolfbiz hob witternd das Haupt. Tassilo glaubte im ersten Moment an eine eigenmächtige Gabe seines Hofmeisters: Tassilo hatte keine Konkubine. Er mochte auch die falschen Zärteleien der Dirnen nicht, die in keinem Lager fehlten. Und trotz seines robusten Wesens waren ihm die Blicke Leutbergas nicht gleichgültig, die sie nach einer weinseligen Ausschweifung Tassilos, nach *samantwist* mit einer Hörigen an einem Festabend, für ihren Herrn hatte.

»Ihr könnt gehen«, sagte die Frau. Der Vorleser erhob sich mit knarrenden Gelenken und schaffte es, gleichzeitig den Kopf zu verneigen. Wolfbiz winselte leise, seine Rute bewegte sich ein paar Zoll hin und her.

Tassilo richtete den Oberkörper auf. »Was bringt Ihr mir, Weib?« Leutberga wartete, bis der Vorleser hinter ihr mit seiner Pergamentrolle verschwunden war. Dann streifte sie den Mantel ab, der mehr ein langer Überwurf war und lautlos zu Boden glitt.

»Mich selbst, Herr.« Sie war nackt – ein kleines Grunzen kam aus Tassilos Hals. Ihre dunklen Haare fielen wie ein schwerer Schleier über weiße Schultern. Die Brüste glänzten wie polierte Granatäpfel, man sah ihnen die Schwangerschaften nicht an. Die sanfte, gleichmäßige Kurve der Hüften verhieß Weichheit und Festigkeit zugleich. Sie trat an das Bett heran und sein Blick wanderte zum handbreiten Streifen von dichtem, dunklem Haar, der zwischen den Schenkeln auslief. Er meinte, dieses Haar riechen zu können.

»Ihr seid schön«, sagte er mit rauer Stimme. Sie schien zu lächeln, als sie auf ihn hinabsah. »Und Ihr seid mächtig, Tassilo. Und werdet bald noch mächtiger sein!« Sie schlüpfte neben ihm ins Bett und griff sofort nach seiner Mitte. Er war nur mit einer dünnen Leinenhose bekleidet und spürte ihre Finger mit jeder Faser. In diesem Augenblick kam ein leises

Knurren vom Hund. »Kümmere dich nicht um ihn«, keuchte Tassilo und griff nach ihren Brüsten. Ohne ein weiteres Wort packte sie seinen Bart und steckte ihre Zunge zwischen seine Lippen – heute schien ihr selbst die Bestie neben dem Bett nichts auszumachen.

Kapitel IX

Augsburg, am Ufer des Lechs, Juni 787

Der Ausgang einer Schlacht hatte immer etwas Ungewisses. Im Nachhinein sagte man dann: Gott war auf seiner Seite. Oder eben auch nicht. Nüchtern betrachtet gewann oft der, der besser vorbereitet war.

Die Franken waren an diesem trüben, bleigrauen Vormittag auf wenig vorbereitet. Außer vielleicht darauf, Tassilo und seine Edlen etwas einzuschüchtern. Deshalb hatte Karl seine Scarakrieger volle Rüstung mit Helm und Schild anlegen lassen, deshalb traten am Westufer drei Hundertschaften in vollem Harnisch an – die Falken, die Bärenhäuter und die Eisenfüße. Den Schwarzen hingegen blieb die Lagerwache. Was Arnulf nicht davon abhielt, den König auf die Insel zu begleiten, im Schuppenpanzer, mit einem Helm, der einen rot gefärbten Schweif aus Pferdehaaren hatte; daran erkannten die Krieger ihren Anführer.

Der König verschmähte den Kahn für ein bequemes Übersetzen und ritt auf seinem Schimmel durch das schnell fließende Wasser zur Geröllinsel. Der Wind aus Osten trug ihnen den Geruch der Feuer des bayrischen Lagers zu. Noch war Tassilos Banner nicht aufgepflanzt, die Bayern waren noch auf ihrer Seite mit Kähnen zugange. *Wie können sie den großen Karl warten lassen?*

Arnulf wunderte sich über die Menge von Awaren in ockerfarbenen Kaftanen, die sich nahe dem Ufer versammelt hatten.

Deutlich konnte er die kurzen, geschwungenen Bögen erkennen. Jeder der Steppenkrieger schien solch einen Bogen dabei zu haben. Man erzählte sich Wunderdinge von diesen Waffen …

»Wollen die alle auf die Insel?«, grinste Gallo, der Arnulf mit einer gewissen Dreistigkeit gefolgt war. »Dann wird's gemütlich!«

Karl stieß die ersten Flüche auf den Bayernherzog aus. Peinlich berührt blickte der dicke Hofkapellan auf den Boden, während Graf Udalrich, der dem König nicht von der Seite wich, nach Norden zeigte. Eine knappe Meile flussabwärts, etwa auf Höhe der Burg, setzten mehrere Kähne vom Ostufer aus über, gefüllt mit Bewaffneten. Verunsichert betrachteten die Franken wiederum das Ostufer auf Höhe der Insel: Dort waren zwar noch Herzogliche mit einem Boot zugange, nur vom Herzog und seinem Gefolge war nichts zu sehen. Stattdessen versammelten sich immer mehr Awarenkrieger am Ufer, den Bogen in der Hand.

»Satan«, grunzte der König und sah seine Kriegsführer an, bevor alle wieder auf das gegenüberliegende Ufer starrten. *Was geht hier vor?*

»ZURÜCK! Zurück ans Ufer!«

Arnulfs Kommando donnerte über die Insel, so laut, dass es noch für die *unfortha* am Westufer zu hören war. Für einen Wimpernschlag kreuzte sein Blick sich mit dem Karls: *Eine Falle!*

Die Franken stürzten sich in das Wasser des Lechs. Im Sattel und zu Fuß, die Krieger, die Hofleute mit dem König in der Mitte, hinterdrein: Diener und Burgknechte mit Teppichen, Kissen, mit Broten und Weinkrügen. Fluchen, Prusten, Stolpern, Brüllen – zurück, nur zurück! In der Eile wichen die Menschen von der Untiefe ab, die das Überqueren ermöglichte, gerieten in brusttiefes Wasser, manch einer ging unter und tauchte nicht wieder auf. Fulrad hielt sich mit Mühe aufrecht im einzigen Kahn, der von Dienern gestakt wurde: So ungeschickt und hektisch jedoch, dass das Boot abtrieb, weg vom königlichen Tross.

Sie erreichten das Ufer, ritten und stolperten zwischen bleichem Treibholz den Hundertschaften entgegen. Aber das verhieß keine Rettung! Arnulf sah die Schuppengepanzerten die Schilde heben und in den Himmel schauen. *In den Himmel?* Warnrufe liefen durch die Reihen, die die Krieger nach oben sehen ließen: »*Dachen!*«

Arnulf fühlte die Geschosse förmlich kommen. Nass bis zur Hüfte, drehte er sich zum Wasser hin, stellte seinen Schild schräg gegen den Himmel und spürte den ersten Einschlag: *Wock! Wock! Wock!* Als würde einer mit einem dicken Stock auf das Eschenholz eindreschen. Armlange Pfeile mit hellen Federn bohrten sich in Schildholz, Schuppenpanzer und menschliches Fleisch. Wie giftige Hagelkörner gingen die Geschosse der Awaren auf die Franken nieder.

Wie können Bögen so weit schießen?

Schrille Schreie kündeten von Treffern, grell war das Wiehern der verwundeten Pferde: Sie warfen ihre Reiter ab, trampelten andere nieder und jagten im Galopp davon. Arnulf packte ein herrenloses Pferd am Zügel und schwang sich in den Sattel. Prompt traf ein Geschoss das Tier in den Hinterlauf und es machte einen wilden Satz vorwärts. Er raste durch die eigenen Krieger, durch Fliehende und Tote. Flüche, Schreien und Kommandos dröhnten durcheinander.

Wo ist der König?

Am Rand eines Streifens von Ebereschen und Brombeeren brachte er das Ross zum Stehen, nur ein paar hundert Schritt vom Lager seiner Männer entfernt. Er sah die gesamte Kriegerschaft über das Geröllfeld landeinwärts laufen, viele hielten auf das Feld der Waffenübungen und die jenseits liegende Burg zu. Und siehe: Die Awaren selbst jagten nun ihre Pferde in das Wasser der Furt und hielten auf die Insel zu.

Sie schießen im Reiten.

Vor Arnulf tauchten endlich die Reihen mit den Walnussbäumen auf. Krieger liefen zwischen ihnen herum, Pferde mit und ohne Zaumzeug. Ein Verwundeter mit blauem Halstuch stolperte von rechts heran, einen Pfeil im Nacken, einen anderen im Unterarm. Der Mann röchelte Arnulf entgegen, doch es war keine Zeit zum Innehalten. In einem Knäuel von Bewaffneten entdeckte er endlich die blonde Mähne Sigfrids – und Arthur, der versuchte, Hasel den Sattel aufzulegen. »Auf die Pferde!«, brüllte Arnulf nur. Mit harter Hand brachte er sein Ross zum Stehen. Alle schrien durcheinander, suchten nach Zaumzeug und Sattel, nach Schild und Helm. Arnulf beugte sich zu Arthur hinab und krallte die Finger in die Schulter des Jungen. »Zurück in die Burg! Schnapp dir Grimbald, wenn er vor den Toren ist! – Gallo, he! Hierher!« *Ist der kleine Grimmo wieder bei den Kanzlisten? Hinter den Mauern oder davor?*

Der Unterführer schnaufte mit ein paar anderen Kriegern aus Richtung der Furt herbei, zu Fuß. Arnulf hieß sie, sich Pferde zu suchen und die Lanze zu nehmen.

»Was habt Ihr vor?«, rief Sigfrid und versuchte, mit einer Hand den Helmriemen zu schließen und gleichzeitig mit der anderen die Stoßlanze aus den Sattelschlaufen zu ziehen.

»Kommt mit«, schnappte Arnulf nur. Sie ritten ein Stück in Richtung des Wassers, auf eine kleine Erhebung, auf der zwei schrundige alte Weiden auf steinigem Untergrund wuchsen – der höchste Punkt des Feldes, sie konnten das ganze Drama von hier überblicken. Hunderte von Kriegern eilten über das Feld in Richtung der Burg, mit und ohne Pferd. Ein größerer Pulk, aus dem das Königsbanner ragte, war weniger als eine halbe Meile vom Burgtor entfernt. Von der Anlegestelle im Norden aber sah Arnulf bayrische Krieger herbei-eilen, die mit Booten übergesetzt hatten. Sie würden den Fliehenden den Weg zur Burg verlegen! Und tatsächlich: In den vorderen Reihen erhob sich der schwarze Steinbock auf gelbem Stoffgrund. Sie hielten direkt auf den Frankenkönig zu …

»Bei Wodan«, knurrte Sigfrid. »Gehen wir dazwischen?!«

»Damit uns die Awaren von hinten abschießen?«, schnaubte Arnulf und zeigte mit der Lanzenspitze nach rechts in Richtung der Furt. Die Steppenkrieger hatten das Westufer gewonnen, selbst aus der Entfernung sah man das Wasser aus ihren Klei-dern ablaufen. Sie spornten ihre Pferde an, schossen weitere Pfeile auf die Fliehenden ab und spießten davonkriechende Verwundete mit langen Speeren auf – alles, ohne ihr Tempo irgendwie zu verringern.

* * *

Udalrich, der Blutgraf, schrie dem König etwas zu, das nach »Durchbrechen« klang. »Mit Gottes Hilfe!«, rief der Herrscher nur, aber die meisten ihrer Krieger waren ohne Pferd und ohne Lanze und würden nur gegen einen hohen Blutzoll durch die Kette von Speeren und Schilden durchkommen.

»Zusammenzubleiben!«, rief Karl seinen Männern mit heise-rer Stimme zu und riss das Schwert *durendal* aus der Scheide. Die Wut über den bayrischen Verrat tobte in ihm, doch gleichzeitig war da die Furcht, ohne Vorwarnung Gott gegenüberzutreten.

Zu früh, viel zu früh käme so ein Ende …!

Einer reichte ihm einen Schild, denn ein König trug keinen Schild. Dann waren die Feinde unter ihnen und um sie herum und für kurze Zeit gellten nur die bayrischen Schlachtrufe in ihren Ohren. Äxte krachten auf Schilder, Schwertklingen klirr-ten gegeneinander. Ein wildes Schnaufen und Grunzen kam aus den Kehlen der Zuschlagenden, wimmernd und brüllend gingen die Getroffenen in die Knie.

Karl erkannte den Grafen Fago nur ein paar Schritte vor sich, hörte, wie er seine Männer antrieb – *Vor! Vor! Vor!* Der Alte mit dem eisgrauen Haar schlug drein wie ein Bär, sein Schwert zerfetzte Hälse und Arme von Karls Scarakriegern. Er wollte den König mit seinen Leuten umringen! Udalrichs langhaarige Sachsenkrieger waren es, die um ihren Führer und den König einen hölzernen Halbkreis aus Schilden bildeten. Als einer von ihnen niedergehauen wurde, spritzte das Blut bis auf Karls Schwertarm. Er sah einen Kerl nachstoßen. Karl machte zwei Schritte nach vorn und ließ *durendal* auf den Helm des Mannes niederkrachen.

Carolus magnus wird nicht kampflos untergehen!

* * *

Arnulf spürte etwas wie einen Ring um die Brust, der das Atmen schwer machte. Er wusste, dass auch andere Krieger dies fühlten und dass normale Menschen es einfach »Angst« nannten. Aber er wusste auch, dass dieser Ring mit dem ersten Stoß der Lanze in einen feindlichen Krieger platzen würde … Die Stoßlanzen der Scara hatten schon manches Gefecht entschieden. Aber was konnte eine Hundertschaft ausrichten gegen diese Horde von Teufeln, die Pfeile verschossen über hunderte von Schritten hinweg? Doch als Arnulf seine Befehle brüllte, merkte er, wie sich die Verunsicherung der Männer in Entschlossenheit und schiere Wut wandelte. Innerhalb weniger Atemzüge wirkte diese Kraft auf ihn zurück, gab ihm selbst neuen Mut und Zuversicht. Seine Männer würden ihm überall hin folgen! Seine Rechte schloss sich um den Schaft der Stoßlanze, seine schildbewehrte Linke führte die Zügel. Mit einem kalten Blick fasste er die Steppenkrieger ins Auge: Sie rückten am Ufer entlang im schnellen Trab nach Norden vor, auf das Getümmel von Bayern und Franken zu. Obwohl sie fast alle im Sattel ihrer mageren, zähen Steppenpferde saßen, Speere schwangen, an deren Schäften langes Rosshaar wehte, schossen sie gleichzeitig immer wieder Pfeile auf Franken ab, die in Richtung des Feldlagers davonhumpelten.

Arnulf führte seine Krieger ein Stück nach Süden, halbwegs sichtgeschützt durch eine Bodenwelle mit reichlich Gestrüpp, das an den Ausläufern der Uferzone wuchs. »Von hinten macht's am meisten Spaß!«, grunzte Gallo, als er verstand, was Arnulf vorhatte. Prompt schlugen sie einen Kreis, beschleunigten zu schnellem Trab und donnerten schließlich in vollem Galopp mit gefällter Stoßlanze auf die hinteren Abteilungen der Awaren zu.

Noch hundert Schritt … Arnulf stellte sich in die Steigbügel, packte den Schaft der Waffe mit der Rechten, den Arm leicht angewinkelt.

Noch fünfzig Schritt … zustechen und weiter, sie durcheinanderwirbeln, dann zum König!

Noch zwanzig Schritt … Warnschreie, widerliche Laute! Einige Awaren drehten sich im Sattel um und sahen die Franken kommen. Im Nu hatten sie ihre Bögen in der Hand. Eine Pfeilspitze klatschte in Arnulfs Schild, riss seine linke Seite für einen Augenblick nach hinten.

Aufprall!

Der erste Lanzenstoß durchbohrte den Rücken eines Lederpanzers. Der Mann kippte nach rechts weg, hing halbverdreht von seinem Pferd, ohne auf den Boden zu stürzen. Die Kerle waren mit ihren Gäulen verwachsen! Tief hinein zwischen die Steppenreiter schob ihn die Wucht des Angriffs. Er atmete ihren fremden Geruch, sah verzerrte, bräunliche Gesichter mit dünnen Bärten. Hinein mit der Lanze! Vor und zurück ging sein

Arm mit der Stoßwaffe, von oben nach unten. Klein waren diese Kerle, klein waren ihre Gäule! Dann blieben die sieben Zoll der Stahlspitze in einer dieser breiten Bogentaschen hängen, die die Awaren umgeschnallt trugen. Er ließ den Schaft fallen, riss das Schwert hervor und schlug einem Pferd ein Stück Fleisch aus der Kruppe, sodass es davonschoss, in andere hinein.

Blitzschnell sah er sich um. Sigfrid drosch mit der Axt auf den Schild eines Awaren ein, kaum eine Armbreite trennte ihre Gäule.

Hier noch zu töten ist Zeitverschwendung!

»Lasst ab, Sigfrid!«, brüllte Arnulf. Schon zerbarst der Schild, im selben Augenblick beschleunigte der Unterlegene jedoch seine Mähre und entfloh ins seichte Wasser des Lechs. Endlich galoppierte Arnulfs Gefährte auf ihn zu und der Offizier bemerkte das leuchtend flüssige Rot an Hals und Schlüsselbein, über dem Saum des Panzers. Aber Sigfrids Miene war entschlossen: Es wird gehen!

* * *

Längst hatte der Kampflärm die Frauen auf den Wehrgang des Burgwalls gezogen. Angstvoll suchten ihre Augen nach dem König und seinem besten Krieger. »Herr, steh ihm bei!«, stieß Fastrada aus und lehnte sich durch eine Lücke in der Brüstung nach vorn, als könnte sie ihren Mann dann besser sehen. Da war der flatternde Steinbock, der sie verhöhnte, da war der König inmitten eines wüsten Nahkampfs.

»Wo ist er?«, entfuhr es Erika. Fastrada zeigte nur gebannt auf das Gewühl. Keinen Moment dachte die Königin daran, dass auch die Frau neben ihr zitterte – um ihren eigenen Mann.

Wo ist Arnulf? Dutzende bewaffneter Burgknechte mit und ohne Helm stürzten durch das Burgtor unter ihnen hinaus und hielten auf das Gefecht zu. Im Burghof drückte der Burghauptmann weiteren Männern – Handwerkern und Hörigen – Speere in die Hand. Auch hier herrschte Verwirrung.

»Schickt Eure Männer raus, Kerl!«, schrillte die Königin zu dem Burghauptmann hinunter. »Sonst lass' ich Euch am Feuer rösten!«

Ein kleines Mädchen hatte unterdessen die Stiege zum Wehrgang genommen und rannte auf Erika zu. »Bleib hier, blöde Schnecke!«, tönte es hinter ihr her, dann erschien Arthurs grimmiges Gesicht ebenfalls im Treppenaufgang. Eilig folgte er seiner kleinen Schwester hinter den Bogenschützen vorbei, die Aufstellung für den Fall eines direkten Angriffs auf die Burg genommen hatten.

Weinend klammerte Gerswind sich an ihrer Mutter fest. Erika strich ihr mit beruhigenden Worten über das Haar. »Sie war hinter der Burg mit den anderen Blagen und dem Zwergpferd«, stieß Arthur aus. Erika nickte nur, dann waren ihre Augen wieder auf dem Feld. »Wo hast du Vater zuletzt …«

»Da!«, unterbrach Arthur, der den roten Rossschweif-Helm erkannte. Schnell kamen die Scarareiter nun auf der breiten Straße näher, die zur Furt hinunterführte.

* * *

Arnulf ahnte, dass die Kerle, die da aus der Burg auf die Bayern zuhielten, so etwas wie das letzte Aufgebot waren: Keine ernsthafte Gefahr für die Krieger Tassilos, aber gut für etwas Verwirrung, denn zeitgleich stürmten Arnulfs Krieger auf ihren Pferden heran. Ihre Stoßlanzen öffneten eine Bresche im Haufen der Bayern, die Rösser drängten die Fußkämpfer ein Stück weit zurück, und obwohl die Angreifer immer noch mit doppelter Zahl überlegen waren, schaffte es der König, sich mit seinen Getreuen aus dem tödlichen Durcheinander zu befreien. Nur aus den Augenwinkeln konnte *sax hamar* das verfolgen, denn abermals war er mitten im Kampfgeschehen. Bleischwer wurde sein Schild von feindlichen Speeren, während er mit sensenartigen Schwerthieben aus dem Sattel herab die Angreifer halbwegs auf Abstand hielt. Da erklang Jubel aus Richtung des Burgtors: *Ist der König in Sicherheit?!*

»Weg hier, Mann!«, schrie Gallo von hinten und ließ seinen Gaul einen Satz nach vorne machen, der einen Krieger mit spitzem Helm niedermähte. »Der König hat's geschafft!«

Arnulf streifte die schrumpfende Schar seiner Männer mit einem schnellen Blick und brüllte so laut er konnte: »Zur Burg!« Mit der Kaltblütigkeit der Schlachterprobten schlugen und stachen sie nach links und nach rechts und schafften es schließlich, sich von den Bayern zu lösen, gleich einem zerbissenen Wolf, der sich aus einer Horde von Jagdhunden befreit.

＊ ＊ ＊

Abgekämpft trieben sie ihre Pferde unter dem mächtigen Torbogen hindurch. Der Burghof war voll mit blutigen Kriegern. Manche reckten Arnulf trutzig das Schwert entgegen, riefen seinen Namen und den des Königs. Die Schwarzen hatten den Tag gerettet, wie ein vorlauter Kerl herausbrüllte – aber alle spürten, dass es anders hätte ausgehen können. Arnulf bemerkte einen blutigen Faden, der aus einer Schulterwunde seines Apfelschimmels rann und klopfte dem Tier auf den Hals, besorgt und dankbar. Dann befreite er seinen Arm aus dem versehrten Schild und riss die Stahlspitzen heraus. *Wie viele meiner Männer sind noch draußen?* Er eilte zurück zum Tor. Burgknechte stemmten sich gegen die Flügel, um sie zuzuschieben, bevor die Herzoglichen nachstoßen konnten. Durch den kleiner werdenden Durchlass sah er einen langhaarigen Blondkopf im Schuppenpanzer auf das Tor zu stolpern, das Gesicht schmerzverzerrt, der Hals blutig. Sigfrid lief um sein Leben!

Nur ein paar Dutzend Schritt hinter dem Kameraden galoppierten Awaren heran.

»Lasst das Tor offen!«, brüllte Arnulf den eigenen Leuten zu. Dumpf stierten sie ihn an – erst jetzt bemerkte Arnulf ihre sächsischen Haarmähnen, ihre speckig glänzenden Lederpanzer, Anhänger mit Wodans-Hämmern …

»SCHLIESST DAS TOR!« Graf Udalrich stand plötzlich vor ihm, das Gesicht vom Kampf gerötet. Augenblicklich erkannte er den anderen.

»Aus dem Weg, Blutgraf!«, grunzte Arnulf. Aber der Sachse stellte sich noch breitbeiniger auf. »Keiner geht mehr raus!«

Arnulf zögerte keinen Augenblick. Mit einem wuchtigen Schildstoß rammte er Udalrich beiseite und rannte durch den Torbogen, dem Gefährten entgegen.

Kapitel X

Vor der Augsburg, Juni 787

Sigfrid hatte Arnulf *giniscaft* geschworen, Kriegertreue. Und die galt in beide Richtungen!

Doch im Laufen erkannte der Offizier, dass es zu spät war. Der vorderste Awarenreiter würde Sigfrid in wenigen Augenblicken niederhauen. Arnulf musste etwas tun! In einem Akt der Verzweiflung zog er den linken Arm aus den Schildschlaufen, ließ das Schwert fallen und schleuderte das Eschenholzrund mit beiden Armen dem Reiter entgegen.

Die Krieger zwischen den Torflügeln hielten den Atem an.

Vielleicht lenkte Jesus das durch die Luft rotierende Rundholz. Nicht der Krieger selbst, aber der Kopf seines Pferdes wurde getroffen! Der Steppengaul stolperte und hätte den Reiter fast abgeworfen. In diesem Moment taumelte Sigfrid an Arnulf vorbei. Der machte einen Satz zur Seite und konnte nur mit Mühe die Speerspitze des nächsten Awaren zur Seite lenken. Dann schlugen fränkische Pfeile vom Wall aus vor den Steppenkriegern ein. Sie rissen ihre Gäule herum und ritten rasch außer Schussweite.

Unter den Jubelrufen seiner Männer kam Arnulf mit Sigfrid im Burghof zum Stehen. Heftig ging sein Atem, noch glühte die Gefahr in ihm nach. Krachend schlugen die Torflügel zu. Da drängte sich Graf Udalrich mit einigen seiner Krieger durch die Scara-Krieger. »*Hamar*!« Seine Anrede klang wie ein Fluch. Er baute sich fünf Schritt vor Arnulf auf, sein vom Kampf gerötetes Gesicht mit dem riesigen Bart und der dunkelrot glühenden Flechte sah aus wie eine Maske. Seine Gestalt war kleiner und auf den ersten Blick weniger kräftig als Arnulfs. Doch wie er sein Gewicht auf die Fußballen verlagerte und schnelle Bewegungen mit dem Schwert vollführte, strahlte Gefahr aus. »Ihr habt die Hand gegen mich erhoben! Gebt mir Genugtuung, Kerl!« Seine Klinge zeigte auf Arnulfs Körpermitte. Der Franke hielt schwer atmend Udalrichs Blick stand, die Rechte am Schwertgriff. Links und rechts von ihm vernahm er das Geräusch von Klingen, die seine Krieger aus den Schwertscheiden rissen. *Dies wird nicht bei einem Zweikampf bleiben …*

»Seid Ihr irre? Uns gegenseitig umbringen, wenn draußen der Feind tobt?«

»Nehmt Euer Schwert, wenn Ihr kein Feigling seid!«

Wo ist der König?

* * *

Der König war mit einigen Bognern auf die Ostbastion geeilt, von wo er das Flussufer übersah, aber nichts vom Drama im Burghof mitbekam – im Gegensatz zu Erika und Fastrada, die zwar die Worte der Männer nicht verstehen konnten, doch die gezogenen Schwerter sprachen eine eindeutige Sprache. »Herrin, tut etwas!«, flehte Erika und ergriff den Arm der Königin, was nicht schicklich war. »Bitte!«

Fastrada biss auf einen Fingernagel, zerkaute einen Fluch und eilte die Stiegen hinab. Erika folgte ihr und es war ein Wunder, dass sie dabei nicht auf ihren Kleidersaum trat. Atemlos verfolgte Erika, wie die Königin, zornig und schön wie ein herabschwebender Engel, auf die Streitenden zuhielt und sich zwischen die Schwerter stellte. »Im Namen des Königs, beendet den Streit! Tötet lieber die Bayern, beim Allmächtigen!«

Ihre mehr verächtlich als friedlich klingenden Worte wirkten. Graf Udalrich ließ das Schwert sinken. Arnulf atmete durch.

Erika fing einen Blick von Arnulf auf und erschrak. Die Bereitschaft zu töten glomm noch in seinen Augen.

* * *

Spuk – das Wort machte die Runde. Von Tassilos Spuk war die Rede, vom Awarenspuk, der aus dem Nichts kam und ebenso schnell wieder verschwand. Denn Tassilo machte keine Anstalten, die Augsburg selbst anzugreifen. Vielmehr zog er sich in sein Lager am Ostufer zurück und ließ lediglich einige Truppen auf der Westseite, die sich noch eine Zeit vor den Toren der Festung herumtrieben und Höfe der Umgebung plünderten. Was, fragten sich die Eingeschlossenen in der Burg, war mit dem Hofkapellan Bischof Fulrad passiert? War er im Lech ertrunken oder zum Gefangenen Tassilos geworden? Wie ein verwundeter Löwe eilte der König auf dem Wehrgang hin und her, nie hatte man ihn so besorgt gesehen …

Die Kämpfer der Scara leckten ihre Wunden. Man trauerte um die, die auf dem Feld geblieben waren, sann auf Rache und erinnerte sich früherer Kämpfe, die doch immer wieder mit dem Triumph der Königlichen geendet hatten. Oder fast immer … In der Baracke der Schwarzen lagen Dutzende Körper in verschiedensten Ruhestellungen, auf Betten und auf dem Boden, umgeben von Waffen, Rüstungen, Krügen und Satteltaschen. Es roch nach ungewaschenen Körpern, nach Leder und Bier.

»Ihr hattet Glück, Sigfrid«, sagte Gallo und trank einen Schluck aus einem kürbisgroßen Tonkrug. Dann nahm er das Ende der Leinenbinde zwischen die Zähne, die er um einen gequetschten Finger gewickelt hatte, schnitt sie durch und knotete die Enden mit erstaunlicher Fingerfertigkeit zusammen.

»Nein, Pech«, krächzte Sigfrid. Er saß auf seinem Bett, den Rücken an die Wand gelehnt, und zupfte an dem rotgefleckten

Verband um den Hals herum. Die Awarenklinge war am Saum seines Panzers eingedrungen, wo sonst die zusammengedrehten Schlingen des Halstuchs halbwegs schützten.

»Pech?! Ist das Heidenhumor?« Gallo betrachtete den Sachsen halb wohlwollend, halb abschätzig.

Sigfrid senkte den Kopf, als würde er Gallos Füße mustern. »Das Silber, das der Hauptmann nach der Würzburger Sache verteilt hat, hab ich ins Halstuch gewickelt. Hatte es gar nicht dabei. Sonst wäre die Schwertspitze nicht so tief eingedrungen.«

Gallo trank, rülpste und wischte sich den Mund ab. »Das kommt davon, wenn man einem Kerl dient, der zu großzügig ist … Selbst die neuen Burschen, die im Frühjahr dazugekommen sind, haben eine Handvoll Münzen bekommen. Andere Hauptleute …« Er schüttelte den Kopf. »Dugo, der die Eisenfüße führt, der ist geizig wie eine Elster! Behält alles, was ihm der König gibt, für sich.«

»Und einen Schild werfen kann er auch nicht«, krächzte Sigfrid mit etwas Mühe. Fordernd streckte er die Hand aus. »Wollt Ihr das ganze Bier allein saufen?«

* * *

Einen Tag später tauchte Hofkapellan Fulrad von Metz wieder auf. Ein paar Leibeigene, die zu einem Fronhof der Umgebung gehörten, führten den gewichtigen Kirchenmann auf einem Esel bis unter die Mauern. Seine Robe war zerschlissen, der Haarkranz zerzaust. Mit einer Mischung aus Erleichterung und Erschrecken nahm ihn der König selbst am Tor in Empfang. Denn das Antlitz des Hofkapellans war von Schrammen gezeichnet. Er wirkte, als sei jegliche Kraft aus seinem Körper gewichen. Doch sein Verstand funktionierte, der Rückkehrer verschwendete keine Zeit.

»Heil, mein König. Tassilo ist mit allen Truppen abgezogen. Er bedauert die … die Auseinandersetzung.« Fulrad schnappte nach Luft, während bei den Umstehenden verwundertes Raunen einsetzte. »Er hat eine Botschaft für Euch, Herr.«

Ungläubig kniff Karl die Augen zusammen. »Erfrischt Euch erst einmal, Euer Gnaden. Dann erwarte ich Euch im großen Saal.«

»Nicht dort, Herr«, murmelte Fulrad und berührte das verbogene Kreuz auf seiner Brust. »Besser in Eurer Kammer. Allein.«

* * *

Unter einem regengrauen Himmel marschierten die Bayern in Richtung Ingoldestat. Wie ein Heerführer ritt Tassilo vorweg, in einen schwarzen Mantel aus dicker Wolle gehüllt, der der Nässe widerstand. Trotzdem fühlte der Herzog, wie die Regengüsse an seiner Gewissheit zehrten.

Schon immer hatte sein Geschlecht Macht innegehabt. Tassilo hatte diese Macht noch einmal steigern können. Doch die meisten Siege hatte er im Herzogtum selbst errungen. Er hatte die Dinge überblicken, einschätzen können, wie der Steinbock von der hochaufragenden Klippe herab. Nun aber hatte er sich mit einer Kraft eingelassen, die einem Bergmassiv glich. Halb war es im Nebel verborgen: Kaum konnte man sagen, aus welchen Tälern, von welcher Höhe die größte Gefahr ausging …

Er hatte den Khagan mit seinen Leuten nach Ingoldestat vorausgeschickt. Die Awaren hatten ein paar Verluste gehabt, ohne Beute zu machen; sie waren gereizt. Auf dem Königshof Ingoldestat würde sich Silber finden oder ein paar Kupferbarren, notfalls Pferde – er musste die Steppenkrieger bei Laune halten. Sie waren seine besten Streiter, hungriger als die weich gebetteten Bischöfe des Herzogtums, kampfstärker als viele Vasallen, die seit Jahren in keinem Gefecht mehr gestanden hatten.

Irgendwann überließ er dem Grafen Fago und seiner Leibwache die Spitze der Kolonne und lenkte sein Pferd auf die Höhe des vierspännigen Pferdewagens. Der Regen lief in Rinnsalen über die Dachplane und an den hochgezogenen Seitenwänden aus Holz hinab, die mit Schnitzereien und Einlagen aus Elfenbein versehen waren. Durch das Gitterfenster an der Seite nahm er das Gesicht seiner Frau wahr. *Hat allein ihr Hass auf Karl ihn zu der Tat bewogen?* Er musste an ihre Leidenschaft denken, ihre völlige Hingabe in jener Nacht. Nie zuvor waren sie auf solche Weise vereint gewesen.

Er hörte, wie sie auflachte – über einen Scherz ihrer Zofen? Wie konnte sie in dieser Lage lachen? Tassilo musste sich eingestehen, dass er die Königstochter Leutberga niemals völlig durchblickte.

»Kommt in den Wagen, Herr!«, sprach sie direkt durch das Gitter. »Der Regen kann einen Mann krank machen.« Und er kann Wut kühlen, dachte er und wischte Wasser aus dem Gesicht, das von der Helmkante tropfte. Dann beugte er den Kopf zur Gitterluke hinab. »Wir legen beim nächsten Kloster eine Rast ein, Weib. Vorerst soll niemand mit dem Byzantiner sprechen, hört Ihr?« Er sah ihr Gesicht hinter den hölzernen Streben und die Frage in ihrer Miene. »Aber Herzog, wir müssen die Großen …«

»Gar nichts müssen wir«, unterbrach er sie scharf. »Bevor ich entscheide, was mit ihm passiert, will ich Karls Antwort haben!«

Kapitel XI

Augsburg, Juni 787

Zum König?! Sofort?

Arnulf senkte den Awarenbogen. Die Worte von Karls Leibwachen waren unmissverständlich. Sie hatten Arnulf vor einer der Holzbaracken gefunden, in der die Truppen untergebracht waren. Ein halbes Dutzend der anderen Truppenführer stand um Arnulf herum und beäugte die Wunderwaffe, die einer der Krieger erbeutet hatte. Leider ohne passende Pfeile. Arnulf bewunderte noch einmal die harte und zugleich elastische Schichtung von Knochenplatten, Holz und Fischgrät des Bogenstabes. Dann gab er die Waffe weiter an Heden und wollte schon den Wachen folgen, als sein Blick seinen jüngeren Sohn streifte. »Grimmo!«

»Was?« Der Junge sah von einem Pergament auf, eine Holzkiste unter dem Vordach der Baracke diente ihm als Schreibtisch. Seine Wangen waren gerötet, als würde er körperliche Arbeit vollbringen. »Lass das Geschreibe und bessere das Zaumzeug aus, das ich dir gegeben habe!«

Der Junge verzog das Gesicht. »Ich mache Verse über die Burgunder, wie sie gegen König Etzels Hunnen ziehen.« Die Ärmel seiner Tunika waren hochgeschoben und entblößten dünne Arme; die Krümmung der Finger, die eine riesige Gänsefeder hielten, hatten etwas seltsam Feingliederiges, das nicht von Arnulf stammte.

»Tu, was ich dir sage, Junge!«

* * *

Zu Arnulfs Überraschung wurde er nicht in die große Halle geführt, um vor dem Kronrat zu sprechen. Auch nicht in die Kammer des Königs. Nein, der Herrscher stand mit ein paar Getreuen vor den in die seitlichen Wälle hineingebauten Pferdeställen. Karl hatte ein Kettenhemd übergeworfen, aus dem die Ärmel einer schwarzen Tunika hervorschauten. Diener sattelten bereits den Schimmel des Herrschers. Überall war Vogelgezwitscher, der Himmel war binnen kurzer Zeit zum hellblauen Laken geworden.

»Begleitet Ihr mich, Hauptmann?«, rief er, als käme da ein alter Freund. In diesem Augenblick eilte auch schon Arthur herbei, Arnulfs Apfelschimmel am Zügel. Der Junge musste sich im Burghof herumgetrieben haben. »Eure Leibwache muss hierbleiben, *hamar*«, grinste der König und nickte Arthur zu. »Wir wollen nicht viel Lärm machen.«

Gefolgt von einer kleinen Zahl Schuppengepanzerter trabten sie durch das Tor. Die warmen Sonnenstrahlen waren wie eine Wiedergutmachung für das Wetter der letzten Tage. Üppig wucherte zu ihrer Rechten das Grün der Büsche, der Weiden, Erlen und Pappeln, während sich zur Linken bald das Geröllfeld des Flussufers dehnte.

Ohne jede Einleitung fing der König an, Arnulf zu preisen. Als einen seiner besten Heerführer, als einen Mann, auf den Karl sich verlassen konnte. »Über Euch werden Lieder gesungen, *hamar* – mehr als über mich selbst!« Den Offizier traf ein Seitenblick, der Bewunderung enthielt, vielleicht sogar Neid? »Ich diene Euch, so gut ich kann«, lautete Arnulfs nüchterne Antwort. Er kannte den König schon zu lange, um nicht etwas hinter diesen Honigschüben zu wittern. Schon knirschte Schotter unter den Hufen. Sie hielten in einer schrägen Linie auf die Furt zu, von der es zur Herzogsinsel ging.

»Ihr entstammt einer Familie ohne Namen«, fuhr der König beiläufig fort. »Aber ich habe gelernt, Verdienst höher zu schätzen als Abstammung.«

»Ja, Herr«, nickte Arnulf. *Zumindest behauptet Ihr das gerne!* Arnulf merkte, dass der König nicht den Einstieg fand, den er offenbar suchte.

Karl schwieg einige Atemzüge lang, dann sagte er in vertraulichem und irgendwie nachdenklichem Ton: »Als Ihr damals den Hof verlassen habt, *hamar*, weil ich Euch die Biberburg an der Weser gab, sah ich Euch als einen – als einen Wachtposten, ja. Gegen die sächsischen Vorstöße. Gegen ihre verdammten Aufstände!« Ernst musterte Karl seinen wortkargen Heerführer, der nichts dazu sagte. »Vielleicht hättet Ihr Besseres, Größeres verdient gehabt«, fuhr Karl fort. »Aber mir lag daran, den Unterlauf der Weser sicher zu machen.«

Arnulf grunzte gutmütig und wurde dabei immer misstrauischer. *Geht es um den verfluchten Blutgrafen?*

»Mit Udalrich habe ich einen Statthalter gefunden, der den Norden befriedet. Nicht jeder mag seine Methoden, aber er hat Erfolg. Also: Es hat für Euch keinen Sinn, dorthin zurückzukehren, mein Lieber.«

»Herr?« Arnulf konnte seine Überraschung nicht verbergen.

»Ich weiß von Fastrada«, fuhr Karl fort, »dass Ihr und Euer Weib darüber nachgedacht habt.« Der König sah ihn an und seine Stimme hatte eine neue Zuversicht. »Was ich Euch zu sagen habe, ist dies: Wir werden Tassilo niederwerfen. *Vollständig!* Ich teile sein Herzogtum auf und mache Euch zum Grafen des Nordgaus[4]. Damit beherrscht Ihr das Gebiet nördlich von

---

4   Die historischen Grenzen sind etwas unklar. Im Kern wohl die heutige Oberpfalz, im Osten bis zur Staatsgrenze, im Westen bis zu einer Linie, die von Nürnberg bis zur Donau läuft.

Donau und Regensburg bis zum böhmischen Wald, die größte Herrschaft Bayerns! Ihr werdet auf einer Stufe mit den alten Familien des Herzogtums sein. Reiten wir zur Insel hinüber?«

Arnulf war sprachlos. Gleichwohl wurde ihm klar, dass da am jenseitigen Ufer noch Krieger der Bayern verborgen sein konnten. Doch der König trieb sein Pferd in die Furt, als sei das Ganze ein Spazierritt. Geschickt wichen die Pferde den Planken eines zerschmetterten Bootes aus, die vorbeitrieben, dann erreichten sie schnaubend die Insel und schlugen Enten in die Flucht, die sich mit Geschnatter erhoben.

An der Stelle, wo die Stühle der Bayern gestanden hatten, spuckte der König aus. Langsam wischte er sich mit dem Ärmel über den Mund und sah Arnulf selbstgefällig an. »Seid Ihr überrascht?«

»Ja, Herr. Ich … ich danke Euch.«

»Ich könnte Euch auch den Salzburggau geben. Da werdet Ihr fett und reich mit dem Salzhandel. Aber Ihr müsstet mit dem Bischof auskommen. Das würde nicht gut gehen!« Karl lachte und schlug seinem Hundertschaftsführer auf die Schulter und verkündete, dass der Salzburger Bischofsstuhl eines Tages an Arnulfs Sohn gehen würde.

»Arthur – als Bischof?« Arnulf fühlte sich plötzlich wie in einer Wunderwelt. Er kam kaum hinter den großartigen Visionen des Königs her.

»Nein«, lächelte der Herrscher. »Der Kleine, Grimbald! Der Junge ist wirklich hell, die Kanzlisten lieben ihn. Arthur wird Euch selbst nachfolgen, in die böhmischen Täler ausgreifen und die Slawen zum Christentum führen.«

Arnulf war, als hätte er eine Kanne Wein auf leeren Magen geleert.

Karl bellte den Leibwachen etwas zu und stieg aus dem Sattel. Auch Arnulf ließ seinen Apfelschimmel stehen. Zusammen liefen sie bis zum Nordende der Insel, außer Hörweite. Unzählige Kleckse von Vogelmist machten die Steine hier noch heller; Daunen und eine halbzerhackte Ente ohne Kopf kündeten vom kürzlichen Triumpf eines Raubtiers.

»Sicher erinnert Ihr Euch an meinen Bruder Karlmann, *hamar*.« Karl klang plötzlich angespannt. »Er kam zu Tode, im Jahr des Herrn 771. Seine Herrschaft über das Burgund, Gothien und Alemannien fiel an mich, an wen sonst? Natürlich verbreiteten meine Feinde, er sei ermordet worden. Seine Witwe floh mit dem Sohn, Grifo, zu den Langobarden nach Pavia. Als hätten sie etwas zu befürchten gehabt! Dort verbreiteten sie hässliche Geschichten. Als ich dann das Langobardenreich zerstörte, verschwanden sie irgendwo in den Osten – und nun ratet, wo dieser Grifo wieder aufgetaucht ist!«

Arnulf Gedanken rasten. »In Regensburg? Beim Herzog?«

Der König nickte, seine Augen waren hart wie Kieselsteine. »Der Bayer will uns erpressen! Ich soll zusammen mit dem Papst in Regensburg seine Herrschaft für alle Zeiten garantieren oder er präsentiert meinen Neffen den Großen des Reiches als *rechtmäßigen König*. Er will mich als Brudermörder hinstellen!«

»*Skizan*«, entfuhr es Arnulf: Scheiße, drei Klafter hoch ...

Vögel kreischten über ihnen. Arnulf lockerte das Halstuch, die Sonne schien mit sommerlicher Kraft. Und nur für die Dauer eines Pulsschlags fragte er sich, ob die Mordvorwürfe stimmen konnten. »Würdet Ihr Euch auf solch einen Handel einlassen, Hauptmann? An meiner Stelle?«

»Ein König, der das täte«, knurrte der Kriegsmann, »wäre nicht mehr lange König.«

»Eben«, sagte Karl sanft und fuhr sich über den Schnurrbart, dann bückte er sich und klaubte einen länglichen, schmalen Knochen auf. Er ließ das Ende mehrmals in den Handteller der linken Hand klatschen, seine Augen bohrten sich in Arnulfs Augen. Und dann verstand der Offizier.

»Ihr wollt, dass ihn jemand entführt.«

Der König schleuderte den Knochen ins Wasser und trat so nahe an seinen Heerführer heran, dass sie nur eine Elle trennte. »Es gibt nicht viele Männer, die das schaffen könnten. Ihr habt das Zeug dazu! Leistet mir diesen Dienst, Arnulf, und ich gebe Euch den Nordgau, einen Grafentitel, Gold und was immer Ihr sonst noch wollt!«

* * *

Wenn Arnulf mit seinem Pferd sprach, wusste Erika, dass etwas Schwerwiegendes anlag. Sie spielte mit Fastrada und zwei anderen Kammerfrauen im ersten Stock der Kommandantur ein Brettspiel. Fastrada führte: Sie hatte im letzten Loch des Brettes mehr Erbsen als die anderen zusammen. Heiter stichelte die Königin gegen die Mitspielerinnen, lachte und spottete. Durch die Fensteröffnung konnte Erika auf die Pferdeställe sehen. Eine der wenigen Gestalten, die dort im Schatten des Vordaches noch zugange waren, war ihr Ehemann. Aus irgendeinem Grund hatte Arnulf die Tunika ausgezogen, er war halbnackt wie ein Stallknecht im Hochsommer.

»Ist der Fleck größer geworden?« Fastrada hatte zum Handspiegel gegriffen, ihre Finger massierten einen Leberfleck unterhalb des Wangenknochens. »Nein!«, beteuerten die Frauen. Schließlich behandelte sie diesen Fleck mit Rosenwasser und Froschblut. Doch nun merkte die Königin, dass ihre Kammerfrau nicht bei der Sache war. »Erika? Seid Ihr noch bei uns, oder gehört Eure Aufmerksamkeit muskulösen Männern ohne Tunika?«

Erika zwang sich zu einem Lächeln und pries die Schönheit der Königin mit einigen zu häufig benutzten Worten. »Erzählt's

dem König«, sagte Fastrada unbeeindruckt. »Seine Konkubine, diese Sächsin, die hat Haare wie gesponnenes Gold, nicht
wahr?« Herausfordernd sah sie ihre Gespielinnen an. »Karl mag
sogar ihre Sommersprossen!«

»Sie ist ihm willfährig«, bemerkte Erika. »Ihr Aussehen ist
sicher nicht so wichtig.« Kaum hatten die Worte ihre Lippen
verlassen, bereute Erika sie. Ein peinliches Schweigen entstand.
Sie beeilte sich, das Brett mit den Erbsen wieder in einem Lederbeutel zu verstauen, während eine der Zofen mit gekünstelter
Fröhlichkeit verkündete, dass es Zeit für die Abendmesse sei.
Ohne sich zu regen, sah die Königin wieder in den Spiegel, ihre
Zungenspitze glitt langsam über die Lippen. »Warum haben
Könige Konkubinen?«, murmelte sie, als wundere sie sich über
das Wetter. Dann, völlig unvermittelt: »Arnulf *sax hamar* sieht
aus, wie ein wirklicher Held aussehen sollte.«

»Ich bin zufrieden mit ihm«, sagte Erika leichthin, ohne
ihre Überraschung ganz verbergen zu können. Bei der Königin
musste man stets auf der Hut sein, sie war so launisch wie eine
Katze.

»Euer Mann könnte den wilden Löwen Tassilos niederringen«, sagte die Königin in einem lauernden Tonfall. »Meint Ihr
nicht, Erika?«

»Mein Mann ist Heerführer, Herrin, und kein Zirkuskämpfer.«

»Aber wenn dieser Löwe Euch selbst bedrohte?«

* * *

Durch zwei Gitterfenster des geschlossenen Wagens konnte
Grifo die vorbeirollende Landschaft kurz vor Ingoldestat
betrachten: feuchter Wald, so grün wie Schimmel, manchmal
eine halbe Meile entfernt, manchmal mit knorrigen Ästen bis
zum Straßenrand reichend, Viehweiden mit mickrigen Kühen,
ab und an eine Pferdekoppel. Gehöfte mit überhängenden

Strohdächern und vertieften Hütten, die halb in der Erde standen. Kein Steinbau weit und breit … bis auf das Kloster, in dem sie gerastet hatten. *Ein Land ohne Feinheit und Kultur.* Er musste an die Worte seines Hoflehrers denken, der ihn am Kaiserhof in Byzanz unterrichtet hatte. Grifo nahm einen Schluck Wein aus einem verschließbaren Trinkbeutel und verzog das Gesicht. Der Wein von den Regensburger Hängen war, verglichen mit den griechischen Weinen, die man in Byzanz trank, wie Säure.

»Leutberga wird Euch helfen!« Zum tausendsten Mal geisterte der Satz durch seinen Kopf. Seine Mutter hatte ihn geröchelt, bevor sie an einer Vergiftung starb. Kein ungewöhnlicher Tod: Einflussreiche Menschen wetteiferten um die Gunst des Kaisers, andere um die Gunst des Großkanzlers. Seine Mutter hatte eine Zeitlang das Lager des Großkanzlers geteilt. Er konnte bis heute nicht sagen, wer ihr das Mittel in den Nachttrunk gemischt hatte. Eine Prinzessin aus der zweiten oder dritten Reihe, die ihren Einfluss auf den Fürsten schwinden sah?

Sein eingeschlafenes Gegenüber grunzte und zuckte, ohne wach zu werden. Allein, dass er ebenso auf der Bank saß wie er selbst, war eine Herabwürdigung. Ein taubstummer Diener Tassilos, mit dem Grifo den Wagen teilen musste. *Demütigend …* Er berührte das Kreuzmedaillon an seinem Hals. Er war ein Christ im Sinne des Papstes in Rom: Er glaubte an den Herrn und an seinen Sohn Jesus Christus und an den Heiligen Geist. Und war der Herr nicht Walter der Gerechtigkeit auf Erden?

War es richtig gewesen, die Sicherheit der alten Herrscherstadt am Bosporus zu verlassen? Aber wie sicher wäre sein Leben dort gewesen, nach dem Tod der Mutter? Seine Finger fuhren die Linien des Kreuzes auf dem Medaillon entlang. Er hatte die Machtlosigkeit seines Lebens in Byzanz eingetauscht gegen die völlige Abhängigkeit von Tassilo und Leutberga. Er musste das Herzogspaar dazu bringen, ihn zu den Kirchenfürsten des Reiches sprechen zu lassen. Nur sie konnten einen König dazu bringen, sich seinen Vorwürfen zu stellen! Das wäre die erste Stufe im Kampf um eine Stellung, die seinem wahren Rang und seiner königlichen Abstammung gerecht wurde. Dann erst konnte er beginnen, die Rache an Karl und all seinen Unterstützern vorzubereiten!

Kapitel XII

Augsburg, Juni 787

Arnulf bürstete das Fell seines Pferdes.

Was immer Ihr wollt. Die letzten Worte des Königs hatten sich eingebrannt. Wie oft hatte Arnulf sein Leben für diesen Herrscher in die Waagschale geworfen! Und nun lag der Lohn vor ihm wie ein Tal im gelobten Land: Als Herrscher des bayrischen Nordens würde er aufsteigen zu den Herrengeschlechtern, die Länder zwischen sich aufteilten, Tausende von Hörigen besaßen und mit dem König fast auf Augenhöhe verkehrten. Mit einem Schlag würde das Schicksal – der König! – ihn so weit emporheben, wie einer aus dem königlichen Gefolge nur irgendwie kommen konnte. Alles, was Arnulf sich im Stillen gewünscht hatte, alles und noch mehr schien plötzlich Wirklichkeit zu werden. Nur hatte die Sache einen gewaltigen Haken: Die Entführung des Königsneffen wäre wie ein Reitersprung über einen fünf Fuß hohen Zaun, bei dem der Reiter im Sattel stand. Es klang nach einer Himmelfahrt mit Waffen, bei der der Allmächtige mehr als nur einmal eingreifen musste – zugunsten der Franken!

Krieger gingen an dem Stallgebäude vorbei und wunderten sich über diesen Offizier im Zwiegespräch mit seinem Pferd. Irgendwann kam Sigfrid, den Hals in Verbänden, die braun von altem Blut waren. Der Sachse sah Arnulf eine Weile schweigend zu, wie er mit einer fast träumerischen Langsamkeit Salbe auf die Verwundungen des Pferdes auftrug. Schließlich fragte er ihn, ob er den Apfelschimmel im Jenseits reiten würde. Die Frage riss Arnulf aus seinen Gedanken. »Nach meinem Tod?«

Sigfrid nickte. Er erzählte, dass man sächsische Fürsten früher mit ihren Pferden bestattet hatte. Hart starrte Arnulf den Kameraden an, dessen Aberglaube knorrig wie Eichenholz war. »In der Hölle ist es zu heiß für die Gäule«, sagte der Offizier langsam und klopfte dem Tier auf die Flanke. »Und in den Himmel – das wird auch ohne Pferd nicht leicht.«

»Es geht um etwas Großes, oder?«, fragte Sigfrid schließlich und strich mit dem Daumen über seine gespaltene Lippe. Arnulf grunzte und klaubte Dreck und Käfer aus der Mähne des Pferdes.

»Was immer es ist, Herr, versprecht mir, dass ich dabei bin!«

Arnulf sah das Leuchten in den Augen des Gefährten. »Ich hab' Euch nicht vor den Awaren gerettet, damit Ihr nur noch Pilze sammeln geht«, stieß er aus. »Ihr *werdet* dabei sein!«

* * *

Die Kinder waren längst eingeschlafen, als Arnulf sich zu Erika legte. Den Kopf auf einen Ellenbogen gestützt, erzählte er. Sie war entsetzt. Sie sah Gefahr, wo er Verlockung sah.

Der König wird mich zur Witwe machen.

Arnulf berichtete alles. Auch dass Leutberga und Tassilo Karl hassten, flüsterte er wie zur Erklärung.

»Na und?«, sagte sie. »Warum muss der König dich deshalb in den Tod jagen? Beim Herrgott, kann er Tassilo und sein verfluchtes Langobardenweib nicht einfach leben lassen?«

Arnulf spürte ihre Hand auf seinem Herzen. »Du weißt, wie Karl ist«, murmelte er und nahm ihre Hand. »Karl hat Widukind gebrochen, er hat den Langobardenkönig gestürzt, er zerstört jeden, der gleichen Rang beansprucht. Er kann gar nicht anders.«

»Aber du kannst anders, Arn!« Da war ein kaum wahrnehmbares Glitzern in der Dunkelheit, wo er ihre Augen vermutete. Er hörte die Atemzüge der Kinder: die Kleine schneller, Grimmo etwas langsamer; Arthur lag in der Baracke der schwarzen Hundertschaft.

Dass Karl Grimmo für einen Bischofsstuhl vorgesehen hatte, erzählte er mit einem werbenden Unterton. Umsonst: »Lieber soll er Schreiber im hintersten Handelsposten an der Elbe werden, wenn du dafür am Leben bleibst!«

»Liebes, ich merke doch, dass du am Hof nicht mehr zufrieden bist. Du hast es zugegeben, neulich! Als Graf des Nordgaus werde ich genug Bewaffnete haben, um ... Ich werde nicht mehr täglich selbst zum Schwert greifen müssen, glaub mir! Unser Leben wird ruhiger werden. Wir können Handel treiben mit den Slawenfürsten im Osten, wir werden ein Auge auf Regensburg haben und die Kinder können an unserem eigenen Hof aufwachsen.«

Nach einer quälend langen Pause sagte sie: »Das wäre schön.« Irgendwann stand sie auf, er hörte sie in ihren Kleidern kramen. Dann setzte sie sich aufs Bett und betete leise zur Heiligen Jungfrau. Er hörte die Silben über ihre Lippen perlen und war wacher denn je. Er dachte an den Herrgott, bat um seinen Segen und zweifelte wie immer, ob er erhört wurde. Beten war wie das Werfen von Steinen an eine schwere Tür, die sich nicht bewegt, hinter der kein Geräusch ertönt. Früher hatte ihm das Angst gemacht. Aber er war ein Krieger ...

Ein Krieger fürchtet Gott, hat die Hand am Schwert und hofft das Beste.

Aus dem Hof der Burg drang nur noch gelegentliches Katzenkreischen und klirrende Geräusche der Wachen. War es schon nach Mitternacht? Arnulf warf die Laken von sich, stand auf und benetzte sein Gesicht an der Wasserschüssel.

Es war die erste warme Nacht des Jahres. In einem Streifen Mondlicht, der durch die Fensterluke fiel, sah er sie aufstehen. Ihre Arme gingen nach oben, sie streifte ihr Unterhemd ab. Dann stand sie vor ihm. »Ich werde dich hassen, wenn du nicht wiederkommst!«

Ihre Brustwarzen berührten seinen Leib und ihre Lippen fanden zueinander. Er presste sie an sich, sog ihren Geruch ein. Einen Augenblick standen sie so ineinander verschlungen, dann war ihre Zunge zwischen seinen Lippen. Er hob ihr linkes Knie an und zog sie kraftvoll auf seine Höhe. Ein kleines Ächzen kam aus ihrer Kehle, als sein Sporn den Weg fand. Und was sonst dauerte, mit quälend süßer Langsamkeit emporstieg, kam nun schnell und heftig: Wie ein blitzartiger Fieberanfall schüttelte es ihren Körper. Seine Lippen reichten nicht, um ihren Schrei zu dämpfen. Überrascht und beglückt presste er sie weiter an sich, spürte die Erlösung nahen, bei der seine Lenden jedes Denken und jede Faser des Körpers unterwarfen.

* * *

In dieser Nacht fand die sächsische Konkubine des Königs etwas Dünnes, Klebriges unter ihrem Kopfkissen. Sie weckte ihre Sklavin, die ein Öllicht entzündete. Da lag ein halbvertrocknetes, graubraunes Etwas auf dem Laken. Der königlichen Gespielin entfuhr ein Schrei, sie griff nach dem Arm der anderen, einen Augenblick hielten sie sich aneinander fest.

Ein Krötenbein verhieß Totgeburt und Unfruchtbarkeit!

Die Frauen rissen die gesamte Bettwäsche herunter und warfen sie in den Gang vor der Tür. Der König schlief nur zwei Kammern weiter, und die Sächsin hätte an seine Tür gepocht, hätte die Sklavin sie nicht zurückgehalten. Schließlich beruhigte sich die Konkubine genügend, um die Frage zu stellen: Wer machte so etwas?

»Ich weiß, wer es war«, flüsterte die Sklavin und breitete ein Fell auf dem Boden aus. »Und Ihr wisst es auch, Herrin.« Die Angesprochene lief hin und her und fuhr sich immer wieder durch die Haare. Sie war groß, mit langen Gliedern und einer kräftigen Hüfte, wie Karl es liebte. »Sein Weib …«, murmelte sie schließlich. »Sie will den König nur für sich, aber nicht mit dem Fleische. Sie hasst das Fleischliche, sie hasst mich. Sie ist krank und von Sinnen!«

»Manche sagen, sie hat dem Teufel ihre Seele verkauft und Schönheit dafür bekommen«, brachte die Sklavin hervor und kauerte sich auf den Boden. »Aber in ihren Augen, da sieht man das Böse!«

* * *

Nur zwei Kammern weiter jedoch schien die Königin auf den Pfad des ehelichen Gehorsams zurückgekehrt zu sein. Auf Karl, ihren Herrn und Gebieter, musste es so wirken: Fastrada hatte auf dem Schemel am Kopfende ihres Bettes ein Jaspisgefäß gestellt, das Olivenöl enthielt. Karl kannte dieses Fläschchen; das Öl diente dazu, die Dinge beweglicher zu machen.

Sobald er das Licht gelöscht hatte, legte er die letzten Kleidungsstücke ab, hob ihre Bettdecke an und legte sich neben sie. Sie lag mit halboffenen Augen auf dem Rücken, ihre Lippen bewegten sich: Es waren fromme Worte, Gnadenbitten und Lobpreisungen – ja, sein Weib zeigte Frömmigkeit in den am wenigsten erwarteten Augenblicken!

»Fastrada?« Seine Finger gingen über ihren flachen Bauch. Er spürte den Stoff des Nachthemdes, das bis zu ihren Waden reichte. *Noch eine weitere Verzögerung.*

»… und vergib uns unsere Schuld, wie auch wir vergeben unseren Schuldigern …«

Er wartete, bis sie fertig war. »Es ist schön, dass es dir wieder besser geht«, raunte er. Sie drehte den Kopf zwei Zoll in seine Richtung, ohne etwas zu sagen. »Du hast mich lange warten lassen«, fügte er noch hinzu. Wieder strich er über ihren Bauch. Dass sie wie ein Brett liegen blieb, die Beine eng zusammen, war eine erste Abkühlung seiner Begierde. Er seufzte, und als sie immer noch schwieg, reichte er tief hinunter, um den Saum des Nachthemds in die Finger zu bekommen. Er zog ihn nach oben, aber auch jetzt kam sie ihm mit keiner Regung entgegen.

»Was soll das, Weib?«

»Die Jungfrau Maria erschien mir im Traum«, sagte sie, irgendwie steif, als beichte sie einem Priester. »Mein Leib wird wieder gesegnet werden, mit einem Jungen. Das hat sie selbst mir prophezeit!«

»Das wäre kein Unglück, meine Liebe«, murmelte er und zog seine Rechte von ihrem warmen Oberschenkel zurück – ihm schwante etwas.

»Gib diesem unserem Sohn Bayern als Regentschaft, Karl! Schwör es mir hier und jetzt, beim Angedenken an deine Mutter! Sonst wird er ein Habenichts sein, herumgestoßen von deinen Söhnen, die alle irgendeine Krone tragen werden.«

»Verdammt, das gehört nicht hierher«, knurrte er und spürte, wie das Blut aus seinem Unterleib entwich. »Hast du dein Öl ans Bett gestellt, um mir das noch einmal zu sagen, he?«

»Schwöre es mir, Karl«, wiederholte sie. Er griff nach ihrem Kinn und drückte die Wangen zusammen. »Du wirst mir nicht sagen, wem ich sein Erbe wegnehme und wem ich es gebe! Du bist eine solche Närrin!« Er stieß ihr Gesicht in das Kissen zurück und quetschte gleichzeitig ihre Wangen, sodass ihr ein Schmerzenslaut entfuhr.

»Ihr tut mir weh, Herr!«, rief sie und rutschte wohl nicht zufällig in die offizielle Anrede zurück. Er richtete sich auf und sah halb im Sitzen auf das nur schemenhaft wahrnehmbare Gesicht. »Du solltest zu meiner Rheinfränkin gehen und lernen, wie man einem König willfährig ist! Jedes Knechtsweib weiß, dass sie die Beine breit machen muss, um ihren Mann günstig zu stimmen.«

»Pfui«, rief sie. »Ihr redet wie der niedrigste Krieger!« Er richtete sich auf die Knie auf und riss ihr Nachthemd hoch bis zu den Lenden, kräftig zupackende Hände spreizten ihre Beine. Er starrte auf das Dunkle dort, dann auf ihr Gesicht, in dem nur die Augen erkennbar waren. »Vorsicht, Weib! Ein Krieger braucht kein Öl, um eine Frau zu nehmen!« Aus ihrer Kehle kam ein Geräusch, das Angst hätte sein können. Doch dann, in kaltem Ton: »Ein Hund auch nicht.«

Er atmete aus und schleuderte ihre Beine von sich wie etwas Ansteckendes. Bebend stieg er aus dem Bett. Dann griff er nach dem Jaspistiegel und warf ihn in die Dunkelheit. Mit einem scharfen Knall zerplatzte er an der Steinwand.

Kapitel XIII

Nördlich der Augsburg, Juni 787

Tage später durchquerten Treiber mit etwa zwei Dutzend Pferden den Lech von West nach Ost. Einige der Männer trugen lederne Koller, die den oberen Teil des Rumpfes schützten, andere vollständige Lederpanzer und weitere eine bloße Tunika. Keiner hatte einen Helm, denn ein Helm hätte nach Kriegsmann ausgesehen. Auf den Schilden, die an den Flanken der Reitpferde hingen, waren keine Kreuze, sondern Tiergestalten oder bunte Muster aufgemalt. Das Packpferd am Ende der Kavalkade trug in Zeltbahnen verzurrt das Lager- und Kochgerät, das ein Dutzend Mann auf einer Reise von zwei oder drei Wochen benötigte.

Die Auswahl der Männer war holpriger verlaufen als nötig. Erste Gerüchte aus der Hofkanzlei waren zu den Offizieren durchgesickert. Sie ließen ihre Männer wissen, dass ein geheimer Schlag gegen Tassilo anstand, der vom König selbst ersonnen war. Sobald Arnulf Gallo und Sigfrid beauftragt hatte, einige geeignete Krieger auszusuchen, drängte sich die Hälfte der Hundertschaft auf, um mitzumachen. Arnulf hatte sogar andere Hundertschaftsführer abgewiesen, die mittun wollten, ohne genau zu wissen, wobei.

Sie gaben sich als sächsische Pferdehändler aus dem nördlichen Grenzland um Casila[5] aus, einem Ort südlich des Zusammenflusses von Werra und Fulda. Sie waren unterwegs zum gro-

---

5   Kassel

ßen Pferdemarkt in Regensburg, wo Aufkäufer aus aller Herren Länder hohe Preise für gute Rösser zahlten. Sächsische Pferde waren berühmt für ihre Robustheit und Ausdauer. Mit Genugtuung musterte Sigfrid die Tiere, als die Reiter einer nach dem anderen wieder das bayrische Ufer erreichten. Er brauchte keine Schauspielerei für die Rolle des Pferdehändlers. Seine geraunte Frage, wer dieser Verwandte Tassilos sei, den man finden wollte, prallte an Arnulf ab. »Ich erzähl's Euch, wenn wir am Ziel sind.«

Sie machten sich zum Weitermarsch bereit, als sie zwei Reiter von hinten auf der Augsburger Straße herantraben sahen. Gallo schnalzte mit der Zunge. »Der Vordere sitzt im Sattel wie Ihr selbst, *hamar* – Familienbesuch?!« Arnulf stieß einen Fluch aus und verfolgte mit zusammengepressten Lippen, wie die Reiter von der Straße abschwenkten und auf sie zukamen, ganz so, als hätten sie ihr Ziel gefunden.

Es war Arthur, tatsächlich! Mit einem unsicheren Grinsen kam er auf seinem nussbraunen Königspferd zum Stehen, neben einem Burschen von etwa dreißig Jahren, der eine Schaffellweste trug und eine Filzmütze mit ein paar bunten Vogelfedern. Arnulfs Gesicht versteinerte.

»Verzeiht, Vater, aber … hört mich erst an!« Er sprang vom Pferd und stieß ein paar Sätze aus, die er sich offenbar genau überlegt hatte. Der mit der Schaffellweste kraulte sich unterdessen das Bärtchen, unruhig wanderten seine Augen hin und her.

Stoßweise erzählte Arthur: Wie der Königsohn Ludwig zu ihm kam und erzählte, dass die Königin Arnulfs Truppe einen Kerl aus Regensburg als ortskundigen Führer hinterherschicken wollte; wie Ludwig ihn gefragt hatte, ob Arthur den von Arnulf eingeschlagenen Weg kannte. »Ich hab' mich natürlich nicht gedrückt, Vater! Ich wusste ja, wo Ihr lang seid, weil ich Euch ein Stück begleitet hatte. Und sobald wir ein gutes Stück Weg geschafft hatten, na ja, da hat Ludwig mir zugeredet. Er wollte, dass ich mitkomme. Er meinte, wir sind bald wieder zurück, sobald wir den Bayern zu Euch gebracht haben.«

Arnulf stemmte die Hände in die Hüften. »Und warum zum Teufel ist dieser Weichspargel Ludwig nicht hier, sondern nur du und der Regensburger?«

»Weil … eine Wespe hat Ludwig ins Ohr gestochen, da waren wir schon eine Weile unterwegs … Der Kopf schwoll ihm an, und dann ist er umgekehrt. Aber Nibelung, der Bayer, wollte weiter, er traute sich nicht umzukehren. Und ich, ich hab' – ich dachte mir, allein kommt der gar nicht an bei Euch, und …«

»Verdammt nochmal«, knurrte der Vater und zog Arthur ein paar Schritt zur Seite, zwischen die Apfelbäume. »Was für eine alberne Geschichte! Warum hast du nicht den Mut die Wahrheit zu sagen: Dass du unbedingt mitwolltest? Dass du wahrscheinlich diesen Ludwig bekniet hast, mitzukommen?«

Arthur schüttelte den Kopf und rang die Hände. »Nein, Vater, ich wäre auch umgekehrt, aber Nibelung, der hatte Angst, der Königin wieder unter die Augen zu treten …«

»Büffelscheiße!«, stieß Arnulf aus. »Was haben wir mit diesem Kerl zu schaffen? Er kann dir gleich sein! Was hast du Mutter beim Aufbruch erzählt?«

Arthur schlug die Augen nieder. »Sie … es war keine Zeit. Sie weiß nichts davon.«

Das Klatschen der Ohrfeige konnte jeder der Krieger hören. Ein Ruck ging durch Arthur, Überraschung und Wut blitzten über sein Gesicht und seine Hände waren plötzlich auf Höhe des Waffengürtels. »Ihr – Ihr dürft mich nicht schlagen«, knirschte er.

»Ach, nein? Wenn du dich wie ein dummes Kind benimmst, Junge, dann wirst du wie ein Kind behandelt!«

»Ich … einen Freien schlägt man nicht«, presste Arthur hervor und zog die Schultern hoch, als bereite er sich auf einen Kampf vor.

»Weißt du, was schlimmer ist, als ein Unfreier zu sein?«, grollte Arnulf, den Sohn mit Blicken durchbohrend. »Ein toter Freier! Du aber musst leben! In zwei, drei Jahren kannst du den Schutz unserer Familie übernehmen, selbst wenn ich nicht mehr da bin. Hast du mal daran gedacht? Wer kümmert sich um Mutter und deine Geschwister, wenn wir *beide* untergehen?«

Arthur schluckte, biss sich auf die Lippen und zog den Waffengürtel mit beiden Händen hoch. »Schickt mich nicht zurück, Vater! Ich kann Euch nutzen! *Bitte!*«

* * *

Zwölf Mann waren sie gewesen, wie die Apostel Jesu, witzelte Gallo; nun zählte man vierzehn. Ob dem Herrn das gefallen könne? Seine Männer grinsten, andere schwiegen, weil sie das westfränkische Genuschel kaum verstanden. Oder weil sie Arnulf nicht zusätzlich reizen wollten.

Der Bayer, Nibelung, hatte das joviale Gebaren von Menschen, die ihren Unterhalt mit Handel verdienen: etwas Gefälliges und gekünstelt Unterwürfiges, das Arnulf nicht recht schmeckte. Dass Nibelung seinen Blicken auswich, machte es nicht besser. Bis vor wenigen Jahren, erzählte der Kerl, hatte er auf einem Hof nahe der Regensburg gelebt und einen Handel mit Jagdfalken betrieben. Auch an den Hof des Herzogs hatte er Vögel verkauft. Wegen einer Fehde musste er irgendwann aus der Heimat fliehen, um in alemannischen Gefilden zu stranden. In der Augsburg hatte er es geschafft, die Aufmerksamkeit der Königin zu erregen, denn er besaß noch einen kostbaren Vorrat an Pfauenfedern. Nibelung schilderte das Folgende wie zuvor Arthur: Während Karl selbst mit Edlen über Truppenabordnungen verhandelte, beauftragte die Königin Ludwig, Arnulf unter dem Schutz einiger Krieger einzuholen. »Die Königin befahl, dass ich mich Euch anschließe, Herr«, sagte der Vogelhändler wie zur Entschuldigung. »Ich kenne die Herzogspfalz. Ich kann Euch helfen, bei allem, was Ihr vorhabt.«

»Was habe ich denn vor?«, fragte Arnulf mit ausdrucksloser Miene. Der andere zuckte heftig mit den Achseln und versicherte, dass die Königin nur von »einer wichtigen Sache« gesprochen hätte.

Arnulf legte die Stirn in Falten, während die Pferde locker im Trab nebeneinander herliefen. Die Sache war reichlich unübersichtlich; zumal alles, was mit der Königin zu tun hatte, gut für böse Überraschungen war. Andererseits: Einen Ortskundigen in der Regensburg zu haben, konnte ein entscheidender Vorteil sein. Gallo, der auf der anderen Seite von Nibelung ritt, wollte wissen, wieviel Silber er für einen guten Jagdfalken haben wollte. »Augenblick«, unterbrach Arnulf. »Eine Sache, Nibelung, erklärt Ihr mir besser noch: Warum seid Ihr selbst nicht umgekehrt, als der Königsohn das tat?«

Für einen Moment schien der Mann sich zu ducken. »Die Königin kann sehr streng sein, Herr, und sie machte sehr deutlich, dass ich Euch einholen muss ...«

»Kein Grund, sein Leben zu riskieren, wenn man nicht will«, knurrte Arnulf.

»Herr, ich komme aus dem Stand der Unfreien«, sagte Nibelung schnell. »Mein Vater war ein Höriger. Die Königin versprach, dass sie mich zum Freien macht, wenn ich Euch gut diene.«

Arnulf tauschte einen Blick mit Gallo aus: Erfunden klang es nicht. Die volle Freiheit zu erhalten, war etwas Kostbares für einen Unfreien. In etwas freundlicherem Ton befahl Arnulf Nibelung, die auffällige Federhaube verschwinden zu lassen. Dann zügelte Arnulf sein Pferd und ließ sich zurückfallen. Ganz hinten, als letzter der Männer, ritt Arthur. Arnulf griff in die Satteltasche und zog ein schwarzes Tuch hervor, das einem

Krieger gehört hatte, den Awarenpfeile durchbohrt hatten. Mit grimmigem Gesicht warf er es Arthur zu. Der sah ihn überrascht an. *Absolution?*

»Für Mund und Nase, Junge!« Wenn die Sonne die Straße durchtrocknet, würde Arthur zum Staubfresser werden. Der letzte Treiber ritt hinter drei Dutzend Pferden her. »Du bleibst letzter Mann!«, rief er seinem Sohn zu.

Lern die staubige Seite des Heldentums kennen, Junge!

Kapitel XIV

Der Königshof Ingoldestat, Juni 787

Nach einem ausgiebigen Mahl in der großen Halle des Königshofes Ingoldestat zog der Herzog Tassilo sich mit den Heerführern in eine Ecke zurück, die mit Zeltbahnen abgeteilt war. Eine leere, rußige Feuerstelle sorgte für etwas Zugluft. Obwohl die Schweinsblasen aus den Fensteröffnungen entfernt worden waren, hing die Luft stickig im Raum. Mücken umschwirrten sie, den Bischof von Salzburg, den Grafen Fago und zwei weitere Heerführer, nur der alte Aware schlug nicht nach den Quälgeistern. Bewegungslos wie eine Bronzeskulptur saß er auf einem Stuhl ohne Lehne. Hinter ihm stand einer seiner Söhne, ein am Lech erbeuteter Schuppenpanzer hing etwas unförmig am schmalen Körper herab. Silbergefasste Riemenzungen klickerten an seinem Gürtel, ein Geräusch, das jede Bewegung der Awaren begleitete. Seine Züge glichen trotz der gelblichen Haut denen eines Christenmenschen, denn der Steppenfürst hatte auch bayrische Frauen in seinem Harem.

Von »Durst« sprach der Halbaware mit unangenehmer Lautstärke. Der Mundschenk kam herbei, um ihm einen Becher zu reichen – gläserne Becher, die *villa* des Königs war gut ausgestattet. Doch der Dreiste beachtete ihn nicht und erzählte etwas vom »Durst der Krieger auf das Blut der Feinde«! Vom Hunger auf Gold und Silber, einem Hunger, der die Truppen unruhig machte …

Tassilo lief rot an. Aber natürlich sprach der Sohn des Kaghans die Gedanken des Vaters aus, der die Runde mit einem sphinxhaften Lächeln musterte. Dann beugte sich der Salzburger Bischof Virgil zu Tassilo hinüber, ein nicht mehr ganz junger Mann mit kahler Stirn, Hakennase und einem ringartigen Bart um den Mund. »Müssen wir das lästerliche Gerede dieser Heiden ertragen, Herr?«

»Solange sie Franken töten, ja!«, zischte Tassilo.

Aber dann murmelte der Bischof vom Ostrand des Herzogtums etwas in seinen Wein, das Tassilo wie ein Zahnschmerz fühlte: »Atto von Freising ist nicht mit uns, der Awaren wegen. Er fürchtet den Zorn des Allmächtigen.«

Wütend leerte der Herzog seinen Becher. Freising, das Bistum stand für den Glanz des Heiligen Korbinians, dem bayrischen Kirchenvater. Man musste diesen Pfaffen auf Kurs bringen!

Schließlich sprach der Kaghan selbst. »Die Augsburg ist reich an Silber, Sklaven und Pferden«, hub er an und musterte Tassilo aus schmalen Augen. »Wir hätten sie nehmen können. Man erjagt keine Schätze, wenn man wie ein Rinderhirt umherzieht.«

»Und man gewinnt keinen Krieg durch Drauflosstürmen«, erwiderte Tassilo mit erzwungener Ruhe. »Ihr werdet Eure Beute machen, glaubt mir.«

»Die Salzburg wäre leichte Beute«, sagte der Steppenfürst und prostete dem Bischof Virgil dreist zu. Der ballte eine schrundige Faust. »Keinen Fuß setzt Ihr in die Salzburg, solange Gott mich leben lässt.«

»Genug davon!«, rief Tassilo rau. »Wir haben denselben Feind, bei allen Heiligen! Zwischen den Franken und Eurer Steppe, großer Kaghan, stehen nur wir Bayern, das wisst Ihr. Bündeln wir unsere Kräfte, dann können wir ihn besiegen. Den großen Heerbann wird Karl nicht aufrufen, denn dann lassen wir den Sohn seines ermordeten Bruders bei einer Reichs-Synode auftreten. Die ganze falsche Karls-Heiligkeit würde zu Schanden gehen. Nicht wahr, Euer Gnaden?«

Virgil berührte das Blechkreuz auf der Brust und nickte mit grimmiger Miene. »Mag sein. Aber Karl hat genug Vasallen, die ihm auch ohne Heerbann folgen. Ganz sicher der Graf von Trient mit seiner Langobardensippschaft.«

»Müssen wir die fürchten, Graf Fago?«, frage Tassilo kalt. Der Angesprochene schüttelte den Kopf, eisgraues Barthaar wischte über den Kettenpanzer, den er nie abzunehmen schien. »Ich hab' sie letztes Jahr geschlagen, Herzog«, dröhnte der Fürst. »Mit Gottes Hilfe schlagen wir sie wieder!«

Tassilo beugte sich vor, seine Blicke wechselten zwischen Fago und dem Kaghan. »Der Graf von Trient kam mit einem sehr großen Tross, nicht wahr?«

Fago hob sein Glas: »Er trank seinen Wein aus goldenen Kannen.«

Tassilo hob ebenfalls den Becher, trank und erzählte, dass allein der Tross der Langobarden dreimal so viele Schätze geborgen habe wie die ganze Augsburg. Worauf sich die Lippen des Awaren zu einem dünnen Lächeln kräuselten. »Wir werden uns zwischen Isar und Inn auf die Lauer legen«, sagte er, als treffe er selbst die Entscheidungen. Tassilo grinste großmütig und hob den Becher. »Wenn Ihr Euch nach Süden wendet, liegt das Freisinger Kloster auf dem Weg. Ich setze Euch eine Botschaft auf, die Ihr dem Bischof bringen werdet …«

* * *

Das Zechen war noch im vollen Gange, als sich die Herzogin Leutberga zurückzog. Auf dem Weg vom Gottesdienst zu ihrer Unterkunft – man hatte den königlichen *fiscus* und seine Familie daraus vertrieben – sah sie einen Mann im Schatten eines

Hüttendachs stehen, die Arme über der Brust verschränkt, der halblaut eine alte Weise pfiff. Leutselig setzte sie die Plauderei mit ihren Zofen fort, bis sie die Gemächer hinter der großen Halle erreichten. Noch drang der Lärm der Tafelnden durch die Wände aus Lehm und Weidengeflecht. Sie ließ sich die Nachtwäsche anziehen und das Haar durchbürsten, dann entließ sie die Frauen. Die Herzogin schloss die Tür, ohne den Riegel vorzuschieben.

Als sie Hände und Gesicht über der Wasserschüssel wusch, knarrte kurz die Tür. Dann stand Uto im Raum. Er hatte die kräftige Stirn des Herzogs mit der ausgeprägten Brauenpartie, doch die Nase war schmal und die Lippen fein geschnitten, kaum verhüllt von dem dünnen Bart, der in Form eines Halbmonds das Kinn hinunterwuchs.

»Ihr wagt viel«, raunte sie und trocknete ihr Gesicht ab, dann die Handflächen und die Finger. Er grinste und blieb mit einer Armlänge Abstand vor ihr stehen. Er war einer, den Überheblichkeit schöner machte. »Der Tag, Herrin, an dem ich nichts mehr wage, ist mein erster Tag in der Totenwelt.« Seine Augen schweiften durch den teppichlosen Raum, spöttisch verzog er das Gesicht. »Kein Quartier für eine Königstochter.«

»Karl hat wenig für Luxus übrig, heißt es«, sagte sie mit kühlem Lächeln. »Dieser Ort wird anders aussehen, wenn wir den König beerben.« Er brummte etwas und sie spürte seine Ungeduld und seinen Hunger und fragte sich, ob sie diesen Mann und seine Triebe im Zaum halten konnte. In einem Winkel ihrer Seele genoss sie es, von dem Jüngeren begehrt zu werden. Aber diesem Gefühl durfte sie nicht noch mehr Raum geben, es durfte die große Aufgabe nicht gefährden!

»Ich habe etwas für Euch, Herrin«, sagte er und nestelte an seinem Gürtel. Dann stand er wenige Zoll vor ihr. Sie sahen einander direkt in die Augen. Leutberga war großgewachsen, genauso groß wie Uto. Er hielt ihr eine Brosche von seltener Schönheit vor die Brust: ein zwei Zoll breites Goldrund mit einem Rubin, mit Gold umfasst, eingerahmt von zwei kleineren Saphiren. »Nehmt das, Herrin!«

Ihre Hand schloss sich um das Kleinod, gerührt und gleichzeitig erschrocken. »Ihr dürft einer Herzogin nicht solche Geschenke machen«, sagte sie und versuchte, es wie einen Vorwurf klingen zu lassen. Seine Miene bekam etwas Flehendes. »Ich will, dass Ihr es unter Eurem Kleid tragt, bitte!«

Sie schluckte. »Geht jetzt«, flüsterte sie. »Er kann jeden Augenblick kommen.«

»Schickt mich nicht weg wie einen Hund«, stieß er aus, und erstmals hörte sie etwas wie Verletzlichkeit in seiner Stimme. Er sah sich um und entzündete das Öllicht auf dem winzigen Tisch in der Ecke, auf dem ihre Fläschchen und Tinkturen standen. Dann streifte etwas ihren Knöchel und sie zuckte zusammen – ihre Katze huschte vorbei. Das schwarzweiß gefleckte Tier sprang auf das Fensterbrett und blieb dort abwartend stehen. Er lächelte nun wieder, eher freundlich als überheblich. Er nahm ihre Hand und beugte sich etwas vor. Seine Lippen sogen ihre Lippen förmlich an. Er schmeckte besser als der Herzog, aber nun bekam sie Angst. Sie stieß ihn von sich. »Geht jetzt, rasch!«

Für einen Wimpernschlag leuchtete etwas Wildes, Grausames in seinen Augen auf. Da ertönten trunkene Wortfetzen im Gang. »Hinaus, bei Gott!«, stieß sie aus. Aber für die Tür war es zu spät … Hastig zerrte sie den Rahmen mit der gespannten Schweinsblase vom Fenster. Als der Herzog der Bayern wenig später in die Stube polterte, lag seine Frau im Unterkleid auf dem Bett, die Haare noch nicht geflochten. Die kleine Fensterluke stand offen.

»Wollt Ihr alle Stechfliegen Bayerns anziehen?«, grunzte er, rülpste und verschloss das Fenster. Achtlos ließ er den Waffengürtel auf den Boden krachen, dann streifte er auch die Herzogskette ab. »Mir ist nicht gut, Herr«, murmelte sie und berührte ihre Schläfe.

»Nicht gut, Täubchen?« Der Wein verwischte seine Aussprache, er war trunken wie ein Knecht vor dem Fest des Herrn. »Aber am Lech, da war dir besser denn je, nicht wahr? Von dem Feuer muss doch etwas in dir sein, was?«

Kapitel XV

Im Herzogtum Bayern, südlich der Donau, Juni 787

Die Sonne schien und sog die letzte Nässe aus dem Untergrund der Straßen und Wege. Bald schon atmete Arthur Staub. Wenn er sich mit einer Hand über das Gesicht fuhr und durchs Haar, fühlte es sich an, als würde er selbst zu Staub. Ab und an versuchte er, einen Blick seines Vaters zu erhaschen. Musste der nicht irgendwann Mitleid bekommen und ihn ablösen? Aber wenn Arnulf mit ihm sprach, machte er wenig Worte, in nüchternem Ton.

Arthur blieb letzter Mann.

Manchmal hörte er das Feixen der Krieger und überlegte, ob sie sich über ihn lustig machten. Der Gedanke schmerzte. Aber eine andere Stimme sagte ihm, dass sein Vater mit ebendiesen kampfgestählten Burschen nicht viel anders sprach als mit ihm selbst. War Arthur also jetzt einer von diesen Scarakriegern? Irgendwie schon, beschloss er. In Gedanken sah er sich Schlachten kämpfen und die größten Krieger des Feindes niederringen. »Halt dich erstmal ans Bogenschießen, fürs Lanzenstechen bist du noch zu leicht!« Die Worte seines Vaters gingen ihm durch den Kopf und komischerweise ärgerten sie ihn in diesem Augenblick noch mehr als neulich am Lech, denn er wusste selbst, dass er noch wachsen musste, kräftiger werden musste. Half Staub fressen dabei? Nein. Aber ermutigende Worte seines Vaters hätten die Wartezeit verkürzen können, fühlte Arthur, ohne dass er sich das wirklich eingestehen konnte.

Der empfindliche Stolz eines Halbgaren ließ es nicht zu. Dass sein Vater kaum jemals von seinen Kämpfen erzählte, blieb für Arthur ein Rätsel. Die gleichaltrigen Freunde des Jungen wussten mehr als er von manchem Feldzug, weil deren Väter damals in Arnulfs Nähe gewesen waren. Wie konnte das sein?

Umso dankbarer war Arthur für Aufmunterungen von Sigfrid, der sich immer einmal wieder mit dem Pferd auf seine Höhe zurückfallen ließ. Dann zeigte der Sachse ein breites Grinsen mit weißen Zähnen, wies auf einzelne Rösser vor ihnen und sprach über ihre Eigenarten, als wären sie Kreaturen wie die Menschen auch. Obwohl Gott diese Tiere eigentlich nur zum Reiten gemacht hatte. Ein gelbbraunes Pferd, das sie ›Bernstein‹ getauft hatten, schweifte gerne einmal von der Straße ab, um frische Gräser zu fressen oder nach den zarten Trieben an den Ästen der Bäume zu haschen. Arthur musste ihn dann wieder antreiben, um nicht den Anschluss zu verlieren. Ein Schimmelhengst hingegen fing immer wieder Streit mit einer Fuchsstute an, auf die galt es noch mehr aufzupassen. »Der Weiße ist dumm«, rief Sigfrid ihm zu. »Er denkt, der Fuchs ist ein Kerl und will Streit, dabei ist's eine Füchsin, er sollte ihr ein paar Rüben schenken.« Arthur grinste bei der Vorstellung und schmeckte sofort neuen Staub auf Zähnen und Zunge.

Ihr Weg führte sie nach Norden, zur Donau. Südlich des Stroms nach Regensburg zu reiten, wäre für angebliche Sachsen verdächtig gewesen, weil sie zu weit ab von den üblichen Verkehrswegen unterwegs wären. Als sie die Pferde auf das flache, floßartige Fährboot trieben – jeweils fünf Pferde und entsprechend viele Krieger passten hinein – , gingen die Männer nicht auf die neugierigen Fragen der Fährleute ein. Niemand durfte sie für das halten, was sie waren, zu schnell hätte eine Warnung ihren Weg nach Regensburg finden können! Damit die Schweigsamkeit wiederum keinen Verdacht erregte, ließ Arnulf ein paar Worte fallen über eine angebliche Fürstenhochzeit im fränkisch-thüringischen Grenzland, zu der sie unterwegs waren, mit Pferden als Geschenken.

Arthur betrat die Fähre mit einem mulmigen Gefühl, das er sich nicht erklären konnte. Von Ufer zu Ufer waren es höchstens zwei Bogenschüsse weit, aber die Strömung in der Flussmitte schien recht stark. Sigfrid stand im Bug mit Arnulf, sie besprachen irgendetwas. Arthur stand neben Bernstein, der Anstalten machte, die Bootskante anzuknabbern. Als sie ablegten, wurde das Tier unruhig. Arthur strich ihm über den Hals und murmelte Worte, die beruhigen sollten. Auch die anderen Tiere stampften nervös, aber die Männer um Arnulf herum schien das kalt zu lassen. Dann bemerkte Arthur, dass der Schimmel und die Fuchsstute nahe beieinander standen – niemand hatte daran gedacht, sie zu trennen. »Schweiger!«, rief er dem hageren Sachsen auf der anderen Seite des Bootes zu. »Gebt auf den Schimmel Acht!« Der Mann, der etwa dreimal so alt war wie Arthur, grunzte etwas und packte den Weißen an der Mähne. Doch im selben Augenblick drängte das Tier nach vorn und biss nach der Fuchsstute. Das bedrängte Tier wieherte erschrocken auf – und sprang über Bord.

»Satan!«

»Schnell, eine Seilschlinge!«, rief Arnulf dem älteren der beiden Fährleute zu. Der verstand sofort, was Arnulf wollte, gab ihm ein Seil, in das der Kriegsmann blitzschnell eine Schlinge knüpfte. Er warf sie – und verfehlte den Hals des Pferdes, das nun schnell abgetrieben wurde. Flüche flogen über das Deck, alle starrten auf den aus den Fluten aufragenden Pferdehals. Arthur sah die aufgerissenen Augen der Stute und klammerte sich förmlich an Bernstein fest: *Du bleibst hier, beim Bonifaz!*

Dann sprang Sigfrid kopfüber ins Wasser. Mit angehaltenem Atem verfolgten Arthur und die anderen, allesamt überrascht von dieser Tat, wie der Sachse mit kräftigen Schwimmbewegungen auf die Stute zuhielt. Ein Seufzen ging durch die Männer, als er den losen Strick um den Hals des Tieres zu fassen bekam, den jedes der Pferde trug. Gebannt verfolgten die Krieger, wie Sigfrid das mit der Strömung kämpfende Pferd in Richtung des anderen Ufers manövrierte. Kurz nach dem Anlanden der Fähre stapfte der Sachse mit dem Pferd ein gutes Stück unterhalb der Anlegestelle ebenfalls an das Ufer, triefend und keuchend.

Während Arthur Bernstein neben seinem eigenen Pferd an ein paar Pfosten band, lief Arnulf dem Kameraden ein Stück entgegen. Kräftig klopfte er ihm auf die Schulter, zu lächeln schien er dabei nicht. »Euer Leben ist mir mehr wert als das Ross, Sigfrid!«, rief der Hundertschaftsführer.

Der Sachse grinste, die Tropfen hingen im blonden Bart wie Perlen. War nicht alles gut gegangen? Die anderen Krieger riefen ihm Glückwünsche zu, andere aber missgönnten ihm den Erfolg. Während Sigfrid die nasse Tunika über den Kopf zog, um sie auszuwringen, sagte Gallo in schnoddrigem und keinesfalls leisem Ton: »Das hat der Wodansbruder nur gemacht, um mal sauber zu werden!«

Schon traf das nasse Überhemd den Welschen mit lautem Klatschen im Gesicht. Gallo fluchte derb, das Wort »Bastard« fiel und plötzlich war eine Rangelei im Gange. Die nervös tänzelnde Fuchsstute wäre wohl davongelaufen, wenn Arthur sie nicht sofort am Strick gepackt hätte. Während die Krieger Stöße und Beschimpfungen austauschten, führte Arthur das zitternde Tier zum Pfosten, band es rasch zwischen dem völlig ruhigen Hasel und dem an seinem Strick ziehenden Bernstein an. Er strich der Stute über die Nüstern und den Hals, wie er es oft genug bei Arnulf und den anderen gesehen hatte.

»Ruhig, meine Gute, ruhig, heute musst du nicht mehr baden, ruhig …«

Hinter sich hörte er, wie sein Vater dazwischen ging. »Hört auf, Ihr Narren!« Sie starrten ihn verlegen an, zurrten ihre Gürtel zurecht und zupften an ihren Kleidern. »Ihr benehmt Euch wie Halbgare, verdammt!«, knurrte der Offizier und dann fing Arthur den Blick seines Vaters auf. Dass der Halbgare sich wie ein vernünftiger Pferdeführer benahm, sagte dieser Blick. »Arthur, du reitest ab sofort vorne, bei mir.« Arthur brach in ein breites Grinsen aus, sein Herz klopfte schneller. Und noch etwas lauter fügte sein Vater und Anführer hinzu: »Die Welschen übernehmen den Schluss!«

* * *

Die Uferstraße verlief in sicherer Entfernung zum Flussbett, denn Hochwasser drohte noch jede Straße fortzuspülen. Mit Bedacht umgingen sie Ingoldestat in einem nördlichen Bogen, um nicht auf Truppen des Herzogs zu stoßen. Immer wieder geriet Arnulf ins Grübeln. Er konnte sich nicht vorstellen, dass man den kostbaren Königsneffen Grifo außerhalb der Festung Regensburg unterbringen würde. Passau oder Salzburg waren zwar abgelegener, aber dort hinten hätte Tassilo keinen schnellen Zugriff auf seinen kostbaren Gast. Grifo sei »ein Hebel, den sie unter meinen Thron schieben wollen«, so hatte der König es in Worte gefasst, unmittelbar vor ihrem Aufbruch.

* * *

Einige Stunden nach der Flussüberquerung rasteten sie an einer Steinruine nahe einem einladend plätschernden Bach. Die von Efeu und Bäumen überwucherten Trümmer stammten aus der Römerzeit, behauptete Nibelung, und sie wären verhext. Ein Mann habe hier den Sohn seines Nachbarn erschlagen und ihm das Fleisch als Mahl serviert. »Erspart mir die Geschichte«, entfuhr es Arnulf mit einem leichten Schauder. »Erzählt mir lieber alles über die Herzogspfalz: Wie groß, wie stark bewacht, wie viele Eingänge?«

Doch nun fing Nibelung an zu fabulieren. Nannte den zentralen Palas eine Lindenburg, die um einen uralten Baum herumgebaut war, den der Stammvater von Tassilos Geschlecht gepflanzt hätte. »Ist dieser Baum höher als die Mauern? Kann man über seine Äste in den Palas hineinklettern?«

Der Bayer stutzte, dann schüttelte er mit jovialem Grinsen den Kopf. »Nein! Die Linde steht in einem engen Innenhof … aber wenn Ihr Euch hineinschleichen wollt: Es heißt, dass es einen Geheimgang gibt, der eine Mönchszelle außerhalb der Stadt mit dem großen Turm der Pfalz verbindet. Ein römischer Befehlshaber hat sich mal durch diesen Gang gerettet, heißt es, während einer Belagerung, vor hunderten von Jahren …«

»Heißt es das?«, knurrte Arnulf mit einer Anwandlung von Sarkasmus. Wusste dieser Bursche denn irgendetwas genau? »Was ist mit diesem Turm? Der König erwähnte ihn. Was genau ist da drin?«

»Römerturm nennen sie ihn«, antwortete Nibelung beflissen. »Ein großer Bau, von oben kann man die Schiffe auf der Donau zählen. Im Keller sitzen Tassilos Gefangene, sagt man.«

»Das reicht«, quetschte Arnulf mit einem Kopfschütteln hervor. »Ich habe keine Ahnung, warum die Königin glaubt, dass ein Schwätzer wie du uns helfen kann. Am liebsten würde ich dich fortjagen.«

»Aber Herr, ich kenne viele Händler in der Stadt, ich kenne den Falkner des Herzogs und …«

»Schweig, Mann!« Arnulfs Blick war eindeutig. Der Bayer schien den nächsten Satz zu verschlucken und starrte Arnulf an wie ein Lemming, der gleich vom Marder getötet wird. »Wir werden uns in Todesgefahr begeben, das ist dir vielleicht nicht klar«, sagte Arnulf etwas freundlicher. »Du hältst deinen Schnabel, bis wir die Regensburg erreichen. Sprich zu niemandem! Und dann ... dann brauchen wir eine gute Idee.«

* * *

Abends saßen sie in einer Ecke einer verräucherten, halbdunklen Baracke: dem Gästehaus eines Klosters. Fliegen umsummten die Esser, eine Erbsensuppe köchelte in einem Eisentopf über offenem Feuer, in der ein Knecht des Klosters rührte. Arnulf und seine beiden Truppführer tranken dünnes Bier aus großen Humpen, zerteilten zwei Hühner und musterten immer wieder die Kerle an den anderen Tischen. Bald kam die Rede wieder auf den Vogelhändler und die seltsamen Umstände, unter denen er sie eingeholt hatte. Gallo insbesondere hatte wenig übrig für den Burschen. »Ich kann einem Kerl vertrauen, der in der Schlacht neben mir gestanden hat – aber der? Ich sage, hängen wir ihn an einem Baum im Wald auf! Und wenn wir zurückkommen ...« – er leckte seine fettige Finger ab – »... nehmen wir ihn wieder ab und bringen ihn der Königin mit! Bis dahin hat sie vergessen, dass sie den Kerl jemals losgeschickt hat ... weil sie ein neues Spiel treibt mit irgendeinem, der ihr nicht liegt!«

Sigfrid gluckste unfreiwillig bei dieser Vorstellung, dann wurde er ernst. »Herr, erzähl uns endlich, was wir vorhaben.« Und ausnahmsweise nickte Gallo nach diesen Worten des Gefährten. Es wurde Zeit!

Arnulf zögerte, doch es ergab immer weniger Sinn, die Kameraden im Dunkeln zu lassen. »Es geht um einen Neffen des Königs, Leute«, raunte er über den Tisch. »Karls Feinde sagen, der König habe damals den Vater dieses Burschen, also den eigenen Bruder, umgebracht ...«

In diesem Augenblick kam ein mittelalter Kerl mit glänzendem Otterfell-Überwurf durch die Tür. Sein Haar hing in fettigen Strähnen über die Ohren, doch das Halstuch sah nach Seide aus und an seinen Handgelenken klingelten Goldreife. Er beugte den Kopf zu ein paar Burschen mit heller Haut und blondem Haar; sie hätten Nordmänner sein können. Fremdartige Laute ertönten, verhaltenes Lachen, der Mann mit dem Otterfell machte ein paar Handzeichen und schlug einem der Zecher auf die Schulter.

»Mit Euch sei der Herr, Leute.« Mit einem öligen Grinsen trat er an Arnulfs Tisch und ließ einen Rosenkranz um seine Finger kreisen. »Ihr habt ein paar Meilen hinter Euch, was? Thüringer? Alemannen?«

»Zieht weiter, Mann«, knurrte Arnulf. Aber der Kerl war nicht leicht abzuwimmeln. »Die Regensburg ist Euer Ziel, was? Mit den Pferden da draußen? Ihr wollt sie in der Stadt verkaufen, hm? Die Stadt ist überlaufen! Aber bei mir könnt Ihr trotzdem noch Quartier bekommen. In der Vorstadt, sauberes Quartier mit Wasser.« Arnulf tausche einen Blick mit den Gefährten, was den anderen noch ermutigte. »Hab' auch junge Mägde für Euch«, fuhr er halblaut fort und ließ wieder den Rosenkranz kreisen. »Sachsenweiber, umgesiedelt nach dem letzten Feldzug. Die werden euch Spaß machen!«

Sigfrid schoss hoch und packte die Gurgel des Mannes. »Sachsenweiber? Soll ich dir den Schädel einschlagen, Hundsfott?«

»Lasst ihn los«, zischte Arnulf. Schon starrten andere Gäste neugierig zu ihnen hinüber und begannen zu tuscheln. Sigfrid öffnete die Hand, japsend packte der Bursche sich an die Kehle. Dann zog Arnulf den Aufdringlichen an seinem Seidentuch nach unten, sodass er unsanft neben Arnulf zu sitzen kam. »Wir *kommen* aus dem Sachsenland«, grollte Arnulf. »Also passt auf, was Ihr wem anbietet!«

Der Dirnenhändler schluckte und verkündete deutlich weniger forsch, dass die Mägde eigentlich seinem Schwager gehörten. Arnulf ließ ihn noch einen Augenblick zappeln, dann standen sie auf und nötigten den Burschen – er nannte sich Hagano – mitzukommen. Ihre Leute lagerten neben einer Pferdekoppel, für deren Nutzung sie ein paar Stück Silber gezahlt hatten. Arnulf rief Nibelung herbei. Es stellte sich heraus, dass ihr Begleiter dem anderen bereits begegnet war. Man kannte sich flüchtig. »Ein Großsprecher, aber kein Schurke«, raunte Nibelung dem Offizier zu, als würde er ein Geheimnis ausplaudern.

»Gut«, nickte Arnulf. »Großsprecher sind meistens harmlos.«

Kapitel XVI

Augsburg, Juni 787

Warmes Sonnenlicht fiel in die Kammer, in der einige Frauen Handarbeiten verrichteten. Zwei kleine Kinder stolperten glucksend zwischen den Spinnrädern hin und her, was Laute des Entzückens bei den Zofen hervorrief. Etwas abseits, auf einem mit Kissen gepolsterten Stuhl, nähte Arnulfs Frau Erika einen Riss in der zweiten, der sogenannten guten Hose Grimbalds. Neben ihr hatte der Sohn eine Holzkiste aufrecht hingestellt, die als Tisch diente. »Hat Vater schon mal einen Drachen erschlagen, Mutter? Also früher, als ich noch klein war?« Gespannt rollte Grimbald die große Gänsefeder zwischen den Fingern hin und her.

»Nein. Und wenn, hat er mir nichts davon erzählt.« Sie ließ die Nadel sinken und straffte den Faden.

»Diese Biester spucken Feuer, stimmt's?« Grimbalds Augen leuchteten. »Und sie sind größer als ein Haus des Königs!«

»Weißt du, Grimmo, bei uns gibt es keine Drachen mehr. Vielleicht leben noch welche im Norden, wo ewiges Eis und Nebel herrschen.«

Grimbald wedelte unbeeindruckt mit dem Pergament aus der Haut einer Ziege, das er zur Hälfte mit Zeilen bedeckt hatte. »Meint Ihr, ein guter Schwertstoß reicht? Direkt ins Herz?«

Sie seufzte und setzte mit Sorgfalt einen neuen Stich. »Ins Herz ist tödlich. Wie hieß doch gleich dein Held?«

»Ich hab' ihn ›Grimmo den Großen‹ genannt! Aber vielleicht nehme ich lieber Vaters Namen. Vater ist der größte Krieger des

Königs, stimmt's?« Die Nadel verharrte, sie sah ihn an. »Ja, der Beste und Stärkste.« *Und meist Abwesende …*

Grimmo verstand nicht recht, dass seine Mutter dies so ruhig aussprechen konnte. Er machte eine Art Stoßbewegung mit dem Federkiel in ihre Richtung. »Also, er besiegt den Drachen und badet dann im Drachenblut – wie findet Ihr das, Mutter?« Sie verzog das Gesicht. »Im Blut?« Ein weiterer Stich. »Ja, denn er wird dadurch unverwundbar!«, trompetete Grimbald und tunkte wieder den Federkiel in die Muschel, die die Tinte hielt. »Die Haut wird zum Schuppenpanzer, niemand kann ihm mehr etwas anhaben!«

Ein Seufzer war die Antwort. »Das wäre schön, Junge.«

Bald zog Grimbald davon: Die Fütterzeit nahte und er wollte zusehen, wie die Pfalzknechte dem Tassilo-Löwen ein Zicklein oder ein junges Wildschwein in den Käfig warfen. Wie von selbst kehrten Erikas Gedanken zum Ältesten zurück. Die Sorge fraß sie auf! War Arthur wirklich auf eigene Faust weitergeritten? Mit Ludwig, dem Königssohn, musste sie noch einmal gründlich sprechen. Der Bursche hatte sich nach seiner Rückkehr viel Mühe gegeben, ihr möglichst nicht zu begegnen. Fastrada, so viel war klar, hatte Karls ältesten Sohn Ludwig mit einigen Kriegern und irgendeinem Bayern Arnulfs Leuten hinterhergeschickt. Ihr Sohn war verschwunden, ohne auch nur mit ihr zu sprechen. Erikas Angst hatte sich mittlerweile zu einer Wut weiterentwickelt, auf die Königin und Karls Sohn.

Die Schießbahn der Halbgaren war auf einem grünen Streifen nördlich der kastenförmigen Steinkirche. Erika drängte sich zwischen königlichen Vasallen und ihren Kriegern durch, zwischen Händlern und Krüppeln und Geschäftemachern, die sich etwas von der Ansammlung der Edlen erhofften.

Viele der Bogenschützen, die da herumstanden, hatten kaum das Knabenalter hinter sich gelassen. Der schmale, hoch gewachsene Königssohn ragte unter ihnen hervor. Ludwig ließ einen Pfeil von der Sehne schwirren, als Erika sich näherte. Das Geschoss landete dreißig Schritt weiter in einer Zielscheibe aus geflochtenem Stroh. Etwas zu laut lobten die Kameraden den Schuss. Mit schiefem Grinsen griff der Königssohn zur Wein-kanne, die auf einem Holzklotz zwischen den Schützen stand.

»Auf ein Wort, junger Herr!« Erikas Ton ließ den Thron-folger zusammenzucken. Mit hochgezogenen Schultern stand er vor ihr wie ein Mundschenk: in einer Hand die Weinkanne, in der anderen einen Becher. »Frei heraus, Ludwig: Warum habt Ihr Arthur nicht daran gehindert, weiterzureiten?«

Ludwigs Oberlippe verschwand hinter den unteren Schnei-dezähnen und er schüttelte den Kopf, als würde er von Mücken umschwirrt. »Er wollte einfach zu seinem Vater. Ich hab' doch der Königin alles gesagt!«

Sie bemerkte, wie sich alle Blicke auf sie richteten. »Arthur hat noch nicht die Kriegerweihe empfangen«, brach es aus Erika heraus. »Und bei Gott, er ist zu jung für den Kampf!«

Ludwig stellte Krug und Becher ab, heftig, beide fielen um. Mit roten Wangen sah er zu den Kameraden, dann auf den Boden. »Ihr – Ihr habt kein Recht, so mit mir zu sprechen! Beim Bonifaz, Ihr sollet Euch lieber …«

»Was?«, entfuhr es ihr. Sie trat auf zwei Schritt an den Sohn des großen Karls heran. »Schaut mir in die Augen, wenn Ihr mit mir redet! Oder seid Ihr auch dazu zu feige?«

Sein Kopf ruckte nach hinten, wie von einer Ohrfeige. Dann erschien ein niederträchtiger Ausdruck auf seinem Gesicht. »Ihr spielt Euch hier auf, Edelfrau, aber … niemand vermisst Euren Sohn! Er hätte halt umkehren sollen, der Narr! Starrt mich bloß nicht so an, sonst …«

Erika hatte das übermächtige Bedürfnis, diesem Burschen ins Gesicht zu schlagen. Beim nächsten Satz bebte ihre Stimme: »Ihr werdet einmal König sein, bei Gott! Ich hoffe nur, dass Ihr bis dahin mehr Anstand habt!«

* * *

Es war gut, dass in diesem Moment Einhard hinzukam, der den Austausch aus der Ferne beobachtet hatte. Der Gelehrte nahm Erika am Arm und führte sie ein Stück in Richtung der Kirchenwand, zu einer Nische zwischen zwei senkrechten Streben. Einhard war erst wenige Stunden zuvor aus Freising zurückgekehrt, eine geheimnisvolle Mission, über die Erika Gerüchte gehört hatte. Höflich, wie es seine Art war, erkundigte er sich zunächst nach ihrem Befinden. Dann aber waren der Floskeln genug gesprochen. »Die Konkubine des Königs ist umgebracht worden, Erika. Ihr habt sicher davon gehört?« Sie schüttelte ungläubig den Kopf. »Nein, ich war … wer hätte so etwas tun sollen?«

Einhard verzog schmerzlich das Gesicht. »Das gilt es herauszufinden. Der König hat mich damit beauftragt. Es war Gift, fürchte ich.« Sie biss sich auf die Lippe und dachte an den ziemlich wahrhaftigen Beinamen der Rheinfränkin: *Trösterin*. Fastrada hielt ihren Mann schon lange auf Abstand.

»Die Sklavin hat ebenfalls davon gekostet«, fuhr Einhard fort. »Sie redet wirres Zeug und spuckt Blut.« Erika berührte unwillkürlich die Fingerspitze des Kilians, die sie in einer Silberkapsel am Gürtel trug. »Herr Einhard, was hat das mit mir zu tun?«

Der Gelehrte strich sich über den dünnen Bart. »Ein paar Tage vor ihrem Tod, Edelfrau, lagen Krötenbeine in ihrem Bett – Ihr wisst, was das bedeutet? Ein Höfling sagte, dass Eure Kinder neulich Kröten vom Flussufer mit in die Burg brachten …«

Erika schüttelte aufgebracht den Kopf. »Und selbst wenn – glaubt Ihr etwa, ich hätte etwas in das Bett der *Trösterin* gelegt? Was hatte ich denn mit dieser Frau zu schaffen? Gar nichts! Sie war mir gleichgültig. In meinem Leben habe ich nicht mehr als drei Sätze mit ihr gewechselt.« Er trat von einem Fuß auf den anderen und knetete seine Hände noch heftiger. »Ich musste Euch das fragen, Edelfrau. Ihr wisst, dass ich Euch niemals übelwollte.«

Ihre Züge wurden etwas milder. »Ja, ich weiß«, murmelte sie. »Ihr habt mich einst das Christentum gelehrt, Ihr mehr denn jeder Priester.«

Einhard nickte, farbige Flecken waren zwischen den Linien auf seinen Wangen erschienen. »Ihr bangt um Arthur, natürlich. Aber Arnulf liebt den Burschen wie Ihr auch, er bringt ihn heil zurück.«

Sie wischte sich eine Träne aus dem Augenwinkel. »Der Herr im Himmel steht für Gerechtigkeit, auch auf Erden! Aber an diesem Hof? Hier ist etwas Böses ausgebrochen, Einhard, eine Krankheit.«

* * *

Später, als der König vom Treffen mit einigen Gaugrafen donauaufwärts zurückkehrte, musste Einhard Bericht erstatten. Was der *gilerito* über die Verhandlungen mit Atto von Freising erzählte, gefiel dem König sichtbar. Für einen kurzen Moment war da etwas wie Heiterkeit in seinem Gesicht, während ihm Leibdiener die Reiterstiefel von den Füßen zogen und die verschwitzte Wolltunika gegen ein leichtes Seidenhemd tauschten. Noch im Sitzen griff Karl in eine Schale mit Kirschen und füllte sich den Mund. Die »hässliche Sache« dürfe sie nicht ablenken, ließ er Einhard in fast beiläufiger Tonlage wissen – *die tote Konkubine?*

»Wir werden Tassilo hinhalten, bis Arnulf mit meinem angeblichen Neffen auftaucht. Und dann gehen wir auf diesen Steinbock-Herzog nieder wie ein Bergrutsch!« Mit einem triumphierenden Grunzen stand der König auf und zupfte sich die neue Tunika zurecht.

Einhard musste an Arnulfs Gattin denken und er verspürte etwas wie Mitleid. »Was, mein König, wenn Arnulf nicht zurückkehrt?«

»Das sollte ich Euch fragen, *consiliarius*«, sagte der König brüsk. »Eure Wühlarbeit müsst Ihr dann bei den anderen Bischöfen fortführen … Der Salzburger wird auf unsere Seite wechseln, wenn wir ihm anbieten, seine Nachbarschaft von den Awaren zu befreien, nicht wahr?«

»Das ist gut möglich, Herr«, stimmte Einhard beflissen zu. »Der Freisinger sagte es genauso: Dass Virgil von Salzburg am liebsten die Mission nach Osten vorschieben würde, um das Bistum in die Steppe hinein wachsen zu lassen. Und der Widerstand der Bischöfe wird wie gefrierendes Wasser in Felsritzen sein: Es spaltet den Berg von innen!«

»Hübsches Bild«, grinste Karl und spuckte einen Kirschkern über die Bodenfliesen. Und dann, ohne Übergang: »Ich weiß, wer meine Bettgefährtin getötet hat. Es ist jemand, der sich mir täglich entzieht und mir gerne wehtut.«

Der *gilerito* zuckte zusammen, doch gleichzeitig empfand er ein Prickeln auf der Haut ob der totalen Vertraulichkeit des Königs. »Ihr verhört Fastradas Gespielinnen, *einzeln*, verstanden?« Zorn und Schmerz klangen aus jedem der folgenden Worte. »Eine von ihnen erklärt ihr schuldig. Und dann hängt ihr sie!« Einhard schnappte nach Luft, das Prickeln wandelte sich zu einem Stechen. »Aber mein König …«

»Es sei denn, meine Frau setzt sich vorher noch für die Schuldige ein – *bei mir*!«

Kapitel XVII

Regensburg, Juni 787

Die Regensburg – nichts im Reich der Franken, nichts nördlich der Alpen kam dieser Festung gleich! Eine von gewaltigen Mauern geschützte Burgstadt, die wie ein goldener Schwamm am Südufer der Donau lag. Was die Schiffer an Lech, Isar und Altmühl an Waren verluden, kam irgendwann hier vorbei. Ein nie versiegender Strom von Lastkähnen brachte den Wohlstand aus den westlichen Frankengauen und dem Alemannenland hierher; gleichzeitig kamen von Osten her die Frachtschiffe mit den Waren aus dem Orient den Strom hinauf, aus Byzanz, dem Bulgarenland und den wilden Landstrichen der balkanischen Völker. Mit Bedacht hatten die Römer einst die Festung gegenüber der Einmündung des Regens angelegt: Auf ihm und auf der Naab erreichten auch die Flöße und Kähne des bayrischen Nordgaus den Donaustrom und damit die Regensburg.

Den zyklopischen Wällen der eigentlichen Stadt war eine halbe Meile im Westen eine kleinere Siedlung vorgelagert, ein wildes Durcheinander von Holzhäusern, Lehmhütten und wenigen steinernen Gebäuden mit Schindeldächern. Dort zeigte Hagano Arnulfs Männern am Ende einer Gasse einen spitzgiebligen Holz-Lehm-Bau mit bräunlich verwittertem Strohdach. Vor dem Haus grüßte sie eine Magd mit Kopftuch und erdfarbenem Kleid, mit zwei Eimern Wasser in den Händen. »Hinterm Haus ist ein Brunnen«, grinste Hagano und klang stolz. »Der Brunnen ist Euer, aber die Magd wohnt bei mir!« Er nickte zu einem neuer wirkenden, ganz mit Lehm verputzten Haus in derselben Gasse. »Sie bringt Euch einmal täglich Brot und Gerstensuppe, wenn Ihr wollt, für alles andere zahlt Ihr extra.«

Sie klopften sich den Staub aus der Kleidung und wuschen sich die Gesichter, dann zog Arnulf mit Hagano und einigen der Getreuen los in Richtung der Stadt. Die Mehrzahl der Männer ließ er zurück, um die Pferde irgendwo unterzubringen. Arnulf merkte, wie seine Bauchmuskeln sich immer wieder strafften, fast von allein. Es war wie die allmählich anwachsende Spannung vor einer Schlacht.

Zunächst führte Hagano sie durch ein Gewirr von Ställen, Gattern und Lagerschuppen, über denen der Geruch von Vieh, Kochfeuern und Ausdünstungen aller Art hing. Sodom nannte man dieses Zwischenreich der Händler. Zwischen Zelten und turmartigen Tuchballen standen schäbige Hütten, aus deren Fensteröffnungen Kleidung zum Trocknen hing. Fremdartig gekleidete, sonnenverbrannte Kerle saßen um Feuerstellen und bereiteten Mahlzeiten zu. Nur ein paar Schritt daneben verrichteten andere ihre Notdurft zwischen Eseln und Pferden. Hunde bellten um Tragtiere mit Höckern aus dem Orient, deren Reiter wiederum auf die Kläffer einprügelten. Raubtiere aus fernen Ländern, in Holzkäfige eingezwängt, brüllten und fauchten, als gelte es, das Getöse noch zu steigern.

»Lustiges Örtchen«, murmelte Gallo. »Ob der Wein hier billig ist?«

Arnulf fuhr sich über das haarige Kinn, das er seit der Augsburg nicht mehr rasiert hatte. *Sich so unkenntlich wie möglich machen …* Wie wahrscheinlich war es, jemanden zu treffen, der sie als Frankenkrieger erkannte? Lastknechte mit Trageriemen um Stirn und Schultern liefen ihnen hinterher und boten ihre Dienste an. Vor einer Baracke aus hellen Stämmen, die nach frischem Holz roch, sahen sie zwei Weiber mit offenem Haar und fast entblößter Brust sitzen. Die eine war jung, die andere mindestens dreißig. Schamlos beobachteten sie den Aufzug der Franken. Arthur, die Linke auf dem Schwertgriff, starrte zu ihnen hinüber, bis Gallo eine Bemerkung machte. Alle lachten, der Junge aber lief rot an.

Der Stapelplatz reichte fast bis zum Westwall Regensburgs. Das Tor in diesem Wall war aus irgendeinem Grunde für Fremde gesperrt. »Hinein geht's für Euch nur über das Haupttor auf der Wasserseite«, ließ Hagano sie wissen. So umschritten sie die Nordwestecke der Mauer, die ein steinerner Wehrturm mit Waffenplattform krönte. Von dort konnte ein Bogenschütze die Anlegestellen am Flussufer erreichen, fuhr es Arnulf durch den Kopf. *Zumindest bei Tageslicht.*

Träger mit Rinderkeulen und solche mit grauweißen Salzblöcken auf den Schultern stapften von den Bootsanlegern an der Donau herauf. Sie hielten auf die mächtige Bastion zu, in die die Römer einst ihr Stadttor eingefügt hatten. Arnulf fühlte die eigene Verwundbarkeit, als sie dem Tor näherkamen; aufmerksam musterte er die Bogner auf dem Wehrgang über dem Tor. Knorrige Kerle mit Kurzspeer und einem Doppelhorn-Zeichen auf dem Lederpanzer traten auf sie zu. Lässig hielt Hagano ihnen ein Stück Bronzeblech entgegen, auf das eine Schlüsselform geprägt war: Das Zutrittssiegel von Händlern und Quartiermeistern.

»Wohin wolltet Ihr?«, fragte Hagano gönnerisch. »Zum Markt?«

Arnulf nickte. »Und danach zu einem guten Trunk.«

»Ergibt Sinn«, lachte Hagano. »Mit dem Wein hier kann man Tote wecken!« Je leutseliger ihr Führer wurde, desto angespannter verfolgte Arnulf die Umgebung. Sie liefen durch eine Art Gewölbe, links und rechts waren Vertiefungen im Mauerwerk, in denen Wachen dösten. Sich aus dieser Stadt herauszukämpfen, war nicht möglich.

Und wenn Grifo gar nicht in Regensburg ist? Der Gedanke schien mit einem Mal nicht mehr schrecklich. Sie würden wieder verschwinden und ihr Leben behalten. *Doch Scheitern ist nicht der Weg zur Grafschaft des Nordgaus!*

Eine bunte Schar von Trägern mit Sänften, Dienstmägden mit Körben, Lastenträgern und Bettlern trieb ihnen entgegen, in Richtung des Haupttors. »Wie Worms, nur fünfmal größer«, sagte Arthur beeindruckt.

»Ihr kennt Worms?«, fragte Hagano wohlwollend. »Dann kennt Ihr vielleicht auch König Karl, was?«

»Wir kennen viele Leute, Mann«, sagte Arnulf leichthin, Arthurs Arglosigkeit verfluchend. Der Regensburger kniff die Augen zusammen und ließ den Rosenkranz in einer Tasche verschwinden.

»Mit Unruhestiftern und Spionen machen sie hier übrigens kurzen Prozess. Seht Ihr die Schädelstangen dort, vor dem Palas? Alles Fremde, die hier irgendwelche Händel angefangen haben.«

Die Männer bekreuzigten sich, als sie zu den abgeschlagenen Häuptern aufblickten. Die Krähen hatten wenig von den Gesichtern übrig gelassen. Arnulf sah Arthur schlucken, er selbst verdrängte den Anflug von Furcht, so wie man einen Sack Getreide zur Seite schiebt. Nicht weit hinter den Galgenpfosten öffnete sich ein breiter, oben überbauter Torbogen, der offenbar den Eingang zur Herzogspfalz darstellte. Links und rechts des Tores verlief die grau verputzte Mauerfront, nicht höher als zehn Fuß. Kein Wehrgang, keine Zinnen. Aber was hieß das schon? Das nördliche Ende der Mauer lief in einem mächtigen, quadratischen Turm aus hellen Feldsteinen aus. Er ragte wie ein biblisches Monument über der Stadt auf. Oben flappte ein riesiges Banner auf der Mauerkrone hin und her – der Steinbockkopf mit den knorrigen Hörnern. *Tassilos Römerturm – wer solche Mauern hat, fühlt sich sicher!*

»Wozu ist der Turm gut?«, fragte Arnulf möglichst beiläufig.

»An Sankt Martin steht der Bischof da oben und pinkelt runter«, grinste Hagano und einige der Männer lachten. »Wer etwas abbekommt, darf einen Monat lang kein Weib besteigen! Spaß beiseite, im Turm sind vor allem die Unterkünfte der Herzogskrieger. Warum interessiert er Euch?«

»Tut er nicht«, sagte Arnulf trocken und warf beim Weitergehen noch einen Blick durch das geöffnete Tor der Pfalz. Neben Bewaffneten mit Eisenpanzer erkannte er mit leichtem Schaudern struppige Awarenpferde, deren Reiter in den Sätteln dösten.

Wenig später erreichten sie einen Platz, der zwischen den eng stehenden, grauen Steinhäusern wie eine Schneise im Wald wirkte. Ausrufer auf Holzpodesten schrien irgendetwas, stießen Gestalten mit nacktem Oberkörper herum; Ketten klirrten. Plötzlich nahm Arnulf einen üblen Geruch wahr: Harn, Schweiß, Erbrochenes und – Angst. Die Angst von Hunderten von Menschen, die hier einem ungewissen Schicksal entgegensahen. »Diese Woche ist Sklavenmarkt«, stieß Hagano aus, stellte sich auf die Zehen und versuchte, über die Schultern der vor ihnen Stehenden zu schauen. »Ich brauche noch einen tüchtigen Handlanger. Wir sehen uns heute Abend!«

* * *

Sie fanden Platz in einer Schenke, in einer Gasse, die vom Markt abführte. Der Raum hatte etwas von einer tiefen Höhle. Aus dem dunklen Ende strömte Wärme und ein süßlicher Dunst, dort blinkte das Metall eines großen Kessels. Flüche und fröhliche Zurufe wechselten einander ab. Im vorderen, hellen Teil des Raums hingegen standen Bänke für Dutzende von Zechern, und die Straßenwand war an mehreren Stellen durch offene Holzluken durchbrochen, durch die helles Licht hereinströmte. Durch die Luken konnte Arnulf über den Markt hinweg auf die schräg dahinterliegende Herzogspfalz blicken – oder den Palas, wie Hagano die Anlage nannte. *Grifo ist hier!* In diesem Augenblick konnte Arnulf es fühlen, dass der Karlmannsohn irgendwo hinter jenen Mauern saß! Ein Kerl, kühn oder dumm oder auch verzweifelt, der sich zum Werkzeug Tassilos gemacht hatte und der Arnulf unfreiwillig zu einem mächtigen Fürsten machen konnte.

»Sagt, Vater«, murmelte Arthur schließlich verschwörerisch, seinen gefüllten Becher in der Hand. »Wollt Ihr dort hinein?«

»Quatsch nicht herum, Junge«, knurrte der Kriegsmann. »Solche Worte können uns das Leben kosten.« Enttäuscht presste Arthur die Lippen zusammen und starrte in seinen Becher. Schon bereute Arnulf seine harsche Reaktion; er war noch verärgert über Arthurs leichtfertige Bemerkungen gegenüber Hagano. Und seit dem Durchschreiten des Tores fühlte er das ganze Gewicht der Verantwortung für seinen halbwüchsigen Sohn, das er auf sich genommen hatte, anstatt ihn einfach noch vor der Donau zurückzuschicken.

Das Bier war ein dunkler, malziger Saft, kühl sogar, der wie von allein die Kehle hinabfloss. Arnulf selbst leerte seinen Becher mit kleinen Schlucken und beobachtete die anderen Männer in der Schenke. Die Sonne hatte mittlerweile zwei Drittel ihres Weges hinter sich, viele hatten ihre Geschäfte schon abgeschlossen und suchten nun die Erfrischung. Manche trugen trotz der Wärme Kleidung aus Fellstücken, andere aus blauer und gelber Seide. Einige hatten riesige Stoffwickel auf dem Kopf und ähnelten Sarazenen. Die wenigsten der Sprachfetzen waren zu verstehen. In Regensburg trafen sich die Völker.

Arnulfs Miene musste milder geworden sein. Nach einer Weile getraute sich Arthur einen neuen Gesprächsversuch. Er beugte den Oberkörper ein wenig vor und zeigte auf die ledernen Unterarmschützer Arnulfs, die einige fremdartige Zeichen aufwiesen. »Die Röhren habt Ihr vom Spanienfeldzug mitgebracht, stimmt's?« Arnulf nickte. »Habt Ihr sie einem Edlen abgenommen? Musstet Ihr dafür kämpfen?«

Arnulf nickte und ihm wurde klar, dass er noch niemals mit Arthur in einer Schenke gesessen hatte. »Ich hätte sie lieber auf dem Markt gekauft, Junge. Aber der Kerl – ein Emir, glaube ich – war schon tot. Unsere Beute war mickrig an jenem Tag, also nahmen wir den Sarazenen ab, was sie hatten.« Arthurs von Kräuselhaaren umwachsener Mund war halbgeöffnet, er schien die Worte des Vaters aufzusaugen. Die Narbe auf Arthurs Stirn glich einem etwas wulstigen Strich, der hell gegen die Sonnenbräune abstach.

»Der ganze Feldzug«, Arnulf vergewisserte sich mit schnellen Blicken, dass niemand zuhörte, »war ein einziger Fehlschlag. Dachte ich damals jedenfalls …«

»Und heute denkt Ihr das nicht mehr?« Die graublauen Augen seines Sohnes hatten für einen Moment den Ausdruck des jüngeren Bruders angenommen, wenn er Kampfverse hinausschrie.

»Heute, mein Lieber, denke ich: Wir haben diese Scheiße überlebt. Hätte anders ausgehen können.« Plötzlich schoss Arnulfs Rechte zehn Zoll vor, packte Arthurs Handgelenk und presste es auf den Tisch. »Du solltest nicht hier sein, Bursche«, raunte der Offizier. »Aber da du schon hier bist: Rede keine Silbe zu irgendjemandem! Sieh dich vor jedem Schritt um, schau hinter dich, schau neben dich! Und geh zu keinem Weib, hörst du?«

»Natürlich, Vater, Hauptmann! Ich passe auf, glaubt mir!« Er ahmte den verschwörerischen Ton Arnulfs nach. »Ich kann Euch noch nützlich sein! Ich bin jung, mich wird niemand verdächtigen. Sagt mir, was Ihr vorhabt, ja?« Glücklicherweise erschien in diesem Augenblick eine Dienstmagd, ein freches Sommersprossengesicht, deren Arme zu dünn für die schweren Krüge schienen.

Arnulf ließ Arthurs Handgelenk los und fragte sie nach dem Essen. Sie drehte den Kopf, ihre Nasenspitze zeigte in Richtung eines Wandlochs im Hintergrund. »Schinken, Suppe, Brot und Lauch, gibt's dahinten!« Nachdenklich sah Arnulf Augenblicke später seinem Sohn nach, wie er der Magd zur Ausgabe folgte, eine Hand auf dem Schwertgehänge, das hin und her schlackerte. Und er sah sich selbst und hoffte inständig, dass sein Sohn weniger Unfug anstellen würde als er in diesem Alter. Arnulfs Welt – Fritzlar im Hessengau – war ihm damals wie ein öder Ort erschienen. Auf der Suche nach Abenteuern war er in einen Schlamassel nach dem anderen gestolpert. Vorwärts, immer vorwärts, einem Jungstier gleich, der nach der härtesten Wand sucht, um dagegen zu rennen!

Durfte er erwarten, dass sein Sohn auch nur ein Deut klüger sein würde?

* * *

Das Ausbleiben einer Antwort Karls verhieß nichts Gutes: Sofort nach seiner Rückkehr in die Sicherheit der Regensburger Mauern begann Tassilo, seine Gefolgsleute zusammenzurufen. Und gleich bei der ersten dieser Zusammenkünfte traf etwas ein, das wie eine Fügung des Himmels schien. Durchgeschwitzte Eilboten brachten ein Sendschreiben des Papstes: Er war auf der Seite des Herzogspaares! Leutberga, Herzogin und Königstochter, hatte Monate zuvor den Heiligen Vater gebeten, ihren Sohn Theodoso zum künftigen Herzog von Bayern zu salben. Es war eine selbstbewusste, ja kühne Bitte: Der Papst tat Solches sonst nur für die Kinder des Frankenkönigs, denn jener

König galt als Schutzherr der Kirche und des Papsttums! Umso großartiger und ermutigender wirkte da die päpstliche Antwort mit den ornamentalen Buchstaben und dem schweren Siegel: Der Heilige Vater war einverstanden!

Die Edlen an der großen Tafel des Thronsaals nickten beeindruckt und riefen Trinksprüche auf das Herzogspaar und ihren Sohn, der das mit roten Wangen und unsicherem Grinsen zur Kenntnis nahm. Die Aura päpstlicher Unterstützung war durch nichts zu ersetzen. Bayern und das Frankenreich, so versicherte man sich nun mit ernster Miene, standen damit gleichsam auf einer Stufe! Nur Virgil, der Bischof von Salzburg, raunte seinen Leuten zu, dass der Heilige Stuhl – käme es hart auf hart – sich nicht gegen den Frankenkönig stellen würde: »Als das Schreiben des Papstes Rom verließ, konnte der Heilige Vater vom Zusammenprall am Lech noch gar nichts wissen.«

Die Wankelmütigen und Abwartenden raunten gedämpfte Zustimmung; viele der bayerischen Edlen waren auch in Alemannien und am Rhein begütert. Sie waren nicht scharf darauf, sich mit dem mächtigen König anzulegen. Doch auch sie verstummten am Ende. Denn im gedämpften Licht eines fast sommerlichen Nachmittages betrat ein fürstlich gewandeter junger Mann die Halle: *Der rechtmäßige König des Frankenreiches?!*

* * *

Grifo stand in der Öffnung des u-förmigen Tisches und neigte den Kopf vor dem Herzog. Über einer Tunika aus dunkler Seide trug der Königsneffe einen hellen Überwurf, in den mit Goldfäden Kreuzmotive hineingewoben waren. Ein mit Dutzenden grünen und roten Halbedelsteinen besetzter Gürtel hielt beides zusammen; die Gürtelschnalle und Gürtelzunge schimmerten ebenso silbern wie die Verzierungen der Schwertscheide. Grifo trat stolz und zugleich etwas hölzern vor die Edlen. Alle konnten das schwere goldene Papstsiegel Hadrians auf seiner Brust an einer Kette baumeln sehen. Dann ergriff er das Wort. Mit anfangs noch steifen Bewegungen berichtete er von seiner königlichen Abkunft – ein Enkel König Pippins! –, und vom Schicksal seines Vaters Karlmann: »... ermordet durch seinen Bruder, König Karl!« Seine Rede wurde immer leidenschaftlicher, als er schilderte, wie Karls Schergen den Mitkönig Karlmann einst bei einer Jagd meuchlings getötet hatten. Es tat ihm gut zu sehen, wie die Edlen jedem seiner Worte mit immer größerer Spannung folgten.

Am Ende nahm Grifo an der rechten Seite des Herzogs selbst Platz. Die Gäste hatten bereits reichlich getrunken, ohne Hemmung wurden dem Thronanwärter Fragen zugeworfen. »Ihr tragt ein Siegel, das vom Heiligen Vater stammt?«, fragte der Salzburger Bischof. »Warum habt Ihr Euch nicht direkt an ihn gewandt, Herr Grifo?«

»Weil der Heilige Vater kein Heer hat«, rief der Angesprochene ohne zu zögern. Die Edlen nickten, aber ihre Mienen sagten Grifo, dass das der profanste Grund war – es durfte nicht der einzige sein! »Hier bei Euch, Ihr Herren«, fügte der Königsneffe in eindringlichem Ton hinzu, »hier in Regensburg an der Donau hat mein Vater, König Karlmann, oft geweilt. Hier hat er das große Kapitular erlassen, dessen Gesetze immer noch Gültigkeit für diese Lande haben. Und meine Mutter hat mir oft erzählt, wie Ihr, die Edlen des Herzogtums, ihm damals gehuldigt habt!«

Ermunternde Zurufe kamen von der Tafel, die Herren nickten und die Älteren bestätigten gegenüber den Jüngeren: »Ja, so war es.« Erste Schmährufe auf König Karl mischten sich in das zustimmende Gemurmel. Grifo spürte, dass er die Edlen mit jedem Wort weiter auf seine Seite zog. Leutberga beugte sich vor und zischte ihm etwas zu, das wie *»iustitia«* klang. Grifo verstand.

»Ich bin hier bei Euch«, rief er laut aus, »um *Gerechtigkeit* zu finden, Ihr Herren! Und das Herzogtum der Bayern gilt seit Agilos Zeiten als ein Hort der Gerechtigkeit!«

»Heil!«, riefen die Eifrigeren unter den Gästen und klopften mit ihren Bechern auf die Tischplatte. »Gut gesprochen!«

»Und es gilt auch als ein Ort der Tapferen und der Starken!«, dröhnte Tassilo selbst mit erhobenem Becher. Dies riss die letzten Zaudernden mit. Die Vasallen des Herzogs überboten einander mit Huldigungsrufen und Heilswünschen, sodass die Wände des Saals vom Lärm widerhallten. Ganz wie ein künftiger Fürst – oder gar König? – sprang Grifo auf und trank mit dramatischer Geste auf Tassilos Herrschaft, auf die Herzogin Leutberga, auf den Grafen Fago und die anderen Heerführer. Und sie erwiderten die Trinksprüche und schworen einander Treue.

* * *

Von der Kammer der Herzogin im ersten Stock des Hauptgebäudes führte eine Treppe hinab zu einer Pforte, durch die man einen nur wenige Schritte langen Gang betrat. Er mündete in einem Kirchlein: Langobardenkapelle, dieser Name hatte sich vor langer Zeit eingebürgert. Andachtsbilder von Leutbergas Eltern, König Desiderius und Königin Ansa hingen dort.

Zutritt zu dieser Kapelle hatten nur das Herzogspaar und ihre Leibdiener. Deshalb wusste auch kaum jemand von der unauffälligen Eichenholztür, die vom Verbindungsgang abging. Als Uto diese Tür aufschob und eine mit einer Kutte verhüllte, schmale Figur hindurchschob, atmete er die Kühle eines Kellergewölbes ein. Er spürte die Blicke der Wache in seinem Rücken, eines verlässlichen Mannes der Leibwache, den er selbst dort postiert hatte.

Es war eine lästige Sache – der Sohn Karlmanns hatte Gelüste. In einem Hurenhaus oder gar draußen in Sodom konnten Spione Karls lauern und ihm womöglich etwas antun; dem Frankenkönig war alles zuzutrauen. Und konnte man wirklich sicher sein, dass keiner der bayrischen Edlen so handeln würde? So hatte Uto mit seinen Mitteln für Abhilfe zu sorgen.

Der Kriegsmann stieg ein halbes Dutzend Stufen hinunter und klopfte an eine Tür, die mit Eisenbeschlägen verstärkt war. Ohne auf Antwort zu warten, drückte er die Klinke und trat ein, mit der verhüllten Gestalt hinter sich. Im Innern herrschte ein schummriges Licht, das durch zwei Fensterkanäle einfiel, die die Mauern des Gewölbes durchbrachen. »Eure Speise, Herr«, sagte Uto mit halbem Grinsen. »Ich hörte, Ihr seid hungrig.«

Grifo drückte sich von einem Tisch an der Wand hoch, in der Hand noch die Feder, mit der er einen Brief an einen Erzbischof des Reiches begonnen hatte. Überraschung und Missbilligung waren in seinen schmalen Zügen zu lesen. »Ihr seid der Leibwächter des Herzogs, nicht wahr? Nennt mir Euren Namen!«

»Verzeiht, Herr, man nennt mich Uto.« Er neigte den Kopf ein paar Zoll, dann zog er der verhüllten Gestalt die Kapuze herunter und löste die Binde, die ihre Augen verdeckte. »Ihr könnt das Mädchen bis Sonnenuntergang haben, Herr.«

Die Dirne blinzelte, legte die Hände auf Höhe der Hüften übereinander und brachte ein künstliches Lächeln zustande. Die Blicke Grifos wechselten zwischen ihrem weder hübschen noch hässlichen Gesicht und den Zügen des Kriegers. Dann lächelte er, als müsste er die Peinlichkeit des Ganzen überspielen. »Nun gut, Uto, entfernt Euch jetzt!«

Der Angesprochene räusperte sich. »Ich diene Euch gerne, Herr – und sie weiß übrigens nichts, gar nichts. Dabei sollten wir es belassen.«

»Erspart mir die Belehrungen, Mann!«, sagte Grifo heiser und warf dem Bayern ein Goldstück vor die Füße. Dann zog er der Hure die Kutte von den Schultern; sie trug darunter nur ein Unterhemd. Kleine, feste Brüste, wie halbe Äpfel, zeichneten sich deutlich gegen den Stoff ab.

Der Tassilo-Sohn spürte das Blut in Wangen und Ohren steigen und starrte wütend auf das Goldstück – dann bückte er sich. Als er schon durch den Türrahmen war, hörte er Grifos Worte hinter sich: »Ihr bekommt das Hundertfache, wenn ich am Ziel bin. Leute, die mir gut dienen, werde ich hoch erheben!«

* * *

Arnulf und seine Männer warteten und beobachteten. Die Sonne schien durch einen milchigen Himmel. Die Wärmeglocke über der Siedlung verstärkte den Geruch all der Feuer und Tiere und Ausscheidungen. Der eigentliche Pferdemarkt in der Stadt, für den Aufkäufer von nah und fern kamen, würde erst in der kommenden Woche beginnen – das hatten sie bereits in Erfahrung gebracht. Die Aussicht darauf, noch mehrere Tage sinnlos herumzusitzen, schmeckte Arnulf kein bisschen. *Wie kommt man als »Pferdehändler« direkt in den Palas Tassilos?* Arnulf zermarterte sich den Kopf. Die Herzoglichen würden ihnen kaum die Tür öffnen, zumal Arnulf keine Empfehlung eines Großen mitführte; er hatte auch keine pompösen Geschenke in seinem Gepäck, mit denen Leute von niedrigerem Rang sich bei den Mächtigen einschmeichelten. Dann, am zweiten Tag nach der Ankunft, kam der Vogelhändler Nibelung mit einer Idee, die nicht dumm klang: »Ich kenne den Mann, der Falken und Habichte für den Herzog kauft. Lasst mich ihn aufsuchen und ihm etwas Silber zeigen, Herr. Dann ist er sicher bereit, Euch dem Herzog zu empfehlen.«

Gallo, der neben Arnulf unter dem vorspringenden Hausdach ihrer Unterkunft in Sodom saß, spuckte aus. »Das Silber bringst du doch nur bei den Huren durch, Vogelmann!« Arnulf aber lächelte. »Man soll nicht immer von sich selbst auf andere schließen … Bist du mit diesem Mann zufällig verschwägert, Nibelung? Ist er dein Freund?«

»Ja, wir waren damals befreundet, Herr. Und seine, äh, Familie« – an dieser Stelle stotterte Nibelung ein wenig – »kenne ich gut.« Arnulf gab nicht viel darauf – er vertraute dem Vogelhändler immer noch nicht, doch im Moment schien der Vorschlag wenigstens eine Möglichkeit zu sein.

»Wir lassen's drauf ankommen, Nibelung«, entschied Arnulf und wies Arthur an, ein Pfund Silber aus den Satteltaschen in ihrem Haus zu holen. »Ihr, Gallo, begleitet ihn! Vertrödelt keine Zeit in der Stadt und lasst Euch auf nichts ein, hört Ihr?«

»Ihr könnt Euch auf mich verlassen«, grummelte Gallo und warf Nibelung einen halb verächtlichen, halb warnenden Blick zu. »Wenn du Mist machst, Vogelmann, breche ich dir die Flügel!«

* * *

Stunden vergingen, ohne dass die drei wieder auftauchten. Irgendwann hielt Arnulf das Herumsitzen nicht mehr aus. »Ich will mich ein bisschen umsehen«, rief er den Gefährten zu. Sigfrid schloss sich an. Zusammen liefen sie ein Stück nach Sodom hinein, fasziniert und abgestoßen zugleich von dem Treiben dort. »Kommen dir die bekannt vor?«, raunte Arnulf und nickte in Richtung einer verrußten Schmiede, vor der ein paar kleinwüchsige Männer in Kaftanen standen. Awaren – zu Fuß wirkten sie harmlos, fast lächerlich. Einer hielt seinen Bogen mit der Bogentasche hoch, sie schienen dafür Eisenwaren eintauschen zu wollen.

»Wo ist der Bogen geblieben, den wir erbeutet haben?«, fragte Sigfrid.

»Einer von unseren Leuten hat ihn«, grinste Arnulf und zog Sigfrid weiter. »Fragt sich nur, ob er damit umgehen kann.«

Die Baracken und Behelfsbuden verengten sich zu einer Gasse. Mitten in dieser Gasse stand ein Tragtier aus dem Osten, doppelt so groß wie ein Pferd, mit einem Höcker auf dem Rücken. Bündel und Pakete waren links und rechts auf einen Tragsattel geschnallt. Der Führer des Tiers, ein Mann in bunter, luftiger Kleidung mit einer fremdartigen Kappe auf dem Haupt, sprach mit einigen Leuten vor einer Bude, andere schauten zu und riefen mit rauen Stimmen dazwischen. Zwischen ihnen standen zwei schwarze Kindergestalten mit kurzem, krausem Haar, die immer wieder angefasst und hin- und hergedreht wurden. In ihren Augen war stumpfe Ergebenheit zu sehen.

»Bei Wodan«, entfuhr es Sigfrid. »Diese Jungen sind schwarz wie die Nacht!« Arnulf nickte unbeeindruckt. »Die kommen von hinter dem italischen Meer, aus einem Land, das Afrika genannt wird. Ich hab' mal einen Krieger mit solcher Haut bluten sehen, in Rom, vor deiner Zeit …«

»Blut? Ist das auch schwarz?«, fragte Sigfrid gespannt.

»Nein«, sagte Arnulf und fuhr sich über die Bartstoppeln. »Rot, wie bei uns.«

»Wirklich?« Sigfrid lächelte ungläubig. Wenig später gingen sie zurück zur Siedlung, denn die Sonne näherte sich dem Horizont.

Arnulfs Unruhe hatte sich nicht gelegt. Mit welchem Ergebnis würde Nibelung zurückkehren?

Vor ihrem Haus stießen sie auf ein halbes Dutzend Krieger, die die enge Gasse fast ausfüllten. Sie umringten Hagano, der mit lebhaften Gesten irgendetwas verkündete, als sei er der Herold eines Großen. »Habt Ihr es gehört?«, rief er Arnulf entgegen.

»Was?« Arnulfs Bauchmuskeln strafften sich.

Hagano grinste breit: »Ich war vorhin drüben, auf dem Markt. Tassilo hat die Edlen eingeschworen, er will König

Karl den Thron wegnehmen! Ihr Sachsen werdet bald wieder frei sein, wartet's nur ab!« Arnulf verlagerte das Gewicht von einem Fuß auf den anderen und sah Hagano an, als sei das eine gute Nachricht. »An Karl sind schon einige gescheitert, selbst Herzog Widukind. Aber wer weiß, vielleicht gelingt es Eurem Herzog!«

»Tassilo hat einen Neffen Karls in seiner Gewalt«, sagte Hagano und beobachtete genüsslich die Überraschung auf den Gesichtern der Männer. »Einen Sohn von König Karlmann! Es heißt, der wäre der rechtmäßige König. Jetzt staunt Ihr, was?«

Er erntete ein überrasches Raunen, doch schon kam die nächste Ablenkung von hinten: Ein lautes Ausspucken war zu hören, das nach Gallo klang. Er stand da mit düsterem Gesicht, neben sich einer der Welschen, der ihn in die Stadt begleitet hatte, mit demselben Gesichtsausdruck, die Augen auf den Boden gerichtet. Arnulf atmete durch. »Wo ist der Vogelhändler?«

»Weg«, murmelte Gallo und wischte sich über den riesigen Schnurrbart. »Besser, wir reden drinnen.«

* * *

Während Hagano draußen auf der Gasse den Kriegern Schauergeschichten über den Brudermord Karls erzählte, erfuhren Arnulf und Sigfrid an einem wackligen Tisch in einer Ecke des Hauptraums von Nibelungs List: Der Vogelmann, erzählte Gallo, habe sie zu einem schmucken Haus in einem hinteren Winkel der Stadt geführt. Dort bekam er Einlass, während Gallo und sein Kamerad auf der Gasse warteten. »Die Leute kannten ihn, soviel war klar. Deshalb«, Gallo hob die Hände, hilflos, »deshalb dachte ich, die Geschichte wird stimmen. Aber er kam nicht wieder raus. Also sind wir dann irgendwann rein, durchs Hoftor und haben der nächstbesten *magad* gesagt, sie soll Nibelung holen.«

»… aber der war nicht mehr da«, knurrte Arnulf mit einer Zornesfalte über der Nase. »Und das Silber auch nicht, stimmt's?«

Gallo räusperte sich, seine fleischigen Hände knetend. »Nicht ganz, Herr … Ja, er ist durch einen Hinterausgang fort, aber nicht allein. Er hat ein Weib mit einem Kindlein mitgenommen, erzählten sie, eine Hörige des Hausherrn. Der gar nicht mehr am Leben ist – an Sankt Martin ist er vorletzten Herbst aufgefahren, erzählte seine Witwe.«

»Zum Teufel!«, entfuhr es Arnulf. »Also wollte er nur in die Regensburg, um dieses Mädchen zu holen, was? War sie seine Buhle?«

Gallo nickte. »Er freite um sie, damals, als er noch hier lebte. Nibelung ist der Vater von dem Balg, den sie mitgenommen haben. Aber er hatte nicht genügend Silber, um sie auszulösen. Und wisst Ihr, was die Witwe sagte?«

»Gleich weiß ich's«, murmelte Arnulf, dessen Zorn bereits zu verrauchen begann. *Ein besserer Plan muss her!*

»Dass sie die Auslöse für die *magad* auf drei Pfund Silber angehoben hat, und dass dieser Bastard ihr noch zwei Pfund Silber schuldet. Und sie schlug mir vor, dass *wir* die Schuld begleichen! Wir sind dann ziemlich schnell davon. Ob die Familie nach Nibelung suchen lässt oder nicht, kann ich nicht sagen, aber ich hatte es Euch gesagt, *hamar*, dem Kerl ist nicht zu trauen, von Anfang an!«

Arnulf räusperte sich. »Das weiß ich, Mann … Hat die Alte Verdacht geschöpft?«

Gallo schüttelte den Kopf. »Das glaub' ich nicht; die denkt vor allem an das Silber, das der Vogelmann ihr jetzt noch schuldet.«

Arnulf verzog die Lippen, fast hätte es ein Lächeln sein können. »Dann hört jetzt genau zu«, begann er. »Wir sind hier, um
Karlmanns Sohn, Karls Neffen Grifo, zu suchen und zu entführen!« Dann weihte er sie in alle Details ein, einschließlich der
Belohnung, die da winkte.

Kapitel XVIII

Sodom, westlich der Regensburg, Juni 787

Nachts träumte Arnulf schlecht. Würde man ihn in die Pfalz einlassen? Würde ihn ein Wachtposten erkennen? Oder gar Tassilo selbst? Er musste damit rechnen, auf bayerische Edelleute zu stoßen, die ein paar Jahre zuvor Karls Hof besucht hatten oder die der Karlshof auf seinen Reisen durchs Reich besucht hatte. Manch einer würde sich an ihn, den kantigen Hundertschaftsführer der Schwarzen, erinnern!

Bei Sonnenaufgang kauerte er an Arthurs Lager nieder. Der Junge war sofort wach, als Arnulf ihn ansprach. »Geht's los, Vater?«

Arnulf freute sich insgeheim über den Eifer, der aus den noch verschlafenen Augen leuchtete. Doch in seinen Worten fand sich diese Freude nicht wieder. »Ich weiß nicht, ob wir wiederkommen, Arthur«, sagte er langsam. »Ich nehme nur Sigfrid und drei seiner Sachsen mit.«

»Was sollen wir machen, wenn …« Arthur wischte sich Stroh aus den Haaren. Arnulf räusperte sich. »Dann wird Gallo euch wieder nach Hause führen. Und du wirst Mutter sagen, dass ich – dass ich sie geliebt habe.« Die letzten Worte waren Arnulf herausgerutscht, eine verlegene Stille entstand. Arthur sah seinen Vater mit offenem Mund an, aber kein Laut kam hervor. »Du bist ein guter Junge, Arthur«, presste Arnulf endlich hervor. Beide standen auf, als wäre es verabredet, und umarmten einander.

* * *

Ihre schwarzen Halstücher hatten sie abgelegt, als Arnulf mit Sigfrid und vier weiteren Kriegern später am Vormittag mit zehn der besten Pferde durch das Stadttor ritt. Arnulf trug ein verschrammtes Lederkoller über der Tunika und hatte nur das Schwert an der Seite. Als er wenig später den Wachen vor dem Tor des Palas sein Anliegen erklärte, erntete er abschätzige Blicke. Sie musterten Arnulfs röhrenartige Unterarmschützer aus Leder, ohne die er sich nackt gefühlt hätte.

»Pferde wollt Ihr verkaufen?« Der Wachhabende pickte mit den Fingern etwas aus seinen Zähnen und musterte die frisch gebürsteten Tiere, die zwischen den übrigen Männern auf dem Vorplatz der Pfalz warteten, unmittelbar neben den Stangen mit den Köpfen. »Sehen nicht schlecht aus, die Tiere. Nächste Woche ist aber erst Markt, unser Marschalk wird da sein …«

»Ich verkauf' sie ihm direkt, was haltet Ihr davon?«, sagte Arnulf und befingerte den Anhänger mit dem Donarhammer, Leihgabe eines Kriegers.

»Gar nichts«, knurrte der andere und wechselte seinen Speer von der linken in die rechte Hand. Er mochte Mitte vierzig sein und wirkte etwas schwerfällig, als verrichte er diesen Dienst schon ziemlich lange. »Von einem Pferdezüchter Samo aus Casila hab' ich noch nie was gehört, und ich hab' einige große Leute unter diesen Hörnern durchreiten sehen.« Er deutete mit einem Daumen über die Schulter und Arnulf erkannte ein wuchtiges Schnitzwerk in Form eines Steinbockschädels, das dort zwischen den Steinen des Torbogens eingelassen war. »Also, Sachse, seht zu, dass Ihr weiterkommt!«

Arnulf beugte sich im Sattel vor. »Hört zu, es heißt, der Herzog will gegen Karl ziehen. Wir wollen für Euren Herrn kämpfen. Ich hab' Schlachten mit dem großen Widukind

gegen die Franken geschlagen! Da draußen, in Sodom, hab'
ich noch mehr Leute, die mit Karl eine Rechnung offen haben.
Also, lasst uns vor!«

Der Wachhabende blinzelte. »Ihr wollt mit Widukind gegen
Karl gekämpft haben? Warum soll ich das glauben?«

»Warum sollte ich lügen?« Arnulf riss ihm mit einer schnellen Bewegung den Speer aus der Hand, ließ den Apfelschimmel
zwei, drei Sätze nach vorne machen und schleuderte die Waffe
mit einem kräftigen wie mutigen Schwung. Zitternd blieb sie
im Schädel des Steinbocks stecken.

»He da!«, riefen die anderen Wachen verdutzt, und der
Wachhabende zog sein Schwert ein paar Zoll aus der Scheide.
»Dafür könnt' ich Euch auspeitschen lassen!«, grunzte er.

Grinsend ließ Arnulf sein Pferd zu ihm zurücktraben. »Sagt
Eurem Herzog, dass er zwei Dutzend erstklassiger Pferde
bekommen kann und Krieger, die mit Waffen umgehen können! Und lasst mich nicht zu lange warten, klar?«

Der Bayer zerkaute einen Fluch zwischen den Zähnen und
einen Augenblick befürchtete Arnulf, dass er diesen Burschen
falsch eingeschätzt hatte. Dann aber machte er kehrt und verschwand mit betont langsamen Schritten durch den Torbogen.
Augenblicke später rief einer der anderen Wachen Arnulf
etwas zu, was irgendwie nach »vorwärts« klang. Mit klopfendem Herzen gab der Offizier des Königs Sigfrid ein Zeichen,
und dann trabten sie hinein in das Innerste der Herzogsmacht.

Das erste, was Arnulf aufnahm, waren Dutzende von Bewaffneten, die im Innenhof herumlungerten. Sie vertrieben sich
die Zeit mit Würfeln und dem Werfen von Äxten. Man rief
sich sogleich Bemerkungen über die Tiere zu: Das glänzende
Fell, der federnd-kraftvollen Schritt. Wie alt? Woher? Wieviel
wollt ihr dafür?

Arnulf fertigte sie mit ein paar gebrummten Silben ab. Diese Burschen waren bestenfalls niedere Gefolgsleute Tassilos, schlimmstenfalls Mietstahl: Kämpfer, die sich für Silber verdingten. Sein Blick ging zu den Stallungen, die den Hof nach links hin begrenzten, wo ein Schmied und einige Knechte mit dem Beschlagen von Pferden zugange waren. An die Stallungen schloss sich der Römerturm an. Decken, Vorräte und Feuerholz waren neben dem Eingang gestapelt. Im Turm, hatte Nibelung behauptet, saßen Tassilos Gefangene, von dort aus sollte es auch einen Gang nach draußen geben … oder war das alles erfunden gewesen? Wie lange würde es brauchen, diesen Turm zu durchsuchen? Angeblich waren auch Krieger des Herzogs dort untergebracht! Der Gedanke, dort einzudringen und jemanden zu suchen, war tollkühn bis dumm … Das imposanteste Gebäude freilich war der steinerne Herzogsbau selbst: etwa dreißig Schritt breit, mit zwei Obergeschossen und großen Fenstern auf den Hof hinaus. Ein marmorgefasster Brunnen davor mit einer Löwen- und einer Wolfsfigur spie Wasser aus. Das Plätschern klang irgendwie angenehm, fand Arnulf. Es war warm, fast schon schwül, schon roch die Luft nach Julihitze.

Er musste sich zwingen, gleichmäßig zu atmen.

In einer bogenförmigen Fensteröffnung im ersten Stock tauchte ein von Wein oder Sonne gerötetes Gesicht auf, umrahmt von schwarzem Bart und dichten Brauen: der Bayernherzog selbst. Sofort stiegen in Arnulf die Bilder von der Lechinsel auf. Was der Herzog von dort oben sah, schien ihm zu gefallen. Wenig später erschien er mit ein paar jüngeren, aufwendig gekleideten Männern im Burghof. Einer der Begleiter – etwa Ende zwanzig – war in schwarzes Leder gekleidet, das so weich wie Stoff fiel. Sein kaltes Lächeln streifte die Pferde, streifte Sigfrid. Dann blieb sein Blick an Arnulf hängen.

Ich kenne dich – sagte dieser Blick.

Der Herzog hörte nur mit einem halben Ohr zu, als Arnulf sich wiederum als Samo vorstellte, als ein sächsischer Pferdezüchter von der Fulda. Tassilo ließ Sigfrid eine herrliche Fuchsstute an einem Seil im Kreis vorführen – das Pferd, das in die Donau gesprungen war. Der Herzog nickte anerkennend, doch dann zeigte er auf den Apfelschimmel Arnulfs. »Ich hatte einen ähnlichen Gaul. Der starb im Frühjahr an der Seuche. Bleibt das Pferd ruhig im Gefecht?«

»Ja, Herr«, sagte Arnulf schnell. »Nehmt es als Gastgeschenk!«

»Wer sagt, dass Ihr hier Gast seid?«, stieß der Herzog aus, ohne Arnulf anzusehen.

Arnulf lächelte so selbstsicher wie nur möglich, doch seine Achselhöhlen waren schweißnass. »Ihr zieht gegen König Karl, heißt es. Wir sind bereit, für Euch zu fechten, Herzog!«

Tassilo stemmte die Arme in die Hüften und musterte den Fremden zum ersten Mal gründlich: die kräftige Figur, Schwert und Armschützer, das etwas armselige Lederkoller und schließlich die Narben im Gesicht. »Ihr seid ein dreister Kerl, Samo von der Fulda! Aber Ihr habt richtig gehört: Kampferprobte Leute können wir noch gebrauchen. Habt Ihr noch mehr Männer?«

»Hinten, Herr, in der Siedlung vor Sodom«, sagte Arnulf und sah dem Herzog direkt in die Augen. »Und in den nächsten Tagen kommt noch mein Bruder mit seinen Leuten dazu. Sie haben Pferde gegen Salz gehandelt, hinten am Inn.«

Der Herzog nickte, als ergäbe das alles Sinn, und er brummte seinen Leuten ein paar Worte zu. Die Männer lachten. »Kommt mit«, rief der in Leder Gekleidete Arnulf zu, als hätte der Tassilo bereits geschworen. *Wohin? Sax hamar* tauschte einen schnellen Blick mit Sigfrid, dessen Züge wie eingefroren waren. Arnulf folgte dem anderen zu einem steinernen Nebengebäude nahe dem Torbogen, aus dem das Klappern von Töpfen und der Geruch von verbranntem Fett drang.

»Wir sind uns schon begegnet«, sagte der Bayer tonlos und musterte Arnulf mit klaren, kalten Augen. »Ich weiß nur nicht mehr wo. Samo, so heißt Ihr?« Arnulf nickte und fühlte einen neuen Schweißausbruch. »Ich schätze, Ihr verwechselt mich. Ich war noch nie zuvor in Regensburg.«

Sie traten in einen Vorraum mit einem riesigen Steintisch, auf dem Meisen zwischen Brotresten und Bierpfützen pickten. Der Mann des Herzogs schöpfte mit einer Kelle aus einem offenen Kessel und stellte einen randvollen Becher Bier vor Arnulf ab. »Ich bin Uto, der Herzog ist mein Vater. Ich passe auf ihn auf …« Einem kühlen Grinsen folgte ein umso bohrenderer Blick. »Die Tiere von der Sachsengrenze bis hierher zu bringen: Das ist ein kleines Wagnis, nicht wahr? Keine Angst vor Räubern, he?«

Arnulf zwang sich ein Lächeln ab. »Ich hab' genug Leute, die sich wehren können.« Uto schien zufrieden mit der Antwort, das Grinsen erschien wieder, das auf Arnulf überheblich wirkte, geradezu gewollt überheblich. *Tritt so ein Bastard auf, ein unehelicher Sohn?!*

»Ihr habt schon einmal gegen Karls Heer gekämpft? Wo und wann, hm? Erzählt, ich bin ein neugieriger Mensch.« Während er diese Worte sprach, ging seine Hand zum Messergriff im Gürtel. Geschmeidige Finger zogen die Klinge hervor und ließen sie eine Drehung in der Luft machen, dann fing er sie ohne hinzuschauen wieder auf. *Ein Bastard und ein Angeber.* »Ich war im Haunetal dabei, zwischen Hersfeld und Fulda«, sagte Arnulf wahrheitsgemäß. »Ist mehr als zehn Jahre her. Zuletzt haben wir an den Süntel-Höhen gekämpft, an der Weser. Da haben wir die Franken geschlagen, bei Wodan!«

»Habt Ihr«, bemerkte Uto ohne eine Gesichtsregung. »Und dann hat Karl Euch massakriert, bei Fardi an der Aller, stimmt's?«

Arnulf spuckte aus, wie es Sachsenkrieger taten, wenn sie einander davon erzählten. Uto nickte.

»Von der Süntel-Schlacht werdet Ihr uns nachher erzählen, Sachse«, erklang es hinter ihnen. Der Herzog war mit zwei anderen in den Vorraum getreten. Ihnen folgte ein braunweißer Jagdhund mit massiven Schultern und einem von Narben zerpflügten Gesicht, der vor Arnulf Halt machte und ein tiefes Grollen ertönen ließ. »Riechst du was, Wolfbiz?« Der Herzog lachte auf, rau und mitleidlos. »Das macht er sonst nur bei der Bärenjagd!«

Tassilo nahm einem Knecht ein Knochenstück mit Fleischfetzen aus der Hand und hielt ihn ausgestreckt auf Kopfhöhe. Der Hund richtete sich ruckartig auf und schnappte den Knochen, es wirkte mühelos. Tassilos Hand landete auf Arnulfs Schulter. »Ihr bleibt heute hier, Samo. Ich gebe ein Fest für mein Gefolge. Dann sprechen wir über alles!«

* * *

Sie saßen am äußeren Ende der Tafel und aßen gebratenes Huhn, Gurken, Brot und Fisch. Schräg über ihnen verlief der riesige Lindenast wie ein Drachenschwanz. Während Arnulfs Sinne vor allem auf den Jüngling neben Tassilo gerichtet waren, musterten seine Leute den sich unter der Saaldecke verzweigenden Ausläufer des Lindenstammes mit Scheu und Verwunderung. »Agilos Arm«, hatte Uto ihnen gönnerhaft zugerufen. Dieser Agilo hatte den Palas einst den Römern entrissen, hieß es. Er hatte diesen Baum in den Innenhof gepflanzt, der hinter dem Saal lag.

Immer wieder wanderten ihre Blicke an den Kopf des Tisches. »Der Junge neben Tassilo mit dem Ziegenbärtchen«, raunte Arnulf. Sigfrid nickte und grinste, um seine Anspannung nicht zu zeigen. Es konnte nur Grifo sein: ein prachtvoll gekleideter, jüngerer Mann mit merkwürdiger Barttracht, zwischen

Tassilo und einem grauhaarigen, massiven Kerl mit scheppernder Stimme. Die Bewegungen des Königsneffen bis hin zum Heben des Bechers wirkten auf Arnulf irgendwie steif, mochten einen Rest von Unsicherheit verraten, als müsste er die Rolle des Fürsten noch lernen.

Lautenspieler traten auf, ein Sänger besang Tassilos Triumphe über die Karantanen[6], einen Slavenstamm in den südlichen Gebirgen. »Der Aware starrt zu uns rüber«, flüsterte Sigfrid in Arnulfs Ohr. Tatsächlich saß der Kaghan scheinbar unbeteiligt ein paar Plätze von Tassilo entfernt, nippte ab und zu an seinem Wasser und musterte die Männer am unteren Ende der Tafel mit dem Blick eines Jägers. Arnulfs Nackenhaare richteten sich auf, als der Kaghan sich erhob und zu Tassilo hinüber ging. Er warf ihm ein paar Worte zu. Der Blick des Herzogs ging einmal durch den ganzen Saal und streifte schließlich die Männer König Karls.

Arnulfs Hand ging zum Griff seines Schwertes. Er spürte sein Blut schneller fließen. Hatte der Aware ihn wiedererkannt? Nahkampf im Thronsaal: Wie viele der Kerle würden zur Waffe greifen? Würden sie überhaupt bis zur Tür kommen? Doch zunächst geschah nichts.

Spatzen flogen vom Ast herab, zischten über den Boden und verschwanden mit ein paar Krümeln vom Mahl. Trinksprüche wurden ausgestoßen, Becher wurden hochgereckt und Wein spritzte auf die Sitzenden.

Ein redefreudiger Kerl mit rötlicher Trinkernase und schweren silbernen Armringen schob Arnulf eine Hasenkeule zu. »Schließt Ihr Euch Tassilos Kampf an? Ihr seid Sachsen, oder? Die geben nie auf, heißt es!«

---

6   Die Karantanen waren die Urbevölkerung des heutigen Bundeslandes Kärnten (Österreich).

»Niemals, bei Donars Bart!«, gab Arnulf zurück und prostete dem anderen zu. »Wir stehen an der Seite des Herzogs, bis Karl im Staub liegt.« Der andere griente halbbetrunken und begann von seinen Waffentaten bei irgendeinem Gefecht zu fabulieren. Arnulf nickte, grinste und wandte sich dann Sigfrid zu, um ihm zuzuprosten und den anderen loszuwerden.

»Habt Ihr Euch mit dem Herzog geeinigt?«, fragte der Sachse und strich sich den dünnen Zopf hinter das Ohr, der so seltsam mädchenhaft wirkte. »Ja«, sagte Arnulf nur und setzte noch einmal den Becher mit dem säuerlichen Wein an. Doch Sigfrid wollte es genauer wissen, und so beugte sich Arnulf etwas vor und nannte die Bedingungen: 50 Solidi für jedes Pferd und noch einmal 25 Solidi für jeden Krieger – oder 50 Solidi, wenn es zu einem Gefecht kam. Sigfrid runzelte ungläubig die Stirn, während seine sächsischen Kameraden links und rechts von ihm ebenfalls die Köpfe vorstreckten, um mitzuhören. »Wirklich?«, murmelte der Sachse. »Dieser Herzog ist großzügig, was?« Arnulf zuckte die Achseln, weil es vollkommen gleichgültig war, wie freigiebig Tassilo war – nur Grifo war wichtig für sie!

Eine Schar Knechte trug Bänke heran, denn nun kamen die Rang- und Namenlosen, um die Reste des Mahls zu vertilgen. Zwei Hunde jagten einander um die Tische im Kampf um ein halbes Huhn. Auch Bittsteller wurden vorgelassen. Erst Männer mit gutem Gewand und sicherem Schritt, dann Barfüßige mit geflickter Tunika, gebrechliche Alte und einzelne Frauen mit Kopftuch knieten vor dem Tisch des Herzogspaars.

Im halbdunklen Hintergrund des Saals sammelte sich unterdessen ein halbes Dutzend Männer, die schwer einzuordnen waren. Das Klink-Klink von Metall an Metall ließ den Offizier noch unruhiger werden. Sigfrids Blicke kreuzten Arnulfs – der Sachse nippte noch einmal am Weinbecher, doch nun sah

Arnulf die Knöchel seiner Hand hervortreten, so fest umfasste er den Becher. »Wo ist dieser Uto?«, raunte er Arnulf zu. Tassilos Sohn war gefährlich, das spürte auch Sigfrid, vielleicht sogar der Gefährlichste von allen Anwesenden.

Im selben Moment ging eine Hand von hinten auf Arnulfs Schulter nieder. »Genug gefressen!« Arnulf zuckte zusammen und riss das Schwert drei Handbreit aus der Scheide. Da fuhr auch schon eine Axtklinge zwischen ihm und Sigfrid in das Holz des Tisches, ein Weinbecher fiel um und Laute des Erschreckens ertönten links und rechts.

* * *

»Auf, Wodansbrüder!«, griente Tassilos Leibwächter. »Zeit für einen Wettkampf!« Uto drückte ihnen schlanke Wurfäxte in die Hand und scheuchte ein paar halbgare Burschen mit einem Holzschild los. Zwei von ihnen hoben einen Dritten hoch, der den Schild mit einem Seil am Ast aufhängte, nur ein paar Schritt entfernt vom Tisch, an dem Arnulf und Sigfrid gesessen hatten. Arnulfs Bauchmuskeln waren hart wie Eisen geworden. Die Knechte strafften die Aufhängung des Schildes mit zwei Bodenseilen, dann ging es los: Uto winkte die Gruppe von Kriegern und niederen Edlen ein Stück zurück, bis sie etwa ein Dutzend Schritt Abstand hatten. »Jeder zwei Würfe! Wer in der Mitte liegt, gewinnt!«

»Aber nicht für umsonst!«, rief einer, und die anderen lachten: Man kannte sich. Prompt holte einer der Herzoglichen, auf dessen Überwurf Steinbockhörner prangten, einen Beutel hervor. Die Männer warfen Silbermünzen und Kupferstücke hinein. Der Beutel, bemerkte Arnulf, war ein zusammengeknüpftes Tuch, schwarz, von robustem Stoff … *ein Halstuch der Schwarzen, vom Gefecht am Lech.* Ein Stich ging durch seine Mitte.

Utos erster Wurf landete eine Handbreit neben dem roten Fleck, der in die Mitte des ledernen Schildüberzugs gemalt war.

Die anderen quittierten es mit respektvollen Geräuschen. Die Äxte der nächsten Werfer trafen den Schildrand oder prallten ab, weil sie mit dem Schaft zuerst auftrafen. Dann war Arnulf selbst an der Reihe. Er merkte, wie Uto – er wirkte kein bisschen betrunken – jede seiner Bewegungen genau verfolgte. Arnulf wog die Waffe in der Hand, schätzte die Zahl der notwendigen Umdrehungen und übersetzte sie in die nötige Wurfkraft. Er holte aus und warf. Das Beil rotierte durch die Luft, krachte in den oberen Schildrand, berührte den Ast selbst und fiel scheppernd zu Boden. Ein Raunen ging durch die Zuschauer – mittlerweile schaute die Hälfte der Tischgesellschaft dem Treiben zu.

Die Axt ist leichter als mein eigenes Streitbeil.

Aus den Augenwinkeln sah Arnulf den Königsneffen herbeischlendern. Sein Gang, das Schwingen der langen Arme und die Steifigkeit der Hüfte waren so karolingisch, dass Arnulf zweimal hinschaute. Grifo war schmaler als sein mächtiger Onkel, aber ja – er war von Karls Fleisch, vom Blut der Karolinger!

Auch beim zweiten Durchgang prallten die meisten Äxte vom Schild ab, wiederum schien Uto der beste Werfer. Arnulf wartete diesmal, bis alle anderen geworfen hatten. Er wollte gar nicht in die Mitte zielen. Also tiefer als zuvor anhalten. Ein Volltreffer würde unnötige Aufmerksamkeit erwecken … Und doch: Da war etwas in ihm, das gar nicht anders konnte – schon schlug die Axtklinge mit der oberen Schneidkante in der Mitte des roten Feldes ein! Ausrufe des Erstaunens folgten, Pfiffe und Seufzen. Mit einem fast bösartigen Ausdruck um die Lippen ging Uto zur Zielscheibe und hebelte Arnulfs Axt heraus. »Ziemlich gut für einen Pferdehändler von der Fulda«, knurrte er und tippte Arnulf mit dem Axtschaft gegen die Brust. »Wir haben uns schon mal gesehen, Mann. Und spätestens morgen weiß ich wieder, wo.«

* * *

In der Nacht fand Arnulf keinen Schlaf. Immer wieder wälzte er sich auf den Strohbündeln in der Halle hin und her, einer von vielen: Die Hörigen der Pfalz und ein Teil der Leibwache Tassilos nächtigten dort. Als er endlich einschlief, sah er den Ast wie ein dunkles Ungetüm auf ihn niederschweben, bis er den Druck auf dem Brustkorb verspürte und schweißgebadet hochschreckte. Hand und Unterarm Sigfrids lagen auf ihm – der Gefährte schnarchte gleichmäßig.

Später, im hellen Tageslicht, traf Arnulf seine Anordnungen. Im Palas blieb der Schweiger mit den beiden anderen Sachsen, gleichsam als Pferdewache. Arnulf und Sigfrid ritten hinaus zur Siedlung, um die anderen Pferde und die Krieger zu holen. Dass es weniger waren, als er dem Herzog versprochen hatte, machte ihm vorerst kein Kopfzerbrechen. Befürchtet hatte er vielmehr, dass Uto ihm eine Begleitung aufzwingen würde. Doch wieder hatte Arnulf Glück, denn eine andere Sache beschäftigte das Gefolge Tassilos an diesem Tag. Im Gau eines Vasallen am Regen stand ein Gerichtstag an, den der Herzog selbst besuchen wollte, um unter den dort zusammenkommenden Männern Bewaffnete für den Kampf mit Karl zu sammeln.

Als sie das Stadttor durchritten hatten, schlug Arnulf einen leichten Trab an. Sigfrids Miene gefiel ihm nicht. »Gebt nichts auf dieses Gequatsche über sächsische Aufstände«, warf er dem Gefährten zu. Verdächtig lange hatte er den Kameraden mit Kerlen sprechen sehen, die offenbar mit Sachsen und Thüringern versippt waren.

»Zweifelt Ihr an meiner Treue, *hamar*?«

»Seid nicht gleich beleidigt, Mann!«, stieß Arnulf aus. Sigfrid starrte für ein paar Augenblicke über die Pferdeohren geradeaus. »Was Eure Belohnung angeht, Herr: Es gibt keinen Grafen des Nordgaus mehr.« Etwas wie Hohn funkelte in Sigfrids Augen, als er fortfuhr: »Es gibt ein halbes Dutzend Grafen im Nordgau, große und kleine Herren.«

»Was genau soll das heißen?«, fragte Arnulf mit einer bösen Ahnung, während sie den Nordwest-Turm links liegen ließen und in Richtung Sodom abbogen. »Einer, der früher an den Nordgaugrafen gezinst hat, erzählte das«, knurrte der Sachse. »Der letzte dieser Grafen starb ohne Kinder. Seitdem ist dort alles anders, jeder frühere Vasall fühlt sich als eigener Herr. Tassilo hat davon seinen Nutzen, heißt es: Er ist der Schiedsrichter unter den Kleinen. Vielleicht hättet Ihr Euch lieber den Herzogtitel selbst ausbedingen sollen!«

»Genug, Mann, das reicht!« Verärgert schüttelte Arnulf den Kopf. »Warum das Fell des Bären zausen, bevor er erlegt ist? Das bringt nur Unglück.« Doch er merkte, wie lahm diese Worte klangen.

Sigfrid grinste plötzlich, aber mehr trotzig als freundlich. »Euer Versprechen steht? Gallo und ich erhalten drei Helme voll Silber und unsere Krieger mindestens einen Helm voll?«

»Wollt Ihr jetzt auch an meinem Wort zweifeln?«, fragte Arnulf gereizt. Sigfrid schüttelte den Kopf. »Nein, *hamar*. Auf Euch verlass' ich mich gern, immer!«

Arnulf schwieg, bis sie die Siedlung erreichten. *Ein Kleinkrieg mit den früheren Vasallen wird Blut und Geld kosten.* Krampfhaft versuchte Arnulf, seine Gedanken wieder auf Grifo zurückzulenken. Wie brachten sie ihn aus dem Palas und der Stadt heraus, ohne binnen Augenblicken erschlagen zu werden? War es besser, ihn irgendwie vor die Stadt zu locken, um ihn dann zu überwältigen und … Doch sogleich schob sich wieder die Einsicht dazwischen, dass der König ihm etwas verschwiegen hatte. Oder genauer: Der König hatte ihm eine Frucht hingehalten, die bei näherem Hinsehen faulig war! Oder hatte Karl einfach nichts vom Zersplittern des Nordgaus gewusst?

Zu schnell ritt *sax hamar* in die engen Gassen der Siedlung hinein: Fast hätte er eine Magd niedergemacht, die sich mit einem widerspenstigen Ziegenbock herumschlug. Vor dem Haus Haganos trat ihm Gallo entgegen, in befleckter Tunika mit rot unterlaufenen Augen. Er hielt seine Feldflasche in der Hand wie einen Talisman und lallte etwas, das mit dem Unterleib einer Frau zu tun hatte.

Als Arnulf direkt vor ihm das Pferd zügelte, fiel der Welsche auf seinen Hintern und blieb sitzen. Arnulf sprang vom Pferd.

»Pest und Eiter! Hatte ich befohlen, dass Ihr Euch wie ein Maultier volllaufen lasst?«

Weinseliges Stammeln war die Antwort. Wütend packte Arnulf den Kameraden im Nacken und schleifte ihn bis unter das Vordach. Er griff nach dem Wassereimer, der dort für die Durstigen stand, und leerte ihn in Gallos Gesicht. Ein lautes Rülpsen folgte, dann erschlaffte Gallos Körper wieder.

ᚦ ᚦ ᚦ

Einen vollen Tag Zeit hatte er, um einen Plan zu entwickeln. Der Herzog würde frühestens am späten Abend zurückkehren, wahrscheinlich sogar erst am darauffolgenden Tag. Das »Geschäft« war daher erst am morgigen Tag fällig, einem Freitag.

Dass Gallo sternhagelvoll war, half nicht weiter. Und als würde ihn der Himmel narren wollen, hatte eine seltsame Hitze eingesetzt. Hitze half dem Denken nicht, sonst würden in Rom nicht so viele Narren herumlaufen. *Ein Spruch Einhards …*

Arnulf ließ sich von Haganos Hausweib im Tausch für ein paar Silbermünzen eine gegerbte Ziegenhaut geben und ein Stück Kohle. In einem mit einer Plane abgegrenzten Verschlag des Hauptraums breitete er die Haut auf einem leeren Fass aus. Darauf malte er zuerst die Gebäude der Pfalz auf. Darum herum zog er mit einer dicken Linie die Umfassungsmauer. Schließlich markierte er mit einem Viereck und weiteren Linien die Nordostbastion der Stadtmauer. Dann wusste er nicht mehr weiter.

Immer wieder tauchte der König vor seinen Augen auf. Karl mit dem bleichen Vogelknochen in der Hand. Und dem Versprechen auf den Lippen: »... *einen Grafentitel, Gold und was immer Ihr sonst noch wollt!*« Der Nordgau hatte lange einen Oberherrn gehabt; ein zupackender Kriegsmann konnte folglich das riesige Gebiet wieder einem einzigen Willen unterwerfen – wenn gleichzeitig ein König hinter ihm stand.

Er sah den großen Saal vor sich und die Tür, durch die Grifo am Abend irgendwann verschwunden war. Wüsste er nur, wo der Königsneffe untergebracht war! War er tatsächlich im Römerturm? Und Uto? Arnulf würde ihn töten müssen, das spürte er mit jedem Herzschlag deutlicher.

Irgendwann erschien Arthur im Türschlitz der Plane. »Darf ich reinkommen, Hauptmann, Herr?«

»Warum sprichst du mich nicht mehr mit Vater an?«

»Weil es Eure Männer auch nicht tun.« Dann stand sein Sohn vor ihm, und Arnulf sah sich wieder selbst, als jungen Mann: überschäumendes Selbstvertrauen, Angriffslust und keine Spur von Vorsicht. Oder gar Demut.

»Woher hast du die Schramme unterm Auge?«

»Das war Gallo.« Arthur zog die Plane hinter sich wieder zu, die freilich kaum ein Wort aufhalten würde. »Er war mit zwei Leuten in Sodom, letzte Nacht. Kam mit einem Fässchen zurück. Sie soffen immer weiter. Da wollte ich's ihm wegnehmen.«

»Du?« Arnulf sah ihn scharf an. »Um es auszutrinken?«

»Nein!« Verärgert zog Arthur an seinem Halstuch herum. »Er hat es erzählt! Ich weiß, was Ihr vorhabt, dass Ihr den Neffen des Königs entführen wollt!«

»Ich hätte es dir heute auch erzählt, Arthur«, sagte Arnulf ernst und musste an Gallo in den Kaschemmen Sodoms denken: Gegenüber wie vielen Leuten dort hatte der Neustrier im Suff von der Sache gesprochen? Gallo, der treue Gefährte mit dem ledernen Trinkbeutel – das eine Mal, als nur Wasser drin gewesen war, hatte Gallo ihm davon angeboten!

»Komm her«, sagte Arnulf schließlich. »Also, das hier ist die Stadtmauer, und dieses große Gebäude ist die Herzogspfalz …«

* * *

»Auf eins kommt drei,
auf zwei kommt vier …
sieben heißt die Pest und acht der Tod,
bei neun kriecht der Wurm aus dem Schlamm,
und sein Schlund frisst …«

Abrupt richtete sich die Alte auf, nur gerade eben konnte Leutberga unter der weit vorstehenden Haube die flackernden Augen erkennen. »Alles bleibt trübe, Herzogin! Die Mächte zeigen sich nicht.« Leutberga biss sich auf die Lippe, immer noch auf die kreisrunde Holztafel starrend – ein Gemisch von Knochen, Zähnen und tropfenförmigen Eisenstücken lag dort. Links und rechts der Seherplatte standen bronzene Tröge, aus denen helle Flammen emporzuckten. Mit einer hageren Klaue legte die Alte ein Stück Blech auf den Trog, dann auf den anderen; die Flammen zischten, ein scharfer Geruch von Galle und Verderben machte sich breit.

»Eure Zeichen sagen schon länger nichts mehr, Asuna. Vielleicht ist der Wurm in Euch selbst?« Die Alte blickte soweit auf, dass Leutberga das Netz dunkler Runzeln erkennen konnte und die von einem Geschwür zerstörte Nase. »Meine Kunst ist so alt wie die Welt selbst«, schnarrte die Seherin. »Es ist falsches Blut in der Nähe, Herzogin. Zweiflern und Täuschern zeigen sich die Geschicke nicht.«

Verunsichert schüttelte Leutberga das Haupt und ging einmal um den Steinklotz herum, auf dem Asuna ihre Kunst praktizierte. An den Wänden des Kellergewölbes türmten sich die dunklen Formen von Sätteln, Werkzeugen und Bootshölzern. Talglichter warfen ein flackerndes Licht auf die Alte und ihren Schrein.

»Wird Karl fallen – ja oder nein?« Sie kam direkt vor der Alten zum Stehen. »Zu viel falsches Blut …«, wiederholte sie, mit demselben penetranten Schnarren.

»Und wer sollte dieses Blut sein, alte Hexe?« Die Stimme des Herzogs ließ sie zusammenzucken. Er stand am Fuß der Treppe, die hinauf in den Hof führte. Seine Rückkehr vom Regen noch an diesem Abend hatte Leutberga nicht erwartet! »Hatte ich dir nicht gesagt, dich niemals wieder blicken zu lassen?«

Die Alte machte einen Krächzlaut. Stumm vor Schreck verfolgte Leutberga, wie Utos Gestalt neben dem Herzog auftauchte. Mit wenigen Sätzen erreichte er die Alte. »Täuscher!«, keifte sie und warf ihm etwas Pulverartiges ins Gesicht. »Ihr seid nicht wahr!«

Uto fluchte, blinzelte und drehte ihr brutal die Arme auf den Rücken, bis sie sich nicht mehr bewegen konnte.

»Ihr fordert den Allmächtigen heraus mit diesem Treiben«, herrschte Tassilo sein Weib an.

»Ist es so schlimm, Gewissheit haben zu wollen?«, stieß sie aus.

»Verdammt«, zischte er, »Ihr wart Euch gewiss, dass Karl am Lech in unsere Hände fällt! Ihr wart Euch gewiss, dass unser Sohn eine Königskrone erringen wird und die Langobarden wieder unsere Brüder werden! Und jetzt Zweifel? Die eine Hexe heilen soll?«

Gedemütigt blickte Leutberga zu Boden. Weitere Worte der Schmähung kamen über seine Lippen, bis das Röcheln der Seherin ihn unterbrach. Asuna schien auf Zehenspitzen zu stehen, ihre Hände fuchtelten in der Luft herum.

»Nicht hier!«, rief Tassilo noch. Doch zu spät: Utos Messer zog einen roten Strich über ihren Hals. Blut schoss hervor, die Alte fiel in sich zusammen wie eine Stoffpuppe.

Es bringt Unglück, eine Hexe im eigenen Haus zu töten.

Kapitel XIX

Die Herzogspfalz in Regensburg, Juni 787

Am folgenden Tag öffnete Tassilo das Tor der Pfalz für das Volk. Mittags hatten seine Ausrufer auf den Märkten verkündet, was jeder schon erwartete: dass der Herzog die Freien zum Kriegsdienst rief, um König Karl die Stirn zu bieten. Die Menschen der Regensburg auf seinen Hof zu lassen und ihnen Bier und Fleisch zu gewähren, war seine Art, ihnen noch einmal seine Zuneigung zu zeigen. Ein Fürst musste großzügig sein, das war so wichtig wie Gerechtigkeit und noch wichtiger als Frömmigkeit.

Gegen Abend zog eine dreißig mal zehn Fuß breite Grube unweit der Pferdeställe das Volk an. Ein halbnackter Kerl mit filzigen Haaren kämpfte dort um sein Leben; ein kriegsgefangener Slawe oder ein Verbrecher? Johlend drängten sich Höflinge, Krieger und Bewohner Regensburgs am Rand der Grube und feuerten den Kämpfer an. Ein Kurzschwert war der einzige Schutz gegen den Leoparden. Die Katze hatte tiefe Bisswunden im linken Arm des Mannes hinterlassen. Ohne Unterlass tropfte sein Blut in den Sand, was eine makabre Schlangenspur auf dem Boden ergab. Doch auch der Leopard blutete aus Stichwunden an Schulter und Bauch. Wenn das Tier abzulassen schien und sich zusammenkauerte, brüllten die Zuschauer und stießen mit den Füßen Kieselsteine hinab, um es erneut zu reizen.

Ein brutaler, grausamer Kampf. Arnulf und seine Gefährten konnten nicht anders, als immer wieder hinzusehen. Die Krieger des Königs waren Teil der Menge, sie hoben sich kaum von den zumeist bewaffneten Menschen der Regensburg ab. Die Hälfte seiner Truppe hatte Arnulf um sich. Die anderen verharrten außerhalb der Stadt, um ihre Flucht abzusichern; dann waren da noch zwei Krieger, die unweit des Tores an den Schädelpfählen warteten und das Tor der Pfalz beobachteten. Wenn Arnulfs Truppe im Hof scheiterte und unterging, würden die anderen es zumindest wissen. Die Sache musste heute geschehen, wenn sie überhaupt gelingen sollte! Schon flogen Gerüchte durch die Gassen, dass der große Karl Schadenstifter gen Regensburg gesandt hatte, um Brunnen zu vergiften. Und schlimmer noch, der Herzog wollte sein Heer nahe der Stadt zusammenziehen; also würde er geworbene Kriegsleute wie einen Samo von der Fulda bald dorthin schicken – fern von Grifo, der wie ein Juwel im Palas gehütet wurde.

Zum zehnten oder zwanzigsten Mal wanderten Arnulfs Blicke über die Holztribüne an der kurzen Seite der Grube. Tassilo selbst saß dort und brüllte so laut wie die anderen, daneben der Kaghan, mit unbewegtem Gesicht, und einige der Heerführer samt ein paar Weibern.

»Der Königsneffe hat was gerochen.« Sigfrid sprach direkt in Arnulfs Ohr, obwohl bei dem Stimmengewoge um sie herum kaum einer mithören konnte. »Dann suchen wir ihn, bei Gott«, stieß Arnulf aus. Der Sohn Karlmanns war vor etwa einer halben Stunde von der Tribüne verschwunden, ohne wieder aufzutauchen. Arnulf verfluchte sich dafür, dass er ihn nicht verfolgt hatte. Er sah über die linke Schulter zum großen Turm. Dort waren gemauerte Fensteröffnungen, hinter denen Gesichter das Geschehen in der Grube beobachteten. *Ist Grifo im Hauptgebäude?* Über Dutzende von Häuptern hinweg musterte er die Eingangstüren des Herzogsbaus. Ein paar Wachen lümmelten dort, umringt von aufdringlichen Huren. Genauso umlagert wie die Löwengrube war der große Brunnen vor dem Wohngebäude: Der Kupferlöwe, der mit einem wolfsartigen Tier rang, spuckte an diesem Tag Bier aus.

Ein Schrei ging durch die Menge, der Kämpfer war zu Boden gegangen. Die Raubkatze war über ihm und zerfleischte den rechten Arm, der eben noch das Schwert gehalten hatte. Arnulf fühlte einen Schweißausbruch am ganzen Körper. *Wie viele Kämpfe in der Grube kommen noch, bevor die Pfalztore wieder geschlossen werden und das Volk hinausgetrieben wird?* Solange der Trubel die Torwachen ablenkte, wären sie imstande, den Königsneffen irgendwie nach draußen zu bringen …

Ein Raunen ging durch die Menge. Der Leopard biss seinem Opfer die Kehle durch. Zuckungen durchliefen den Körper des Mannes, dann erschlaffte er. »Niemand sollte so sterben«, knirschte Sigfrid und presste einen Fingerknöchel auf die Lippenscharte. Narbige Gesichter, wachsam und gespannt, sahen Arnulf an. *Was nun, hamar?* Alle warteten auf seine Entscheidung. Wie leicht wäre es, jetzt abzublasen: raus hier, nach Hause! Aber genau das brachte er nicht fertig.

»Wisst Ihr, was Gallo behauptet?«, murmelte Sigfrid, sodass Arnulf sich vorbeugen musste, um ihn zu verstehen. »Dass der Kerl irgendwo hinter der Kapelle untergebracht ist, in einem Gewölbe. Hat ihm eine Hure geflüstert.«

Arnulf zog die Stirn kraus. »Woher soll eine Hure das wissen?«

»Die Dirne war bei Grifo, um ihn bei Laune zu halten, sagt der Welsche.«

Arnulf atmete durch. »Hinter der Kapelle …? Dann müssen wir's versuchen!«

Sigfrids Daumen strich über die gekerbte Lippe. Seine nächsten Worte sollte Arnulf nie vergessen. »Wenn sie uns kriegen, *hamar*, …«

Arnulf packte ihn am Arm. »Hört auf mit dem Unken!«

»Wenn ich nach Walhall gehe«, sprach der Sachse mit einer seltsamen Ruhe weiter, »dann sorgt dafür, dass es mein Weib erfährt. Und gebt ihr, was ich besitze.«

Arnulf nickte schweigend. Ihre Hände rasteten mit kraftvollem Druck ineinander ein. »Ich versuche, in die Kapelle zu kommen«, sagte Arnulf heiser. »Wenn ich nichts finde, verschwinden wir.«

Sofort verlangte Sigfrid, mitkommen zu dürfen. »Ich hab' Euch Gefolgschaft geschworen!«

Arnulf schüttelte den Kopf. »Zwei Mann wären zu auffällig. Nehmt Aufstellung nahe am Tor. Kann sein, dass es gleich schnell gehen muss!«

* * *

Mit bangem Gefühl verfolgte Sigfrid, wie ihr Anführer sich durch die Menge um den Brunnen schob und auf die Kapelle zuhielt. Der Eingang war von Menschen verdeckt, der Bau war etwas zurückgesetzt, zwischen einem Nebenflügel des Palas und einer Truppenunterkunft.

Er dachte an seine Frau und die Kinder, die bei Verwandten an einem Zufluss der Weser Unterschlupf gefunden hatten. Dachte an den Blutgrafen, der ihn getötet hätte mitsamt seiner Sippe, wenn Arnulf nicht dazwischen gegangen wäre … Sigfrid schuldete ihm viel. *Aber wie lange können sie hier auf ihren Anführer warten?*

Die Sonne war hinterm Horizont verschwunden. Noch lag über allem ein trügerisch mildes Licht. In spätestens einer Stunde würde man das große Stadttor schließen. Flucht war dann nicht mehr möglich, Gallo und die anderen würden vergeblich am Fluss auf sie warten.

»Sigfrid!«

Unheil schwang in diesem hellen Ruf mit. Er sah Arthur mit gerötetem Gesicht auf sich zukommen, rücksichtslos andere Leute mit der Schulter beiseite stoßend. »Wo ist mein Vater?«

»Schreit nicht so rum!«, zischte Sigfrid. »Warum wartet Ihr nicht draußen vor dem Tor, he?«

»Nibelung ist bei den Torwachen!«, prustete der Halbgare heraus. »Ich hab' ihn gesehen! Er ist direkt zu den Wachen und jetzt redet er da auf sie ein! Was, wenn er uns verrät, um eine Belohnung zu bekommen?«

* * *

Die Luft im Badehaus war warm und feucht. Die Herzogin lag in einem schmalen Becken, das noch aus der Römerzeit stammen mochte, nicht größer als zwei oder drei Wannen. Das Wasser reichte ihr bis zum Kinn. Ihr Hinterkopf berührte den Rand der Fliesen, ihre Brüste waren von zwei Zoll Wasser bedeckt – doch die duftenden Essenzen im Wasser setzten sich, und ihr wurde klar, dass Utos Blick kaum etwas verborgen blieb. Dass er die Badestube betreten hatte, war tollkühn. Dass er Gertrud, die in einer Ecke mit Handtüchern ausharrte, wie Luft behandelte, war beunruhigend, wenn nicht noch mehr.

Ihr Blick fand Utos Blick; der Bastardsohn Tassilos hielt einen letzten Respektabstand von zwei Armlängen zum Becken ein. »Der Herzog bricht Euch die Knochen, wenn er Euch hier findet«, sagte sie.

Er grinste, die Hände in den Hüften. »Und was, wenn er mich geschickt hat, Herrin? Um zu erfahren, warum Ihr die Vergnügung so schnöde verlassen habt? Direkt nach dem kostbaren Jüngelchen aus Byzanz?«

»Narrenzeug!« Sie hatte sich unter einem Vorwand beim Herzog und den Edlen entschuldigt; der Zerfleischung eines Menschen konnte sie nichts abgewinnen. Und der Blutorgie würde ohne Zweifel eine Trinkorgie folgen. Aber all das wusste Uto natürlich. Ihre Hand tastete nach einem der runden, buttergelben Schwämme, die über orientalische Händler ihren Weg nach Regensburg fanden. Ein geradezu komischer Gedanke kam ihr, während sie sich den Schweiß vom Gesicht tupfte. »Ihr seid nicht etwa eifersüchtig auf Grifo, oder?«

»Pah!«, kam es etwas zu schnell. »Der Neffe des Königs Karl trägt Gold und Seide und wurde einst vom Papst gesalbt – ich kenne nicht mal meine Mutter! Wie dürfte ich auf solch einen Herrn eifersüchtig sein?«

Aber der spöttische Unterton, der so vielen seiner Worte inne war, wirkte nun strapaziert. Leutberga lächelte steif und wandte den Kopf zur Seite. »Gertrud! Die Tücher!« Die Zofe antwortete sofort, es klang geradezu erleichtert, doch sie erreichte das Becken nicht. Denn Uto trat ihr in den Weg. »Das mache ich«, hörte die Herzogin ihn sagen. Es folgten einige zu Gertrud gemurmelte Worte, irgendwo zwischen Drohen und Bitten. Ein Prickeln lief durch Leutbergas gesamten Körper, etwas wie Angst gemischt mit – Versuchung. Gertrud räusperte sich. »Aber … Herrin?« Leutberga schob sich ein Stück höher, streifte ihre Zofe mit einem Blick und sagte nichts. Uto schob sie zur Tür. Gertrud verschwand mit starrer Miene und Uto kehrte zurück. Schweißtröpfchen waren auf seiner Stirn erschienen.

»Würdet Ihr für mich sterben, Uto?« Sie hatte sich aufgesetzt, schamlos erkundeten seine Blicke ihre Brüste.

»Sonst wäre ich nicht hier«, sagte er heiser und trat an den drei Fuß hohen Beckenrand. Die Handtücher fielen zu Boden. »Bringt ihn um«, stieß sie plötzlich aus und sah ihm direkt in die Augen. »Tötet ihn!«

»Was sagt Ihr da?«

»Ihr werdet Karl auf dem Blutfeld gegenüberstehen, nicht wahr?«

Den König … natürlich.

Uto nickte. Sein Grinsen kehrte zurück. »Und dann? Was gebt Ihr mir dafür?«

Sie stand auf, mit der ihr angeborenen Schönheit der Bewegung. »Alles!« Wasser rann von ihrem Körper und ließ die Haut hell glänzen. Sie sah den Hunger in seinen Augen und mehr als das – Hingabe? Ihre Stimme klang rauchig, klang für sie selbst fremd. »Töte Karl, Uto! Und ich sorge dafür, dass es dir an *nichts* mehr mangelt!« Für die Dauer eines Herzschlags spürte sie seine Hand zwischen ihren Beinen – ein süßer Schock, der ihre Hitze verdoppelte. Sie schaffte es, ruhig zu bleiben. *Nicht hier, nicht jetzt!*

»Die Tücher!«

Es pochte an der Tür, beide zuckten zusammen. »Herrin!« Gertruds Stimme, gepresst, angstvoll. Weiteres Pochen, und im Hintergrund Poltern im Gang, eine Kriegerstimme: »Bei Gott, wo ist Uto?«

* * *

Da war einer, hieß es im Wachgebäude der Herzogspfalz, der erzählte dreistes Zeug. Etwas von einem fränkischen Überfall auf den Palas, auf Tassilo?!

Der plumpe Bursche, der da neben dem großen Steintisch eine Federhaube in der Hand drehte, konnte Uto nicht gerade ansehen. Ein Höriger, ausgerechnet. Uto merkte, dass seine eigenen Wangen noch brannten und dass er schneller atmete als sonst. Um das zu überspielen, ließ er sich erst einmal von den Wachen einen Becher Bier aus dem Kessel geben. »Rede, Mann!«

»Ich bin einst in der Augsburg aufgewachsen, Herr, und meine Braut, die ist Magd beim alten Adlervogt, der ist tot, aber jetzt will ich sie auslösen und heiraten und …«

Utos Ohrfeige unterbracht den Redestrom. »Komm zur Sache, du Lump, wenn du nicht dreißig Streiche auf den Rücken haben willst!«

Ängstlich sah Nibelung sich um. Er hustete, als hätte er eine Mücke verschluckt und begann aufs Neue: »*Sax hamar*, so heißt der Führer der Franken! Die haben mich hierher gebracht und er hat etwas vor, da bin ich ganz sicher, niemand durfte es wissen. Die Königin hat mich mitgeschickt, denn die Franken waren noch nie in der Regensburg ...«

»Welche Königin, Mann?«, knurrte Uto mit rotem Gesicht.

»Karls Weib Fastrada«, prustete Nibelung heraus.

»*Dich* hat Karls Weib geschickt?« Uto rammte dem dreisten Fremdling die Faust in den Magen. Ächzend ging der in die Knie, doch sogleich wurde er wieder hochgerissen. »Wer soll dieser Franke namens *hamar* sein, Bursche? Und wo ist er?«

Die nächsten Silben spuckte Nibelung förmlich aus. »... Pferdehändler ... Sachsen von der Weser!« Utos Züge erstarrten.

* * *

Hoffnung stieg in Arnulf auf: Einen Geruch von Weihrauch wollte Gallos Dirne wahrgenommen haben! Mit verbundenen Augen hatte man sie geführt. Und kühl sei der Raum vor der Treppe gewesen ... *Kam etwas anderes als die Kapelle in Frage?* Zu lange hatte Arnulfs Fantasie sich am Turm festgefressen!

Eine mit Eisenbeschlägen verstärkte Tür, ein geschmiedeter Türöffner aus Stahl: Arnulf fasste zu und drückte dagegen. Die Tür ging auf. Hinein! Er glaubte, sein Herz hämmern zu hören. »Wer zum ... Raus, Mann! Ihr habt keinen Zugang!« Ein behelmter Wachtposten mit Lederpanzer stand vor ihm.

Arnulf hob geistesgegenwärtig den kleinen Krug, den er am Brunnen einem Betrunkenen aus der Hand gewunden hatte. »Uto will nicht, dass Ihr durstet«, grunzte er leutselig. Der Bayer blickte ihn halb misstrauisch, halb gierig an – dann wechselte er den kurzen Speer in die Linke und griff zu. »Kenn' dich gar nicht«, grunzte er noch, bevor er den Krug auch schon an die Lippen setzte. Arnulfs Rechte ging nach unten, als müsste er Tropfen von der Hand schütteln. Der Stiftdolch rutschte aus dem ledernen Unterarmschutz und berührte seine Handinnenfläche – nur spitzer Stahl, mehr nicht …

Der Soldat spie aus, als die Spitze in seinen Hals eindrang. Der Krug zerplatzte auf den Fliesen, dann brach der Kerl zusammen, scheppernd schlug der Speer auf dem Steinboden auf.

Arnulf hob die Waffe auf und warf einen Blick in Richtung Altar und Kreuz. Im Dämmerlicht waren sie kaum noch auszumachen. *Wohin jetzt?* Eilig machte er ein paar Schritte auf die linke Wand zu, wo ein dunkles Viereck einen Durchgang andeutete. Noch eine Tür … *Wo sonst könnte es weitergehen?* Prompt tauchte eine Gestalt auf, die Hand am Schwert. Der Mann rief einen Namen, unsicher. Arnulf roch den Schweiß des Kerls bereits, als seine Speerspitze in dessen Lederpanzer eindrang. Der Stoß warf den anderen um. Mit einem Raubtiersprung landete Arnulf auf ihm, umklammerte mit einer Hand dessen Gurgel und hob den Stiftdolch. *Dies ist nicht Grifo!* Er musste dreimal zustechen, bevor der Krieger aufhörte zu kämpfen.

Ein stinkendes Funzellicht an der Wand ließ etwas von der Treppe ahnen. Sie führte mit einer kleinen Kurve nach rechts, fünf oder sechs Fuß hinab. Arnulf verharrte einen Augenblick – kein weiterer Wachtposten. Er wischte seine blutbesudelten Hände an der Hose ab. Dann kam er an eine schmale Tür. Er atmete tief durch und hob die Hand, um zu pochen. Da ging die Tür von allein auf.

Grifos Gesicht wirkte gelblich, doch das konnte das trübe Licht sein. »Wer lärmt da?« Er blinzelte Arnulf an ohne ein Zeichen des Erkennens.

»Nur Betrunkene, Herr«, sagte Arnulf schnell. »Uto lässt fragen, ob Ihr noch etwas braucht?«

Grifo schloss kurz die Augen. Er sah aus wie einer, der zu viel Trunk ausschwitzt. »Ein Mittel gegen Schädelschmerzen … aber – Ihr seid doch der Pferdemann aus Sachsen?« Sofort wich er zurück. »Was wollt Ihr hier? Wo ist die Herzogswache?«

Er trägt kein Schwert – der Waffengürtel hängt an einem Wandhaken. Arnulf überlegte kampfhaft. »Uto ist beim Herzog, Herr. Ich habe ihm geschworen, meine Männer auch. Wir lösen die alte Wache ab, versteht Ihr?«

Grifo massierte mit zwei Fingern seine Nasenwurzel. »Ist das so? Na schön, dann macht nicht so ein Getöse … Der Wein in diesem Land macht einen krank!«

»Vielleicht kann ich Euch helfen!« Rasch kramte Arnulf eine Messingkapsel aus seiner ledernen Gürteltasche hervor und hielt sie Grifo hin, mit einer weiteren Lüge: »Das Pulver hab’ ich von einem Medicus auf der Würzburg. Gemahlene Weidenrinde … Nehmt eine Messerspitze davon!«

Eine kleine Menge lässt träumen, eine große tötet – Fulrads Worte.

Der Königsneffe nahm die Kapsel, öffnete sie und roch am Inhalt. Unschlüssig blinzelte er Arnulf an, dann ging er zum kleinen Tisch an der Wand, auf dem zwischen Pergamentrollen und Tintenfässchen ein Wasserkrug stand. Er goss Wasser in einen Becher und löste eine Prise darin auf und betrachtete das Ganze beim bescheidenen Licht einer Öllampe. Es war schon fast dunkel hier unten. Grifo hob den Becher. Dann musterte er Arnulf, noch misstrauischer als zuvor. Arnulf betrat die Kammer.

Trink, bei Gott!

»Was soll das, beim Gehörnten?! Hinaus, sage ich!« Arnulf aber maß in Gedanken die drei Schritt ab, die es noch brauchte um in Schlagweite zu kommen. »Was wollt Ihr hier?«, stöhnte Grifo, den Becher in der Hand.

Da ertönten Schritte auf der Treppe, eilige Schritte! *Hört der Byzantiner sie auch?* In Arnulfs Magen entstand ein Loch. Er machte einen Schritt nach rechts, sodass er hinter der halb geöffneten Tür stand, seine Hand ging zum Schwertgriff.

»Satan!« Grifos Augen weiteten sich, er ließ den Becher fallen und griff nach dem Waffengurt mit dem Schwert, der an einem Wandhaken heben dem Tisch hing. Im selben Augenblick schwang die Tür ganz auf. Ein Bursche mit zerstrubbeltem Haar und wildem Gesichtsausdruck stürmte herein: Arthur mit einem Schwert in der Hand und dunklem Tuch als mehrfachen Strang um den Hals.

Fluchend riss Grifo seinen Waffengürtel vom Wandhaken. Er brachte das Schwert fast aus der Scheide, da traf ihn Arnulfs Faust mit voller Wucht am Kiefer. Wie vom Blitz getroffen krachte Grifo auf den Stuhl und fiel zu Boden. Er rollte einmal um die eigene Achse und blieb reglos, mit halbgeöffneten Lippen, liegen.

»Sie machen unsere Leute nieder«, keuchte Arthur. »Nibelung hat uns verraten!«

Kapitel XX

Die Herzogspfalz in Regensburg, Juni 787

Arthur verriegelte die Tür. Augenblicke später donnerte jemand wütend gegen das Holz. Dann hörten sie Utos Stimme. »Grifo – öffnet, sofort!« Arthur warf seinem Vater einen bangen Blick zu. *Gefangen, wie Ratten in der Falle!*

»Pferdehändler!« Nun klang die Stimme anders. »Ihr seid da drin, Arnulf *sax hamar*, ich weiß es! Macht auf, bei Gott!«

»Warum?«, bellte Arnulf zurück. »Ist doch jetzt schon zu eng hier!«

Sie hörten halbunterdrückte Flüche auf der anderen Seite. Uto wiederholte seine Forderung, aber klang nun weniger zornig. »Öffnet, und ich lasse Euch mit dem Leben davonkommen!«

»So wie den Kerl in der Raubtiergrube?« Stimmengemurmel folgte, dann wieder Utos Befehlsstimme; kaum zu verstehen waren die einzelnen Worte. »Was ist passiert?«, zischte Arnulf.

Arthurs Adamsapfel ruckte auf und nieder. »Ich war gerade los zur Kapelle, um Euch zu warnen ...«, begann Arthur.

»Du Irrsinniger!«, knirschte der Vater.

»... dann sind Utos Leute mit blankem Schwert auf Sigfrid und die anderen los. Ich glaub' nicht, dass einer entkommen ist.« Er biss sich auf die Lippe und blickte auf den wie tot daliegenden Grifo. Arnulf räusperte sich. »Du bist sicher, dass der Kerl bei den Wachen Nibelung war?«

Arthur nickte heftig. »Er hatte sogar diese Federmütze auf ... ich stand mit dem Schweiger zwanzig Schritt vor dem

Tor. Da waren so viele Leute, dass der Vogler uns nicht gesehen hat. Aber wir ihn!«

Bewegt griff Arnulf den Arm seines Sohnes. »Bei Gott, Junge, das war tapfer gehandelt. Ich hätte diesem Bastard den Hals umdrehen müssen, als er zum ersten Mal auftauchte!«

Der erste Axtschlag dröhnte gegen die Tür. Arthur starrte seinen Vater an. Arthur sah die Furcht in den Zügen seines Sohnes, aber auch den Trotz – er würde nicht jammern! Ein hartes Grinsen überflog Arnulfs Gesicht. »Nimm sein Kurzschwert, Junge, für das Lange ist's zu eng!« Hastig griff Arthur nach der Waffe Grifos. Die Tür bebte in ihren Aufhängungen, die Schläge kamen jetzt im Doppeltakt, zwei Mann arbeiteten da draußen.

Arnulf nahm drei Schritt vor der Tür Aufstellung. Doch Grifos Füße waren im Weg. Rasch packte Arnulf die Bastmatte, auf der Grifos Körper lag, und riss sie drei Schritt weit in Richtung des Fensterschachts. Als er sich wieder aufrichtete, entfuhr Arthur ein Schrei: in der Mitte des Raums war eine dunkelbraune Falltür im Boden.

* * *

Abwärts ins Dunkle. Zehn Fuß? Zwanzig Fuß?

Arnulf hätte nicht sagen können, wie tief es hinabging. Es war mehr ein Stürzen als ein Steigen. Da waren Stufen, aber sie waren nur glitschige Vorsprünge, die kaum Halt gaben. Arnulf schob seinen Sohn in den Schlund, dann stieg er selbst hinein und riss Grifos Körper hinter sich her. *Zurücklassen können wir ihn immer noch!* Er spürte Gottes Atem, als sei der Herr neben ihm. Man musste am Ende sein, so gut wie tot musste man sein, um diesen Atem zu fühlen … *Ist das der Jerusalemgang?* Von einem alten Fluchtgang hatte Nibelung erzählt, aber das hatte wie ein Märchen geklungen!

»Vorsicht, Vater!« Erschreckend hohl klang Arthurs Stimme von unten. *Vorsicht was?* Arnulf wurde von Grifos Körper förmlich hinuntergezogen – dann hatten sie die Sohle des Ganges erreicht. Sofort wurden seine Füße nass. Sie platschten durch stinkende Lake. Ohne auch nur die Hand vor Augen zu sehen.

Über ihnen Stimmen, brechendes Holz, Flüche …

»Scheiße, Herrgott, das wird immer enger!« Arnulf hörte seinen Sohn vor sich an Felsen entlangschürfen- und schrammen und spürte die Wände näherkommen. Seine Schwertscheide verkeilte sich zwischen den Wänden, und sein linker Arm reichte nicht aus, um Grifo durch die Enge zu ziehen. Das kalte Gefühl von Panik …

»Warte!« Ein paar Schritt zurück – nun schob und wuchtete er den Körper Grifos vor sich her. Arthur zog von vorn. So zwängten sie den halbtoten Königsneffen durch die Engstelle. Der letzte Lichtschein von oben lag hinter ihnen, Schwärze hüllte sie ein wie Pech. Und ein Geruch von Tod und Verwesung. »Wohin führt der Gang?«, keuchte Arthur.

»Hatte keine Zeit zu fragen«, knurrte der Vater. »Willst du zurück?«

Arthurs Antwort war ein Krächzgeräusch.

Arnulf war größer als Arthur und so streifte er mit der Schädeldecke einen Felszacken. Ein Schlag wie von einer Keule. Schwindel erfasste ihn … Und irgendwo hinter sich hörten sie die Geräusche der Verfolger. »Vater, bei Gott, lasst ihn liegen!« Arnulf rappelte sich mühsam wieder auf, warm lief es ihm von oben in die Stirn. »Wegen diesem Scheißer sind wir hier«, keuchte der Vater und riss den schlaffen Körper Grifos mit einer enormen Anstrengung abermals hoch. *Aber hat mein Sohn nicht Recht? Wir müssen uns selbst retten!* »Es gibt Geschichten von einem Gang, der vom Palas bis zu einem Kloster in der Nähe gehen soll …«

Da spürte er Grifos Arm zucken. Leben kehrte in den Mann aus Byzanz zurück. Prompt packte Arnulf wieder fester zu. *Wenn unser Gefangener wenigstens selbst laufen könnte …!* Er zwängte sich an Grifo vorbei, denn es war leichter, den Kerl zu ziehen als zu schieben. »Allmächtiger!«, kam es von vorn. Vorsichtig watete Arthur in das stinkende Wasser, sein Vater spürte es wenig später bis zu den Oberschenkeln steigen. Dann bis zur Hüfte. Ebendieses Bad ließ Grifo schließlich wieder zu sich kommen.

»Jesus«, flüsterte er. »Ich hab' die Hölle nicht verdient!« *Er glaubt sich in der Unterwelt!*

Da berührte Arnulf etwas im Gesicht. Er zuckte zusammen und riss dabei Grifo mit. Wildes Flattern erfüllte die Luft um sie herum. *Fledermäuse?* Arnulf schlug um sich, einen Augenblick schien sein Magen in die Kehle zu wollen, ihm war nach Würgen und Erbrechen … *Weiter!* Wurde es überhaupt noch tiefer? Als Arthur erschöpft stehen blieb, lief Arnulf direkt in ihn hinein und musste Grifo kurz loslassen. Fluchend besann sich der Krieger, doch als er wieder nach Grifo griff, biss dieser zu. Arnulf schrie auf, rasende Wut überkam ihn. Er schlug in Grifos Richtung und brachte ihn damit aus dem Gleichgewicht. Es platschte, als der Königsneffe in der nassen Schwärze unterging.

»Komm hoch, du Bastard!« Mit der Kraft der Verzweiflung riss Arnulf den Entführten wieder auf die Füße. Grifo röchelte und spuckte, als sei sein letzter Atemzug nahe.

Unnachgiebig schob Arnulf ihn wieder vorwärts, in Arthurs Richtung, nicht ohne eine Drohung auszustoßen: »Satan ist hinter Euch und tut Euch weh, wenn Ihr das nochmal versucht!«

Gezischte Beschimpfungen waren die Antwort. Weiter ging es in die stinkende Finsternis aus Schmutz und Jauche. Arnulfs Herz pochte schneller, als der Wasserstand sank – dann waren es nur noch tiefe Pfützen. Die Hoffnung gab ihm neue Kraft.

Schließlich: Eine Ahnung von Licht! Doch nun wurde die Decke so niedrig, dass sie in die Knie gehen mussten. Erde rieselte von oben herab, ein loses Wurzelende hätte Arnulf fast ein Auge gekostet.

»Ratten«, schrie der Jungkrieger von vorn. Er schüttelte sich wie wild, nur schemenhaft sah Arnulf, wie Arthur die Tiere von sich schleuderte. Dann spürte er sie selbst. Ein Quietschen und Huschen und Wieseln, ekelhaft nahe, an ihm, auf ihm … es mussten Dutzende Tiere sein. Arnulf stolperte und musste sich mit einer Hand aufstützen. Ein Tier biss hinein. Grifo schrie auf, als er dasselbe Schicksal erlitt. Doch Arnulf blieb dicht bei ihm, stieß ihn gnadenlos vorwärts, dem trüben Dämmerlicht entgegen … Schon standen sie wieder im Wasser, bis zu den Knien. Aber dieses Wasser roch nicht mehr nach Fäulnis. Arnulf richtete sich auf und seine Hände spürten die modrigen Planken eines Holzbaues über sich. *Sind das Bodenbretter?*

»Der Fluss!«, krächzte Arthur, pries den Herrn, seinen Sohn und die Heilige Jungfrau und lachte, was wie ein halbes Schluchzen klang. Unter einem halbverfallenen Bootshaus stolperten sie in das hüfttiefe Wasser der Donau hinaus.

* * *

Zwischen vertäuten Lastkähnen erklommen sie die hölzerne Pier und eilten im Dämmerlicht ans Ufer. Arnulf hatte eine Hand in den Haaren Grifos und riss ihn rücksichtslos mit. *Wie nahe sind die Verfolger?* Mit hämmerndem Herzen liefen sie ein Stück flussabwärts, bis zu einem halbfertigen Rumpf, der kieloben auf Böcken ruhte. Sie zwangen Grifo mit vorgehaltenem Kurzschwert, unter den Rumpf zu kriechen. »Nimm den Wickel ab«, sagte Arnulf und Arthur verstand sofort. Er löste sein Halstuch und sie fesselten dem hasserfüllt vor sich hinmurmelnden Königsneffen die Hände auf den Rücken. Er leistete keine Gegenwehr, stellte Arnulf dankbar fest. Vater und Sohn kauerten sich ebenfalls unter den Schiffsrumpf, Schulter an Schulter, um auf die Dunkelheit zu warten. Heftig pulsierte die Freude durch jede Ader: Sie hatten den Neffen Karls in ihren Händen! Aber wie ein räudiger Hund nach einem prächtigen Schwan beißt, so kam die Furcht hinzu, Sigfrid und seine Krieger nie mehr wiederzusehen.

* * *

»Entkommen?«

Tassilo schlug mit der Faust nach dem Boten, der dies zu melden hatte. Dann schmetterte er Weinhumpen und Braten vom Tisch. Höflinge und Gefolgsleute sprangen von ihren Stühlen auf, nur halb im Bilde, was hier passierte. Zwei Leibwachen schleiften Nibelung herbei, den Mann, der die Frankenkrieger verraten hatte und noch auf eine reiche Belohnung hoffte.

»Welchen Weg werden die Franken nehmen?«, herrschte Tassilo ihn an. Nibelung fiel auf die Knie. »Nach Augsburg hin, Herr!« war die hilflose Antwort. Tassilos Pranke klatschte in sein Gesicht. »Wo haben sie ihre Pferde versteckt?« Aber Nibelung wusste nur, dass der Treffpunkt irgendwo am Donauufer war. Sein Gestammel von einer Belohnung, von Silber, das er für seine Braut brauchte, reizte Tassilo noch mehr. In diesem Moment erschien Uto im Thronsaal, abgekämpft und mit dreckigen Schlieren im Gesicht. »Ich lasse das gesamte Donauufer absuchen, Herr«, begann er, bevor der Herzog ihm auch nur das Wort erteilt hatte. »Jede Hütte, jeden Stall!«

Kalt musterte der Herzog ihn. »Warum war der Gang unter dem Gewölbe nicht gesperrt, he? Ein paar Felsbrocken hätten dafür gereicht!« Uto fuhr mit einer nervösen Hand zum Messergriff, ohne die Klinge herauszuziehen. »Herzog, Herr – ich werde sie finden, vertraut mir!«

»Ich *habe* Euch vertraut, Mann!« Durchdringend starrte der Herzog den Sohn an, den er einst mit einem jungen Hörigenweib gezeugt hatte. »Ihr bringt den Karlmann-Sohn zurück, und wenn es Euer Leben kostet!« Um Utos Lippen zuckte es, sein Blick streifte die Herzogin. Zwei, drei Schritt stand sie hinter Tassilo, er konnte es kaum wahrnehmen, doch er drehte abrupt den Kopf, musterte sie düster und starrte dann wieder Uto an. Grausamkeit lag in seinen Zügen.

»Eure Mutter, Uto, lebt als Dirne eines Awarenhäuptlings irgendwo im Osten.« Unwillkürlich hielten die Gefolgsleute, hielt Leutberga, den Atem an. »Wenn Ihr nicht zu ihr zurückkriechen wollt, dann findet den Königsneffen und tötet diesen Arnulf *sax hamar*!«

Mit brennendem Gesicht neigte Uto das Haupt und stapfte hinaus. Versteinert sahen die Höflinge ihm nach. »Ihr seht besorgt aus«, knurrte der Herzog in Leutbergas Richtung. Zorn, aber auch Verletzlichkeit schwangen in seinen Worten mit. Sie hob an, etwas zu sagen, doch er machte eine sichelartige Handbewegung – *nicht hier*! Dann rief er seinem Hofkanzler zu, die Neuigkeit im Volk zu verbreiten, dass königliche Krieger einen Anschlag auf ihn verübt hätten. »Ich wurde errettet, die Königsschergen wurden gestellt und getötet. Und so werden wir auch seine Krieger im Feld töten!«

Zuletzt befahl er noch, Nibelungs Kopf auf eine Stange vor dem Palas zu stecken. Neben denen der im Hof getöteten Franken.

Kapitel XXI

In der Pfalz Neuburg an der Donau, Juli 787

Eine Brieftaube brachte die Neuigkeit ins königliche Feldlager. Das war einige Tage zuvor umgezogen in die Neuburg an der Donau, denn die Augsburg war leergefressen und ausgesogen. Auch gab es in der auf einem Hügel thronenden Pfalz Annehmlichkeiten wie ein altes Römerbad, das der König gerne mit den Gefolgsleuten in Anspruch nahm. Für Fulrad war solch geselliges Treiben ein Graus. Als die Brieftaube im Verschlag des hofeigenen Voglers eintraf, lag der schwächelnde Hofkapellan auf seinem Bett und diktierte einen Brief an den Kölner Erzbischof, der sich bei Hof einzufinden hatte.

Der Vogel brachte eine Nachricht von einem der Spione Fulrads, die weit im Reich gesät waren: Leute, von denen er mitunter ein Jahr lang nichts hörte.

Aus Regensburg? Die Augen des Hofkapellans leuchteten auf, als hätte man Feuer in zwei dunklen Höhlen gemacht. Gierig griff er nach dem Pergamentfetzen. Als Erstes begutachtete er die beiden Initialen, die unter den drei Zeilen standen. Dann studierte er die winzigen Buchstaben. Mühsam stand er auf, nahm seinen Gehstock und watschelte, immer wieder pausierend, zur Kammer des Königs.

Karl kam aus dem Bad, zwei Diener hatten ihn in Tücher eingehüllt und rieben ihn trocken. »So dringend, Hofkapellan?« Die Diener wichen stumm zurück, als Fulrad sich reckte und dem König ins Ohr sprach. Karl musste den Kopf dafür neigen. Eine steile Falte erschien über seiner Nasenwurzel. »Und was ist mit Grifo?«

»Er fand keine Erwähnung in der Nachricht.«

Der König ließ sich ein seidenes Unterhemd geben. Nachdenklich starrte er an die Wandmalerei gegenüber, wo der Heilige Bonifatius mit gewaltigem Axtschwung einen Kultbaum der Heiden fällte. »Es klingt, als wäre der *hamar* gescheitert. Wie zuverlässig ist diese Quelle?«

»Zuverlässig genug«, murmelte Fulrad und bat mit pfeifendem Atem, sich setzen zu dürfen. Rasch schob ein Diener einen Stuhl herbei, auf dem der Hofkapellan zusammensackte.

»Wird es gehen, Bischof?« Der Hofkapellan nickte, Schweißperlen standen auf seiner Stirn, das Gesicht war von käsigem Gelb, das von violetten Flecken durchsetzt war. Der König legte dem so viel Älteren eine Hand auf die Schulter, was für einen Fremden fast zärtlich ausgesehen hätte.

»Wir haben genug Zeit vergeudet mit dieser Aktion«, sagte der König mit kehliger Stimme. »Doch versuchen mussten wir es, nicht wahr? Morgen rücken wir auf Ingoldestat vor. Dann jagen wir die Herzogsleute zum Teufel!«

* * *

Beim abendlichen Gottesdienst war die königliche Familie wieder versammelt: Fastrada war erstmals wieder auf, nach Tagen einer rätselhaften Sommergrippe, die sie ans Bett gefesselt hatte. Seit der Hinrichtung einer rangniederen Zofe – sie hatte nach 70 oder 80 Rutenhieben gestanden, die Konkubine getötet zu haben –, behandelte Fastrada den König mit fast schon übersteigerter Freundlichkeit. Das war seltsam, aber Erika war mit dieser Rätselhaftigkeit genügend vertraut, um auf der Hut zu bleiben.

Als die königliche Familie und ihr Gefolge in der Pfalzkirche vor dem mit einem Goldkreuz geschmückten Altar Aufstellung genommen hatte, drehte sich die Königin um und machte Erika ein Zeichen. Die Edelfrau stand etwa in der Mitte der übrigen Messgänger, mit ihrem jüngeren Sohn, der Tochter und zwei der älteren Töchter Karls. Erika schob sich durch die anderen hindurch nach vorn, unsicher, ob dies ein Gunstbeweis sein sollte.

»Es tut mir leid, Edelfrau«, raunte die Königin und berührte Erikas Arm.

»Was meint Ihr, Herrin?«

»Habt Ihr noch nichts davon gehört?« Theatralisch sah die Königin sich nach Karl um, der in diesem Augenblick, in lautem Gespräch mit dem Priester, die Kirche betrat. »In Herzog Tassilos Pfalz hat man ein paar Krieger erschlagen, die den Herzog töten wollten. Wir befürchten, dass Arnulf darunter war.«

»Wer sagt das?«, entfuhr es Erika so laut, dass der Priester in der dunklen Seidenrobe sie vorwurfsvoll anblickte. Die Augen der Königin hatten noch nie solch eine Anteilnahme gezeigt. »Der Hofkapellan selbst berichtete es … aber beruhigt Euch doch!«

Erika spürte, wie ihr Blut aus dem Kopf wich. Die Knie fühlten sich plötzlich weich wie Schwämme an. Sie sah die Königin die Lippen bewegen, doch verstand kein Wort mehr. Dann breitete der Priester vor dem Altar die Arme aus und stimmte das *Kyrie Eleison* an.

* * *

In den nächsten Tagen brachten Händler, die von donauabwärts kamen, beunruhigende Kunde: Tassilo brüstete sich, einem Karolingerfürsten mit Thronansprüchen Asyl zu gewähren! Das war eine Herausforderung des Königs, die nicht ohne Antwort bleiben durfte.

Ist Arnulf noch am Leben? Sein Name wurde bei Hof nicht mehr erwähnt, musste der *consiliarius* Einhard feststellen. Und

Einhard sah dem rastlos hin und her eilenden König förmlich an, wie seine Lust wuchs, sich endlich auf den frechen Herzog zu stürzen. Zumal täglich fränkische, alemannische und sogar thüringische Edle mit ihren Gefolgschaften eintrafen, um dem großen König zu Willen zu sein. Einer von ihnen brachte dann eine Nachricht, die wie ein Aufstampfen Gottes war: Der Attentäter Hardrad war erschlagen worden!

Tatsächlich erreichte der Thüringer den Hof, als Karl gerade mit einem Dutzend der Edlen und Mächtigen im römischen Badebecken saß und den kommenden Aufmarsch gegen Tassilo besprach. Selbstbewusst beharrte der Neuankömmling bei den Wachen und Dienern, bis auch er einen Lendenschurz und einen Schwamm bekam und zum Herrscher ins Becken steigen durfte. Dort rief er statt einer Begrüßung laut: »Herzog Hardrad ist gerichtet, mein König!«

»Wirklich?«, frohlockte Karl ungläubig. »Der Herr hat gesprochen!«, rief er dann und schlug mit der flachen Hand aufs Wasser, sodass es weithin spritzte. Der Mann berichtete, wie ein thüringischer Graf, der mehrere Feldzüge Karls mitgemacht hatte, Hardrad in Eisen legen wollte, ohne Zweifel auf eine riesige Belohnung des Königs hoffend: »Es gab ein Handgemenge, bei dem Hardrad ein Kurzschwert in den Leib bekam.«

Triumphierend musterte Karl seine Getreuen. »Graf Udalrich, habt Ihr das gehört? Euer Schwiegervater muss sich vor dem Herrgott verantworten. Schiebt das Fressbrett da zu mir!«

Der Angesprochene richtete sich zu voller Größe auf. Das Wasser reichte Udalrich aufgrund des gedrungenen Wuchses bis zu den Brustwarzen, während einige Männer um ihn herum nur bis zum Bauch im Wasser standen; man sah seinen verkniffenen Zügen an, dass ihm dies bewusst war. Mit einem Schubs seiner Hand setzte er ein etwa fünfzehn Zoll breites Floß in Bewegung. Karl stoppte das hölzerne Rund, auf dem kleine Leckereien wie

Oliven und Honigpasteten lagen. »Dieses Floß, Leute, dieses Floß ist Tassilo. Einhard, her mit dem Schwammbrett!« Der Gelehrte gehorchte, und der König setzte ein Kiefernbrettchen mit einem Schwamm oberhalb des Fressbretts ins Wasser. »Das sind die Sachsen und die Thüringer, die kommen von Norden. Sie sind noch etwas wackelig – Udalrich, den Weinkrug!«

Der Sachsengraf selbst musste eine Kanne vom Beckenrand nehmen und sie dem König reichen. Der übergoss den Schwamm mit Wein, bis das Gewicht das Holz fast unter Wasser drückte. Der König griente, trank in riesigen Zügen den Rest aus der Kanne und steckte sie mit der Öffnung nach unten vor sich ins Wasser. »Das bin ich mit dem Hauptheer. Wir greifen von Westen aus an, entlang der Donau!« Er rülpste, und die Männer im Becken lachten, während sie einen Halbkreis um den König bildeten. Ihre Bewegungen setzten die Flöße in Bewegung, sodass der Herrscher mit seinen riesigen Armen eine Art Rundum-Deich im Wasser bildete, bis er nach einem weiteren Schwimmholz griff, das die Bewegung der Männer in seine Richtung trieb. »Diese Seife, Ihr Herren, das sind unsere langobardischen Freunde, sie kommen aus dem Süden.«

Ein Johlen lief durch die Badenden. Karls Hand steuerte nun das Seifenholz auf den Tassilo-Teller zu. »Diese Seife wird des Herzogs schmutzige Gedanken reinigen. Und vielleicht sogar den Verstand seiner verfluchten Frau. Stimmt Ihr mir zu?« Grölen und ein paar Heilsrufe folgten. Nur Einhard verzog keine Miene. Er hatte mit der ihm eigenen Akribie eine Walnuss ausgehöhlt und eine der beiden Schalen wie ein Ameisenschiff aufs Wasser gesetzt, noch bevor der König die Nachricht von Hardrads Ende erhielt. Während Karl die große Strategie auf dem Wasser nachbildete, behielt Einhard die hin und her wackelnde Nussschale im Auge. *Hat das Problem namens Grifo etwa aufgehört zu existieren?* Dann aber war der König fertig und versenkte das

Leckereien-Holz mit einem Faustschlag. Eine Welle lief durch das Becken und ließ die Arnulf-Schale kentern.

Möge der Herr seine Hand über Euch halten, sax hamar!

* * *

Der Allmächtige hatte den Sünder Hardrad vertilgt, ganz so wie in den Geschichten der Heiligen Schrift. Musste es in Bayern nicht auch so enden? Karl rief ein dreitägiges Fasten aus. Demut, spürte der König, war der geradeste Pfad zur göttlichen Gnade.

In diesen Tagen erlitt Erikas Sohn Grimbald eine Entzündung an der Hand. Die Wunde, Folge eines Stockgefechts mit Kindern des Königs, schwoll an und eiterte. Erika musste den Medicus des Königs bitten, sich die Hand anzusehen, was sie normalerweise Überwindung gekostet hätte: Er war hochmütig, selbst gegenüber den Edelsten der Edlen. Doch die qualvolle Ungewissheit um ihren Mann und ihren ältesten Sohn ließen ihre Skrupel verdunsten. Wenn Arnulf wirklich tot war, was bedeutete dann noch die Eitelkeit irgendeines Höflings? Immer wieder ging ihre Hand zur silbernen Kapsel am Gürtel, strich über die Kilian-Fingerspitze, fühlte förmlich die Temperatur: *Arnulf und Arthur können nicht tot sein, ich müsste es doch spüren!* Doch übermächtig wurde ein Gefühl der Bitterkeit, denn sie war gegen dieses Himmelfahrtskommando gewesen. Hatte ihr Mann je daran gedacht, was aus ihr und den Kindern wurde, sollte er nicht an den Hof zurückkehren?

Tatsächlich ließ der Arzt sich nicht lange bitten. Am Mittag eines warmen Tages, der mit ein paar Schauern begonnen hatte, suchte er Erika und Grimbald in ihrer Kammer auf. Er hatte einen riesigen Schädel mit hoher Stirn und guckte stets geradeaus, als sei der Hals unbeweglich. Sorgfältig betrachtete er die übelriechende Hand des Jungen, wiegte den Kopf und bohrte mit einer dicken Nadel in der Wunde herum. Der Junge brach in Tränen aus. *Arthur würde keinen Laut von sich geben.* Als der Arzt endlich einen eitrigen Holzsplitter hervorzog, bekamen sie Besuch. Der König betrat mit Einhard und dem Kanzler im Schlepp die Kammer, als kämen sie zufällig vorbei.

»Darf ich wissen, Edelfrau, was Ihr mit unserem Medicus vorhabt?« Den Heiler schien Karls Anwesenheit nicht zu berühren, mit steifer Miene nahm er Erikas Dankesworte entgegen, lächelte am Ende sogar und überreichte ihr noch einen Glastiegel mit teurer Wundsalbe: »Ochsengalle.« Während Erika dem Jungen einen Leinenverband um die Linke wickelte, schleuderte der wieder aufblühende Grimbald dem Herrscher neue Strophen seines Abenteuerwerkes über Drachen, Awaren und starke Schwertkämpfer entgegen. Der König lachte und drückte Grimbald eine Goldmünze in die Hand. »Gut so, Junge! Schreib das auf, hörst du?« Grimbald strahlte und Erika spürte etwas Warmes unter der Brust, den Samen von etwas, das ein Glücksgefühl hätte sein können. Sie hatte die Gunst des Königs, immer noch – *Karl hielt zu ihr, das zeigte sein Besuch!* Sie lächelte und der König erwiderte ihr Lächeln. Er hielt es einen Wimpernschlag länger als notwendig. Wieder wurde ihr warm. Dann sah Karl durch die Fensterluke nach draußen, kniff die Augen zusammen und meinte, das sehe doch nach einem trockenen Nachmittag aus. »Ich würde Euch gerne etwas ablenken, Edelfrau. Reiten wir ein Stück am Fluss entlang?«

Sie war geschmeichelt und auch erfreut. Die erfolgreiche Behandlung Grimmos, die Herzlichkeit des Herrschers und ein gewisses Gefühl, von Arnulf im Stich gelassen worden zu sein, all das kam zusammen und ließ nun eine fast mädchenhafte Fröhlichkeit bei ihr aufkommen. Sie nahm das an sich wahr wie einen Schwips nach unverschnittenem Wein – es ging auch wieder vorbei, natürlich. Wenig später ritt sie an der Seite des Königs durch eine noch tropfende Natur, während die Sonne bereits kraftvoll durch die Wolken stieß. Ihre Begleiter waren lediglich acht schuppengepanzerte, breitschultrige Kerle mit grauen Strähnen im Haar, die schon König Pippin gedient haben mochten.

Alles um sie herum grünte und blühte. Beide lachten, als ein Schmetterling zwischen ihnen hindurchschwebte – das verhieß Glück. Schon bald schlug der König einen Weg ein, der einen Bach entlangführte. Weiden, Erlen, Buchen wölbten sich über ihnen. Als sie wieder ins Freie kamen, tauchte eine Mühle auf. Geschickt angelegte Bretterverschalungen führten das Bachwasser auf das hölzerne Räderwerk neben dem schmalen Holzhaus. Die Leibwachen umritten das Anwesen, grunzten irgendetwas und holten Brotkanten und Trockenfisch hervor, um darauf herumzukauen.

Dass der Mühlenbesitzer ein Mann Tassilos sei, murmelte der König beiläufig: »Der kommt so schnell nicht wieder.« Als wohnte er selbst dort, führte er sie zur Tür und trat ein. Während sie mit einem gewissen Staunen das Räderwerk und die riesigen Mühlsteine betrachtete, trat einer der Leibwächter ein. Er holte Käse, Brot, Gurken und einen verkorkten Krug aus einem Beutel und stellte alles auf einen Tisch, der sauber aussah, fast wie frisch gehobelt. Der Mann neigte den Kopf und ging mit schweren Schritten wieder hinaus, nicht ohne dass die Schwertscheide an den Türrahmen klapperte. Die Fensteröffnungen waren recht groß, der Raum einigermaßen hell; eine Truhe und eine halb in die Wand gebaute Liege ergänzten die sparsame Einrichtung.

Der König befüllte ihren Becher. Es war Wein, unverschnitten. Er begann zu erzählen. Von seinen ersten Jahren auf dem Thron. Der erste Sachsenfeldzug, die Verhandlungen mit Widukind, Erikas Halbbruder; die Schlacht bei Korbach, südlich der Eresburg, in deren Verlauf der König in schwere Bedrängnis geriet: »Eure Falen hatten meine Leibwache niedergemacht, es hätte böse enden können ...«

Sie spürte seltsamerweise etwas wie Stolz, das war ihr sächsisches Ich, und Verlegenheit, das war ihr fränkisch-christliches Ich, das war die Kammerfrau der Königin. Sie hob gehorsam den Weinbecher, als der König ihr zutrank. Es war der dritte Fastentag, aber wer wollte einen König belehren? »Ihr habt die Eresburg erobert«, erinnerte sie sich. »Arnulf wurde mein Bewacher. Damals erschien es mir wie das Ende von allem.«

Dass es vielmehr ein Anfang gewesen war, drückte das warme Lächeln des Königs aus. Ja, da war Wärme in seinem Blick! »Als man Euch zu mir brachte, Edelfrau, da habt Ihr getobt und geschrien. Ihr habt Rache geschworen. Wie eine dieser griechischen Göttinnen, von denen Einhard erzählen kann; unchristlich, aber von einem Feuer und einer Schönheit, die – die sonst kaum auf Erden zu finden ist.«

Röte überflog ihre Wangen, sie trank einen Schluck und betrachtete den gelben Käsewürfel auf der Tischplatte. Plötzlich war es sehr ruhig.

»Ich bin Euch damals verfallen«, fuhr der König mit sanfter Stimme fort. »Ihr seid aus einem Stoff, Erika, aus dem Herrscherinnen gemacht sind.«

Sie schob sich ein Stück Käse in den Mund. *Hat Karl das eben wirklich gesagt?* Es tat unglaublich gut. Aber sich daran zu laben, das wäre wie Verrat an ihrem Mann. »Fürsten gehören zu meinen Ahnen«, sagte sie, langsam kauend, um die abermalige Stille zu durchbrechen. Er nickte. Nur ein Stück Brot trennte seine linke Hand von ihrer Rechten. Karl füllte ihren Becher wieder auf. *Keinen Wein mehr!*

»Ich weiß, was Ihr mit Fastrada durchmacht«, sagte er kehlig. »Engel und Teufel streiten um ihre Seele, jeden Tag! Und nicht immer gewinnt der Engel.«

Fast war Erika erleichtert, dass Karl eine Abkühlung ins Spiel brachte. »Ohne Euer Weib, Herr, wäre Arthur noch im Feldlager, bei mir. Sie oder Ludwig haben ihn in etwas Übles geschickt, das hätten sie nicht tun dürfen!«

Der König runzelte die Stirn. Im selben Moment wurde ihr klar, dass ein normaler Untertan den Kopf für solche Äußerungen einbüßen konnte. »Arthurs Eigenwille kam wohl hinzu«, sagte der König langsam und hob und senkte die Schultern: *Wir können nur noch hoffen!* »Immerhin«, fuhr Karl fort, »verhält sich Euer Junge wie ein Krieger. Wenn ich Ludwig dagegen ansehe ...« Kopfschütteln. »Nichts hat er von mir, gar nichts!« Seine Finger berührten ihre Hand.

Sie sah ihn an – *ein Fehler*. Denn nun umfasste er ihre ganze Handfläche. »Ich wünschte mir Erika, wir könnten einander Kraft und Zuversicht geben!«

Die Hitze wanderte von ihrer Hand über den Arm in die Schulter und die Brust. Sie wagte nicht, ihn nochmals anzusehen. Dann kratzte sein Bart ihre Wange, als er sie küsste. Er roch sauber, nach irgendeinem Duftstoff ...

Sie stand auf. »Herr, ich ...« Seine Hand war an ihrer Brust – eine Hand, die sich erstaunlich zärtlich von unten anschmiegte. Der nächste Kuss. Sie sah sich rutschen, wie auf einem überfrorenen Hang. Wenn sie sich nun gehen ließe, gäbe es keine Umkehr. Doch noch konnte sie klar denken: Die Konkubine war tot, seine Frau hielt ihn auf Abstand. War sie die nächste Bettgenossin? War es einfach nur männliche Lust, die ihn trieb?

»Hört auf!«

Er straffte sich. Ein Grunzen ertönte, fast wie eine Entschuldigung. »Ich habe mich vergessen, Edelfrau, verzeiht. Aber wenn ich mit Euch zusammen bin, fühle ich mich nicht als Herrscher, nur als – als Mann.«

Auf dem Ritt zurück war der König einsilbig. Auch sie kostete jedes Wort Überwindung. Warum hatte sie es in der Mühle so weit kommen lassen? War der König wirklich in sie verliebt? Warum nahm er sich nicht einfach eine andere Konkubine? Es waren Dinge, die sie mit niemandem besprechen konnte. Und wieder, wie in einer endlosen Schleife, gingen ihre Gedanken zu ihrem Mann. Wann um Himmels willen würde Arnulf mit ihrem Ältesten zurückkehren? War vielleicht doch einer von beiden erschlagen worden? Oder beide?

Kapitel XXII

Auf der Donau südöstlich der Regensburg, Juli 787

Die Strömung und ein Westwind schoben sie mit der Geschwindigkeit eines langsam trabenden Pferdes voran. Tief lag das überladene Schiff im Wasser. Im Bug kauerten die Franken, beobachteten die fetten Flussweiden mit Pferden oder Rindern und sahen Fischadler ihre Horste im dichten Ufergehölz anschweben. Und sie passten auf, dass die Pferde ruhig blieben. Diese waren vor dem Mast und im Heck angebunden und füllten den Kahn fast völlig aus.

Aus vierzehn Mann waren sieben geworden. Acht, wenn man den Gefangenen mitzählte. Grifo lag mit gefesselten Händen unter einer bogenförmig aufgespannten Zeltbahn neben dem Mast, die sonst den Wetterschutz ihres Bootsführers darstellte.

Dieser Mann hieß Ephraim und stellte keine Fragen. Das war das Wichtigste. Er hatte gebräunte, fast lederne Gesichtshaut und über die Ohren herabhängende Haarsträhnen. Arnulf hatte ihn stutzen sehen, als sie nach den Pferden auch noch Grifo mit einer Kapuze über dem Gesicht aufs Boot führten. Ephraim hatte nichts gesagt, aber ohne Zweifel die Dinge abgewogen – und festgestellt, dass die Sache böse enden konnte: mit dem Verlust von Boot und Leben! In höflichem, trockenem Ton hatte er Arnulf dann einen doppelt so hohen Preis für den Transport donauabwärts genannt. »Oder, guter Mann, zeigt mir ein Siegel des Herzogs!« Arnulf hatte ihm ohne ein weiteres

Wort das geforderte Silber gegeben, alles, was ihm noch verblieb. *Nur weg von hier!*

Seile liefen vom großen Segel zu verschiedenen Pflöcken an der Bootswand. Ab und zu quetschten Ephraim oder sein Sohn sich durch die Pferdeleiber, um ein Seil zu straffen oder zu verkürzen, bis das Segel sich wieder blähte. Der Sohn mochte um die zwanzig sein, er hatte ein schnelles Lächeln und wache Augen, mit denen er Waffen und Ausrüstung der Männer musterte. Irgendwann begann es zu regnen, der Wind erstarb. Sorgenvoll blickte Arnulf immer wieder zum Ufer. *Wieviel Fahrt machen wir noch?* Einen guten Tag bis Straubing, hatte Ephraim gesagt. Anderthalb, wenn der Wind abflaute. *Drei Tage bis zur Isarmündung?*

»Augsburg ist im Westen«, grummelte Gallo. »Wo führt Ihr uns hin, Herr?« Er hatte seit dem Morgen noch keine Feldflasche angesetzt, die braunen Augen wirkten unternehmungslustig. Doch Arnulf konnte den Zorn tief im Innern nicht loswerden, wenn er den Gefährten ansah – auch wenn er wusste, dass dieser Zorn ungerecht war. »Auf den Straßen nach Westen werden sie uns suchen«, sagte Arnulf mit gedämpfter Stimme. »Also segeln wir in die andere Richtung, bis zur Isarmündung. Dann marschieren wir immer isaraufwärts, nach Westen …« Er warf einen Blick über seine Schulter. Ephraims Sohn hielt das Steuer, der Vater machte sich an einem Tau zu schaffen. *Sie hören manches von dem mit, was zwischen uns gesprochen wird. Oder alles?*

Gallo zurrte sein Halstuch hervor, um es als Schutz auf den Kopf zu binden. Der Regen wurde stärker. »Auch an der Isar hat Tassilo Gefolgsleute, oder? Was, wenn der da«, er nickte zu Grifo hin, »Lärm schlägt und uns verrät?«

»Wir müssen besser auf ihn aufpassen als auf Nibelung«, sagte Arnulf. »Wäre er Euch nicht davongelaufen beim Gang in die Stadt, Sigfrid und die anderen wären noch am Leben!«

Gallo richtete sich auf, bis er breitbeinig vor Arnulf stand. »Ich habe von Anfang an gesagt, dass der Bayer eine Gefahr ist. Ihr wolltet nicht hören! Warum bringt Ihr diesen verfluchten Burschen hier nicht um? Der König lässt ihn doch nicht leben!« Alle sahen sie an, jeder hörte mit. Und Arnulf wusste, dass die meisten Gallos Meinung teilten.

»Kennt Ihr den Willen Karls?«, sagte der Offizier kalt. »Vielleicht steckt er ihn in ein Kloster, vielleicht auch nicht … der König will ihn *lebend*!«

»Was tut Ihr so edel, he?«, knurrte Gallo. »Bei Fardi an der Aller, da waren wir auch nicht so zimperlich! Da konnte der König gar nicht genug Leichen sehen!« Arnulf mahlte mit den Kiefern, kaum eine Antwort war darauf möglich; schon bereute er, dass er sich nicht besser beherrscht hatte. Aber die Sache war ausgesprochen, Gallo stand ihm gegenüber wie ein gereizter Eber. Er sah den Gefährten an und blickte schließlich an ihm vorbei ans Ufer. »Ihr habt mir geschworen, Mann«, sagte er langsam. »Hinter Euch waren damals ein paar ziemlich wütende Kerle her, wisst Ihr noch?«

»Das weiß ich, und ich war Euch treu und bin's noch, verdammt!« »Gut«, sagte Arnulf schlicht und fuhr mit einer Hand durchs verdreckte Haar. Der Schmutz aus dem Gang klebte noch an ihm. »Wenn wir zusammenhalten, Gallo, brauchen wir nichts zu fürchten! Bei Petrus' Arsch, das Schwierigste haben wir geschafft!« Nach einigem grimmigen Dreinschauen schlich sich ein Grinsen in die Züge des Welschen. Ihre schwieligen Hände quetschten einander.

»Auf Knochen und Blut!«

* * *

Buntbemalte Schiffe mit hohem Aufbau kamen ihnen entgegen, deren rhythmischer Ruderschlag das Trommeln des Regens unterbrach. »Gegen die Strömung möcht' ich nicht rudern«, murmelte Arthur.

»Und die Ruderer, die wollen deine Arbeit nicht«, antwortete jemand. Es war der Schweiger. Er hatte zwischen Palas und Stadttor mit den Pferden von Sigfrids Leuten gewartet und war noch davongekommen.

»Aber treideln ist auch nicht besser«, schob Arthur hinterher. Denn nun kam am Uferstreifen wieder eine Gruppe von Kerlen ins Blickfeld, die sich mit dem ganzen Körpergewicht in Zugriemen legten, um einen Lastkahn flussaufwärts zu bringen. »Beides ist Elend, Junge. Zwei von vielen.« Der Sachse begann, einen Schleifstein über seine Schwertklinge zu ziehen. »Meine Gefährten sitzen an Wodans großer Tafel, bei Trunk und Spiel. Und bald komm' ich dazu …«

»Sprecht nicht so, Mann«, mahnte Arnulf. »Wir schlagen uns durch bis ins Feldlager des Königs. Jeder von Euch bekommt zwei Helme voll Silber und ein gutes Pferd, mein Wort drauf!«

Der Schweiger sah ihn an. Eisblaue Augen, von vielen Linien umzogen. *Er ist älter, als ich dachte.* »Sigfrid war von meinem Blut, Herr«, erklärte er schleppend. »Wodan wollte mich, aber die Nornen haben ihn getäuscht … Man schüttelt sein Schicksal nicht ab!«

* * *

Drei Suchtrupps jagte Uto auf den nach Westen führenden Straßen los. Er selbst ritt mit einigen Dutzend Kriegern bis zum Kloster Weltenburg, das sich an einen Felsenhang in der Donauschlucht südwestlich von Regensburg schmiegte. Der dort aufgeschreckte Prior aber hatte nichts und niemanden gesehen. Uto brüllte vor Wut. Er ließ sich Boote geben und fuhr damit ein paar Meilen die Schlucht hinunter. In einer Biegung des Flusses sprangen sie im strömenden Regen ans Ufer.

Doch die verräucherte Fischerkate, die dort stand, barg nur ein halbnacktes Paar mit zu vielen Kindern. Auch ein weiterer Halt unweit eines riesigen Felsvorsprungs brachte nichts. Voller Zorn ruderte man zurück. Die sich auftürmenden Felswände schienen sie zu verspotten: klobige Steingebilde, geformt wie Riesen, die den Fluss seit Ewigkeiten bewachten.

Mit kalter Wut trieb Uto seine Leute in die entgegengesetzte Richtung. An der Laaber, einem Nebenfluss der Donau, machte er am Hof eines Vasallen Tassilos Halt. Der Mann, der mit reichlich Bernstein am Hals und Silber an den Armen herumlief, war mit dem Salzhandel reich geworden, und schämte sich nicht, Uto das auf die Nase zu binden. Doch wand er sich wie ein Aal, als Uto ihm im Namen des Herzogs Bewaffnete abverlangte, um die Suche auszuweiten. Und er sagte etwas, was ganz und gar nicht dumm klang. »An Stelle dieser Franken«, ließ er mit erhobenem Zeigefinger wissen, »wäre ich donauabwärts gesegelt. Bis zur Isar oder zum Inn. Dann nach Westen … Warum legt Ihr Euch nicht dort auf die Lauer? Kennt Ihr die Brückenfurt von Landshut?«

* * *

Grifo schien nicht überrascht, als er erfuhr, wer ihn entführt hatte. »Ich und die Herzogin Leutberga, wir wussten, dass Karl alles zuzutrauen ist! Wird der König mich vergiften? Oder von hinten erdolchen lassen?«

»Weder noch, Mann«, entgegnete Arnulf halbwegs freundlich. »Der König ist gerecht.«

»Nehmt mir wenigstens diese demütigenden Fesseln ab!«

Der Franke schüttelte den Kopf. »Sagt mir lieber, warum Ihr Leutberga statt Tassilo erwähnt habt, Herr Grifo?«

»Weil *sie* ihn treibt, deshalb.« Grifo sah ihn mit dünnem Lächeln an, die Beine gekreuzt, die Hände hinter dem Rücken.

»Gebt mir zu trinken!« Arthur hielt dem Königsneffen eine Kelle Wasser hin, die er aus einem Eimer unter dem Verdeck schöpfte. Grifo trank zwei Schlucke. »Euer Sohn, hm? Habt Ihr keine Angst, ihn auf solch eine Fahrt mitzunehmen?«

»Doch«, nickte Arnulf und gähnte wie ein Wolf. »Aber er langweilte sich zu Hause!« Auch in der letzten Nacht hatte er höchstens zwei, drei Stunden unruhigen Schlaf bekommen. Schlafen! Er musste endlich wieder schlafen, denn das Härteste kam vielleicht erst noch.

Wenig später sah der Sohn den Vater mit dem Rücken an der Bordwand eindösen. Breitbeinig blieb Arthur vor dem Verdeck stehen, eine Hand am Schwertgriff, lässig und ungelenk zugleich. Er spürte, wie der Gefangene ihn musterte. Unwillkürlich zupfte Arthur an seinem Halstuch. Ein schwarzes Kriegertuch, das er nicht wegen des Straßenstaubs trug.

»Willst du meine goldene Kette haben, Junge?« Grifos Stimme klang, als würde man sich lange kennen. »Löse die Fesseln für einen Augenblick, dann gebe ich sie dir.«

Arthur zog die Nase hoch und musterte Grifos Hals, an dem in der Tat etwas golden blinkte. Der Mann versuchte, sein Teuerstes zu verhökern. Arnulfs Sohn empfand vages Mitleid, aber noch stärker war das Misstrauen gegenüber diesem Mann. »Behaltet sie!«, stieß Arthur aus und versuchte, streng dreinzuschauen. »Und wenn Ihr was von mir wollt, nennt mich nicht *Junge,* ich bin ein Krieger des Königs!«

»Das sehe ich«, antwortete Grifo ruhig. »Ohne Euch wäre Euer Vater von Tassilos Leuten erschlagen worden.«

Arthur verlagerte das Gewicht von einem Fuß auf den anderen und blickte nun nicht mehr so grimmig. »Der König«, fuhr der Gefangene fort, »wird Euch sicher belohnen, nicht wahr? Einen Helm voll Silber für jeden Krieger, eine Sklavin dazu oder zwei, drei gute Pferde?!« Arthur zuckte die Schultern und musste an Hasel denken, das Königspferd – es war zurückgeblieben, verlorengegangen im Tumult der Flucht. *Nein, der König wird mir kein weiteres Pferd schenken! Und Silber kriegen höchstens die älteren Krieger …*

»Löst meine Fesseln, hört Ihr?«, raunte Grifo in verführerischem Ton. Verunsichert warf Arthur einen neuen Blick auf den goldenen Strang um Grifos Hals. Der reichte für mehr als drei Pferde …

In diesem Augenblick wackelte der Boden des Bootes, als ein Pferd unruhig wurde und gleichzeitig ein Krieger die Seite wechselte, sodass der überladene Kahn ein leichtes Schlingern zeigte. Arnulf schreckte aus dem Schlaf hoch, blickte sich um – und schloss die Augen wieder.

Sein Sohn berührte sein Halstuch. *Ich gehöre zur schwarzen Hundertschaft, verdammt noch mal!* Er räusperte sich. »Behaltet Euer Gold, Herr. Ich will's nicht haben!«

Kapitel XXIII

Am Zusammenfluss von Donau und Isar, Juli 787

Arnulf wagte nicht, in einem der Höfe an der Einmündung der Isar Quartier zu nehmen. So ließ er Ephraim ein Stück in den Zufluss hineinsegeln, was dank kühler Böen aus Nordosten ohne Rudern möglich war.

»Der Wind bläst um diese Jahreszeit sonst nie so«, bemerkte der Schiffsführer. »Kein gutes Zeichen.«

»Für wen?«, fragte Arnulf, während seine Augen den Verlauf des Ufers abtasteten. Der Schiffer legte das Steuerruder um, um einem Nachen auszuweichen. »Für den Herzog. Er legt sich mit dem großen Karl an … Auch Ihr seid Männer Karls, nicht wahr? Ihr werdet mir jetzt nicht die Kehle durchschneiden, was?«

»Was hätte ich davon?«, knurrte der Franke.

»Ich weiß nicht«, fuhr Ephraim in sanftem Ton fort. »Aber Ihr wirkt wie ein gründlicher Mensch.«

Arnulf musste grinsen. Er fing an, die Art des Mannes zu mögen. Er hieß ihn einen flachen Sandstreifen am südlichen Ufer unterhalb einiger schrundiger Eschen anzusteuern, flach genug für die Pferde.

»Wieso nehmen wir nicht das Nordufer, *hamar*?«, raunte Gallo. »Dann müssen wir später nicht mehr die Isar queren.«

»Weil sie uns auf der anderen Seite als erstes suchen werden«, sagte Arnulf halblaut. »Wir queren bei Landshut oder Freising, je nachdem, ob sich dort Bewaffnete herumtreiben.«

Gallo kratzte sich unterm Arm und brummte etwas, und Arnulf wusste, dass noch eine andere Sache zu entscheiden war. Das Schiff näherte sich unterdessen dem Ufer. Ephraim und sein Sohn trieben sie das letzte Stück mit langen Stakhölzern vorwärts. »Der Israelit kann uns an Tassilos Leute verraten«, zischte Gallo. Arnulf nickte. *So wie Nibelung …*

Als sie auf Grund liefen, sprang Arthur mit einem Tau über Bord, um das Boot festzumachen. Ein schlimmes Ruckeln und Wackeln ging durch die Planken, als die Krieger die Pferde am Zügel nahmen. Hinaus! Mit nervösem Wiehern überwanden die Tiere die Bordwand und sprangen ins flache Wasser. Wie durch ein Wunder ging es ohne Verletzungen ab. Während Arnulf sofort aufsattelte und nach dem Zugang zur Uferstraße suchte, blieb Gallo an Bord, bis der letzte Krieger samt Pferd ausgebootet hatte.

Der Schiffsführer verfolgte alles mit ausdruckslosem Gesicht. Sein Sohn kehrte emsig Pferdemist zusammen und warf ihn über Bord. Gallo schien es, als halte der Bursche dabei einen guten Sicherheitsabstand zu ihm ein. Endlich rülpste der Neustrier und zog sein Schwert. »Wir möchten nicht, dass Ihr zu den Herzoglichen weiterlauft, Ephraim«, sagte Gallo. Er ließ die Klinge auf die Bordkante prallen, ein dünner Strich blieb zurück. Das Gesicht des Schiffers gefror. Dass mit dem Fahrpreis auch sein Schweigen erkauft sei, beeilte er sich zu versichern. Gallo grinste. »Wir wollen sicher sein, dass Ihr nicht so schnell weiterfahrt. Holt das Segel runter, los!«

* * *

Eine Stunde später zügelten sie die Pferde und warfen das zusammengeschnürte Segel ins Unterholz. Mittlerweile dämmerte es. Selbst wenn Ephraim ihnen folgen sollte, würde er diese Stelle an dem Tag nicht mehr finden.

Glück im Unglück war es, dass der Schweiger mit mehreren Pferden entkommen war. Denn neben Arthurs Hasel stand auch der Apfelschimmel Arnulfs noch im Palas.

In einem Wäldchen schlugen sie schließlich ihr Lager auf. Beim Absteigen fiel Gallo samt Sattel vom Pferd – kein Suff, der Gurt war nicht richtig befestigt. Schnaubend wollte er wissen, wer die Pferde nach dem Anlanden gesattelt hatte.

»Ein Krieger kann doch wohl seinen Gaul selber aufzäumen«, knurrte Arthur, der Jüngste, mit einer Prise schlechtem Gewissen. Ein kühler Blick des Vaters traf ihn: *Nicht so großmäulig, Mann!* Dann sah der Junge sich um und klang sehr kleinmäulig: »Wo ist Grifo?«

Trotz auf den Rücken gefesselter Hände war er aus dem Sattel gerutscht. So geschickt und leise, dass keiner es gemerkt hatte. Arnulf fluchte. Das letzte Tageslicht verschwand unter einem dunklen Firmament. »Bildet eine Kette!«, rief er. Sie liefen in den Forst hinein – sieben Mann, auf der Suche nach einem, der wohl nur noch sein Leben zu verlieren hatte.

Das Unterholz war nicht wirklich dicht, aber sie sahen kaum noch bis zum nächsten Baum. Arnulf stolperte und schlug lang hin, das Schwert in der Hand. Fluchend rappelte er sich auf. Neben sich hörte er Gallo etwas murmeln, gerade laut genug, dass Arnulf es verstehen konnte: »Le-bend, le-bend, le-bend ...«

»Seid still«, rief Arnulf. Er ließ alle anhalten und eine Weile in den Forst hineinhorchen. Doch da war nur das Knistern und Weben des Waldes, das kaum lauter war als der Wind. Langsam arbeiteten sie sich weiter. Arnulf versuchte, seinen Zorn zu beherrschen. *Der Herr hat mich errettet, hat mich den Gang finden lassen – das genügt, findet der Herr ...*

Da kam ein Schrei von links außen: ein Schmerzensschrei. »Im Baum!«, rief einer. Augenblicke später waren alle bei einem hohlen Stamm, gut zwölf Fuß breit, dessen Höhlung kaum noch zu erkennen war. Einer der Krieger hatte ein Schwert hineingestoßen, aufs Geratewohl, um dies als Versteck auszuschließen. Sie zerrten den zähneknirschenden Grifo hervor, der eine leichte Stichwunde im Arm davongetragen hatte. Erlöstes Lachen und Scherzen lief durch die Frankenkrieger, denn des einen Unglück ist des anderen Glück.

Später saßen sie schweigend um die Flammen, aßen vertrocknete Brotreste und die letzten Streifen Trockenfleisch. Die Lichtung war wenig größer als die Grundfläche zweier Häuser. Über ihnen zeichneten sich die Formen einer riesigen Kiefer gegen den Sternenhimmel ab. Irgendwann schreckte sie ein Grollen auf. Arnulfs Hand ging zum Schwertgriff, doch Gallo griente nur: Es war sein Magen. Arnulf grinste kopfschüttelnd.

»Mein lieber welscher Gefährte«, begann der Offizier in feierlichem Ton, »ist es nicht herrlich, hier zusammen zu hungern und zu dursten?« Die anderen grinsten. Öffentliche Anfälle von Humor waren bei ihrem Anführer selten. »Habt Ihr denn gar keinen Wein mehr, Gallo?«

»Wein, Herr?« Gallo murmelte etwas von den Gefahren des Suffs und wühlte in einer Tasche, die er an einem Riemen über der Brust trug. Ein kleiner, abgegriffener Lederbeutel fand sich, den der Gefährte Arnulf zuwarf. Er nahm einen kleinen Schluck, dann einen großen: *Gut – bis auf den Geschmack!*

Feucht senkte sich die Nachtluft auf die Lagernden. Die Männer rückten um das Feuer zusammen und eine heimelige Stimmung kam auf.

»Erzählt etwas, Hauptmann!«, rief Arthur. »Bitte.«

Arnulf grunzte unentschlossen und musterte die Gesichter seiner Männer. Der Schweiger starrte unentwegt ins Feuer. Die Linien in seinem Gesicht wirkten im Flammenschein wie Furchen, und plötzlich sah Arnulf in ihm den alten Mann, der er noch nicht sein konnte. Neben ihm kauerte der andere Sachse, der noch übrig war, ein rothaariger, jüngerer Bursche mit Sommersprossen und schiefen Schneidezähnen. Erwartungsvoll blickte er den Hauptmann an. Eine gute Geschichte hielt Krieger bei Laune. Dasselbe sagte der Blick seines Nachbarn, eines fleischigen, rotwangigen Kerls mit mächtigen Armen und jungenhaftem Grinsen, dessen Herkunft Arnulf vergessen hatte. Neben ihm saßen Gallo und ein weiterer Welscher, der sein langes Haar mit einem Kamm bearbeitete und dabei vor sich hin summte. Sie alle hatten ihm geschworen, würden ihm folgen, wohin er sie führte. Lang hingestreckt zwischen diesen Kerlen, die Füße gen Feuer ausgerichtet, lag reglos der Königsneffe. Seine offenen Augen starrten in den Nachthimmel.

Er tat Arnulf leid. »Gib ihm einen Schluck, Gallo!«, rief der Offizier.

»Wem, zum Teufel?« Arnulf nickte zu dem Liegenden hin. Gallo murrte etwas, stand aber ohne weiteres auf und flößte dem Gefesselten ein wenig Wein ein. Der schien den Trunk gerne anzunehmen. »Jetzt schuldet Ihr uns wirklich ein Garn, *sax hamar*«, grummelte der Welsche. »Erzählt uns, wie Ihr Erika getroffen habt, ja? Wie Ihr sie verführt habt, beim Mondenschein oder beim Kerzenlicht?«

»Nein, danke«, war die Antwort, »in solchen Sachen seid Ihr mir zu weit voraus.«

»Könnte sein«, grunzte Gallo selbstzufrieden. »Na, dann erzählt von dem Gefecht, in dem Ihr Widukind selbst gegenüber standet. Ihr habt ihn mit einer Herkules-Keule niedergemacht, sagt man!«

Arnulf schwieg, dann schüttelte er den Kopf. »War ein schlimmer Tag. Am Ende verblutete Erika fast in meinen Händen.«

Die Männer murmelten leise, unzufrieden, dass ihr Anführer so wortkarg war.

»Spanien!«, rief Arthur schließlich, mit einem Bitten in der Stimme. »Erzählt vom Grafen Roland und dem Gefecht mit den Mauren, Vater!«

»Ja, *hamar*, erzählt von Spanien!«, stimmten die anderen mit ein.

Arnulf stocherte mit einem Stock im Feuer herum und räusperte sich. Anfangs stockend, begann er in nüchternem Ton Gedanken an Gedanken, Satz an Satz zu reihen.

»Spanien, das Land liegt noch hinter Aquitanien, und Aquitanien ist vom Rhein aus schon drei, vier Wochen … Dann musst du noch über ein Gebirge … irgendwann hast du einen sehr harten Arsch, oder gar keinen mehr!« Die Männer lachten und nickten, das klang vertraut. »Was soll ich sagen – die ganze Sache war eine Idee von sarazenischen Fürsten gewesen. Die kamen zu einem Hoftag in die Pfalz Aachen, das ist ein paar Jahre her, dein Bruder schiss noch in die Windeln.« Arnulf sah Arthur an, der nickte, als würde er sich erinnern. »Den Obersarazenen spricht man mit Emir an. Seine Leute tragen die Halstücher um den Kopf gewickelt, ganz dick, und beten einen Gott an, der Allah heißt. Die sagten also zum König: Helft uns gegen unsere Feinde! Die großen Städte werden Euch die Tore öffnen, wir wollen unter Eurem Schutz stehen. So groß ist der Ruhm des Königs selbst in jenen fernen Landen! Nach Spanien gehen, das klang wie …« Arnulf überlegte, während er den brennenden Stock aus dem Feuer zog, um ihn gleich noch tiefer hineinzuschieben. »Wie reife Äpfel pflücken, so klang das. Aber Ziegendreck! Die meisten Leute dort sind Christen, die sich unter der Peitsche der Sarazenen eingerichtet haben. Und die Sarazenen schlossen laufend neue Bündnisse miteinander, es war alles nicht zu durchblicken. Jedenfalls: *Keine* Stadt öffnete uns die Tore! Wir haben Saragossa belagert, die größte Festung; stellt Euch Regensburg vor unter glühender Sonne, umgeben nur von Staub und zertretenen Halmen, mit Fiebersümpfen statt Flüssen. Die Bewohner verhöhnten uns von den Mauern herab und warfen mit Tierknochen. Manche unser Krieger sind vor Hitze und Fieber einfach tot umgefallen.« Kopfschütteln und leises Raunen kam von den Männern. Und dann sah Arnulf den Schweiger nicken und etwas brummen, als sei er aus einer Starre erwacht. *Denn er ist dabei gewesen …* Einer der Krieger warf Holz und trockene Kiefernnadeln aufs Feuer, das jäh aufloderte.

»Irgendwann wollten wir nur noch weg, zurück in die Heimat. Wir Offiziere stritten mit den Edlen und dem König selbst, der nicht mit leeren Händen gehen wollte. Da erreichte unser Feldlager an einem Nachmittag ein erschöpfter Kerl, ein Christ. Er flehte um Hilfe: Sein Dorf in den Hügeln ein paar Stunden weiter war von einem Streiftrupp feindlicher Sarazenen heimgesucht worden. Ein junger Graf namens Roland, ein Liebling des Königs, drängte sich vor und ließ seine Männer aufsitzen – Bretonen waren's, ja, denn er war ein Welscher …« Die Männer beugten sich unwillkürlich vor, reckten die Hälse, um nichts von den nächsten Sätzen zu verpassen.

Da zerriss ein schriller Schrei die Nacht. Alle sprangen auf und griffen nach den Waffen. Kein weiterer Laut folgte; verunsichert sahen sie einander an. Ein Mensch oder ein Tier? »Ein junger Eber, sag' ich euch«, murmelte der Rothaarige. »Die Wölfe haben ihn geholt.« Mit den Schwertern in den Händen starrten sie noch einen Augenblick in die Dunkelheit, die wenige Schritte abseits des Feuers begann.

»Argh! Verflucht …!« Der Gefangene strampelte mit den Beinen, ein Harzklumpen war im Feuer geplatzt und als Flugbrand auf seinem Knie gelandet. Der Schweiger fegte das Stück mit einer nachlässigen Bewegung der Schwertspitze beiseite, berührte seinen Donarhammer am Hals und warf Arnulf einen merkwürdigen Blick zu.

Arnulf musste plötzlich an Sigfrid denken. Er sah die gepfählten Köpfe vor dem Palas vor sich. *Stecken dort jetzt die Häupter meiner Gefährten?*

»Erzählt weiter, Hauptmann!«, drängten seine Leute. »Hat Rolands Truppe die Sarazenen stellen können?« Doch Arnulf war nicht mehr nach Erzählen. Er teilte die Wachen bis zum Morgengrauen ein und rollte sich in eine Decke. Es dauerte, bis ihn der Schlaf von üblen Fantasien erlöste.

* * *

Dann kam der Sturm. Ein Wind, wie man ihn lange nicht mehr erlebt hatte! Schon gar nicht im Sommer. Der Orkan entwurzelte Birken und Kiefern, verkrüppelte Eichen und riss Dächer von den Häusern. Ställe und Hütten wurden zerschmettert, Pferde und Rinder irrten umher. In den Bergen warf der Sturm Menschen von den Klippen; auf den Seen ließ er Fischerboote sinken, die das Ufer nicht rechtzeitig erreichten.

Der Herr zürnt! Franken marschierten gegen Bayern auf, raunten manche, Christen gegen Christen – das gefiel dem Allmächtigen nicht. Auch Arnulfs Schar wurde von Regen und Sturm gebeutelt. Zunächst krochen sie an einem Waldrand unter, in der windgeschützten Höhlung eines Hanges. Aber als der Mittag längst vorbei war und der Sturm nicht nachließ, überkam Arnulf die Ungeduld. Er trieb die Männer vorwärts, schließlich mussten sie so bald wie möglich das Feldlager erreichen und die kostbare Geisel abliefern. Die Männer krampften sich auf den Pferderücken zusammen, um dem Sturm weniger Angriffsfläche zu bieten. Immer wieder führte die Straße sie über ungeschützte Freiflächen; bald wurde einer der Männer gleichsam vom Pferd geweht, als ein Steigbügelriemen riss. Das Ross ging durch und lief davon. Arnulf brüllte den Gefährten zu, den vor ihnen liegenden Waldrand zu erreichen. Er selbst ritt hinter

Grifo, dessen Pferd Arthur am langen Zügel führte. Sie durcheilten Wiesen mit Himbeerbüschen und wild rankenden Brombeeren. Zwischen den ersten Bäumen sprang Arnulf vom Pferd. Filziges Unterholz, Farn, über ihnen rauschende Baumkronen, doch allmählich schien das Heulen des Windes nachzulassen.

Dann sahen sie den Pfad. Breit genug für einen Reiter. Nach einigen hundert Schritten in das Dickicht hinein erkannten sie die Umrisse einer kleinen Lichtung. In der Mitte ragte das Dach einer Hütte auf, der Rest war in den Boden eingelassen. Schief ragten die Stecken eines leeren Stalls aus dem Boden. Regenschauer gingen nieder, Wasser rieselte Arnulf trotz des Halstuchs den Nacken hinab.

»Klopfen wir an?«, rief Gallo. Arnulf nickte und zog sein Schwert. Die verwitterten Bohlen der Tür waren nur etwa vier Fuß hoch und hingen schief im Rahmen. Ein Spalt klaffte da, der kaum zu einer bewohnten Hütte passte. Arnulf beugte sich vor, um die Luke aufzuziehen, als er etwas hinter dem Ohr spürte – die Haut auf der alten *Harm*-Stelle juckte wie ein Brennnesselschlag! Arnulf drehte den Kopf, sah in die gespannten Züge der anderen und fing einen düsteren Blick von Grifo auf. Der Regen fiel fast senkrecht. Es stürmte nicht mehr.

Und dann nahm er den Geruch wahr. *Kann das sein?* Arnulf atmete durch und griff in den Spalt. Doch in diesem Augenblick flog ihm das Türholz förmlich entgegen. Ein riesiger Schädel tauchte auf, das Maul geöffnet, die Eckzähne entblößt. Ein Schrei entfuhr Arnulf, als die Bestie mit seiner ganzen Masse auf ihn losging.

* * *

Jeder kannte diese Geschichten: Von Höhlen tief in den Bergwäldern, in denen ein schutzsuchender Jäger von einem Bären zerrissen wurde. Von Bestien in hohlen Eichenrümpfen, die einen Kerl mit Haut und Haaren verspeisten. Aber unweit menschlicher Siedlung, in einer Hütte? Arnulf krachte auf den Rücken, für eine Winzigkeit nur sahen sie einander in die Augen, dann war das Ungetüm über ihn hinweg. Die anderen spritzten auseinander, wiehernd stiegen die Pferde auf die Hinterbeine. Der Schweiger war es, der den Rössern am nächsten stand. Der Bär mähte ihn mit einem Prankenhieb nieder. Dann ging er auf die Pferde los. Gallo wurde fast von den Hufen eines Hengstes erschlagen, als er nach einer Stoßlanze in den Sattelschlaufen griff. Er warf die Waffe auf wenige Schritt Entfernung. Sie verletzte das Tier an der Schulter, ohne steckenzubleiben. Brüllend wirbelte der Bär herum, doch bevor er den Neustrier zerreißen konnte, stach ihm der Rothaarige mit einem Kurzspeer in die Flanke. Die Männer hatten ihren Schock überwunden und nun kreisten sie das Tier ein. Wütend richtete sich der Riese auf die Hinterbeine, überragte die Männer nun um fast zwei Fuß! Arnulf starrte auf das graubraune Fell der Bärenbrust, als er Gallos Stoßlanze aufnahm. Ins Herz musste er zielen! Da brach das Tier mit zwei, drei Sätzen aus der Umzingelung aus. Zwischen dem Bären und dem rettenden Unterholz standen nur noch zwei Männer: Arthur und der Gefangene.

»Zur Seite!«, brüllte Arnulf. Aber es ging zu schnell. Der Bär riss Arthur im selben Augenblick nieder, als er sein Schwert aus der Scheide brachte. Die Klinge traf den Leib der Bestie, die den Liegenden mit den Vordertatzen zu zerfetzen drohte. »Du Satan!«, krächzte Grifo. Er hätte weglaufen können, er hätte gar nichts tun können. Stattdessen trat er dem Tier gegen den Kopf wie einem Hund, der einem an die Kleider geht ...

Mit schrecklichem Grollen ließ der Bär von Arthur ab, um sich auf Grifo zu stürzen. Da trafen ihn acht Zoll Stahl: Mit der Kraft der Verzweiflung rammte Arnulf die Lanzenspitze in den Hals des Tiers. Der Bär riss den Kopf hoch und richtete sich noch einmal zu voller Größe auf. Arnulf wurde die Waffe fast aus der Hand gerissen. Ein Grunzen kam aus dem Rachen des Tiers, bevor es einbrach und auf dem Boden aufschlug. Der Körper rollte auf die Seite, Krallen zerfetzten das Gras. Arthur hatte sich schon wieder aufgerappelt, als das sterbende Tier endlich erschlaffte und der riesige Brustkorb zur Ruhe kam.

»Bei Petrus' Schwanz!« Gallo wischte sich Regentropfen oder auch Angstschweiß aus dem Gesicht. »Ein Bär im Haus, *skizan*! Was für eine Scheißgegend!«

Arnulf zog seinem Sohn die halbzerrissene Tunika von der Schulter. Das schiefe Grinsen passte nicht zu den weit aufgerissenen Augen des Jungen. Tiefe, parallel laufende Schrammen, die sich mit Blut zu füllen begannen, aber ernst sah es nicht aus. *Glück gehabt.*

»Hab ihn am Bauch erwischt«, brachte Arthur hervor. Arnulf nickte und berührte die Wange seines Sohnes. »Gut gemacht!«

Schweiger?! Was ist mit ihm? Der Krieger, der neben dem Sachsen kniete, antwortete Arnulf mit einem Kopfschütteln und einer Bekreuzigung: Das Schicksal hatte ihn in Form eines Bären ereilt.

Im schwächer werdenden Regen wühlten sie eine flache Grube in den Boden der Lichtung und legten den Toten hinein. Sein spanisches Tuch war groß genug, um Gesicht und Oberkörper abzudecken. Am Ende drückte Arnulf ihm das Schwert in die Hand. »Fahr auf nach Walhall oder wohin auch immer«, murmelte er.

Dass der Schweiger Trunk und Speisen mitnehmen müsse, grummelte einer, während sie schon das Grab zuschütteten. Es war der letzte Sachse, der rothaarige *tobaswam* – Pilze mit roten Kappen nannte man so. Arnulf zuckte mit den Schultern. »Zerteilt den Bären!«

Eine Stunde später hatten sie ein Feuer in der Hütte entzündet und die ersten Fleischstücke gebraten. Das Kochfeuer mit klammem Holz füllte die Hütte mit dichtem Qualm, der Rauchabzug im Dach funktionierte nicht richtig. Gleichzeitig dampfte die trocknende Kleidung der Männer an Wandhaken, aber es wurde warm, immerhin. Vom Wind war kaum noch etwas zu hören. Und irgendwann machten sie Witze über den Gestank in der Hütte. Das Lachen war laut und irgendwie befreiend. Sie hatten den Bären überlebt! Wieder etwas, von dem man später erzählen würde … *wenn wir es bis nach Hause schaffen!*

Arnulf stand in der Mitte des winzigen Raums. Der Feuerschein warf wilde Muster auf seinen nackten Oberkörper. Er hielt ein Stück fetttriefendes Fleisch in der Hand. »Für Euch, Grifo!« Er warf es dem Byzantiner zu. Der saß auf einer Bank an der Wand, zwischen Arthur und *tobaswam.* Grifo fing sein Abendessen auf, zeigte ein trotziges Grinsen und schlang ein paar Happen hinunter.

»Ihr habt Euer Leben riskiert mit dem Tritt«, sagte Arnulf schleppend. »Warum?«

Der Königsneffe schaute auf, aus dem Schlingen wurde langsames Kauen. Dann wischte er sich den Mund ab. »Vielleicht mag ich ja Euren Grünschnabel-Sohn?« Auf Arnulfs ungläubigen Blick hin ergänzte er: »Ich hab' mal einen Freund bei einer Jagd verloren. Etwa so alt wie der Junge, sah auch so ähnlich aus. Ein Löwe hat ihn getötet. Manchmal träume ich davon.« Er verstummte. Arnulf kratzte sich den Kinnbart. »Karlmanns Tod war auch ein Jagdunfall«, sagte der Offizier. »Warum behauptet Ihr, dass Karl Euren Vater töten ließ?«

»Weil es so war«, antwortete Grifo ohne zu zögern. Das Murmeln der anderen erstarb, auch das Schmatzen schien leiser zu werden. »Meine Mutter wusch den Leichnam meines

Vaters, als er ihr gebracht wurde. Da war eine Wunde in der Brust, riesig, von einem Wisenthorn vielleicht; im Rücken aber war noch ein Einstich. Klein. Wie von einem Dolch oder einer schmalen Speerspitze.« Arnulf wippte auf den Fußballen, nicht ohne Anspannung. »Und was hatte der König damit zu tun?«

»Einige von Karls Offizieren waren bei dieser Jagd dabei«, sagte Grifo und klang nun bitter. »Sie waren es, die den Leichnam brachten. Denn ihr Herr, König Karl, wollte nicht mehr bloßer Halb-König sein, *sax hamar,* so einfach war das! Das Reich war wie ein Pferd mit zwei Reitern, versteht Ihr?«

Arnulf verschränkte die Arme über der Brust, ohne seine Verunsicherung zu zeigen. »Und dann?« Grifo stand auf. Nur eine Armeslänge trennte ihn von seinem Entführer. »Meine Mutter bekam den Befehl von Karl, sich in der Pfalz Aachen einzufinden. Aber dafür war sie viel zu klug! Sie floh mit ein paar Getreuen an den Hof des Langobardenkönigs nach Pavia.«

»Zu König Desiderius«, murmelte Arnulf. »Karl hat ihn gestürzt. Ausgehungert, besser gesagt. Danach ist Eure Mutter mit Euch in den Osten gegangen?«

Der Königsneffe nickte. Niemand sagte etwas, nur Kaugeräusche und das Knacken der Sitzbänke war zu hören. »Mag sein, dass Euch übel mitgespielt wurde, Grifo«, sagte der Offizier langsam. »Aber ich bin ein Krieger des Königs. Ich bringe Euch zum Hof. Besser, Ihr fügt Euch!«

»Was hat Karl Euch versprochen für meine Ergreifung?« Arnulf spürte die Blicke der Kameraden auf sich und bereute, dass er sich auf den Austausch eingelassen hatte. »Besser, Ihr holt Euch jetzt ein paar Stunden Schlaf, Mann«, knurrte er. Aber Grifo blieb einfach vor ihm stehen und starrte ihn mit seinen dunklen Augen an. »Wär's peinlich, es zu erzählen?

Oder fürchtet Ihr ihn einfach, Euren Herrn, den großen, großen Karl?«

»Ich fürchte Gottes Zorn, wie wir alle«, sagte Arnulf müde. »Der Rest geht Euch nichts an!« Er nahm seine feuchte Tunika vom Wandhaken und zog sie über. Sie roch ekelhaft.

Kapitel XXIV

Ingoldestat, Juli 787

In der ersten Woche des Monats Juli rückte der Frankenkönig Karl endlich mit einem Heer auf Ingoldestat vor. Vorneweg die Panzerreiter, eisenstarrend und voll Selbstvertrauen: Wer hätte ihnen jemals widerstanden? Dahinter die Aufgebote der Edlen, die Karl Vasallendienst schuldeten. Eine gut berittene Schlagmacht ritt da herbei, unter bunten Bannern, mit Gottespreisung auf den Lippen – und sah die wenigen herzoglichen Krieger sofort Reißaus nehmen. Tassilos Bannerführer beschlossen, dass es keinen Sinn hatte, sich den Franken ohne ihren Herzog Karl und seiner eisernen Streitmacht entgegenzustellen.

Flüche entfuhren Karls Mannen, als sie den Königshof Ingoldestat wieder in Besitz nahmen. Pferde waren in der großen Halle untergebracht worden! Vorratskeller und Räucherkammer waren leer, das Gerät des Rüsthofs – eine Schmiede mit Waffenwerkstatt und Stellmacherei – abtransportiert worden. Doch schon bald kamen niedere Edelleute aus der Umgebung mit Geschenken herbei, um Karl »ewige Treue« zu geloben. Der Herrscher empfing die Schwüre auf einem wuchtigen Sitz mit hoher Lehne vor dem gemauerten Brunnenkreis, der die Mitte des Königshofes markierte. Von hier sah man auf das Tor der Palisade im Norden und die dahinterliegende Siedlung der Hörigen und Sklaven. Die Schwörenden hingegen sahen hinter dem König die große Halle und die unweit dahinter beginnende Flussaue. Und sie sahen die sogenannte Ruhmessäule, die Einhard zwischen Brunnen und Halle auf Geheiß Karls errichtet hatte: ein Bündel senkrechter Speere mit einem sieben Fuß hohen Standkreuz, beschlagen mit Kupferblech. »Die Einheit unserer Stämme in Christus« – mit diesen Worten hatten Fulrads Geistliche dort Weihwasser verspritzt.

Die Königin Fastrada ließ die Zimmerleute des Hofes ein Nebengebäude herrichten, ein Webhaus unweit der Kirche, die links der Nord-Süd-Achse lag. Ihre Laune, stellten die Höflinge überrascht fest, war trotz der schaurigen Verhältnisse gut. Zwei Tage nach dem Einzug in Ingoldestat ließ sie ihre Kammerfrau Erika Holzkugeln für die *kliuwa* Bahn zusammensuchen. Bei diesem Spiel rollte man Kugeln in drei verschieden große Löcher. Die Schwierigkeit lag darin, mit den apfelgroßen Kugeln die kleinen, mit denen von der Größe eines Kinderkopfes die großen Löcher zu treffen.

Fastrada erwies sich dabei als gute Spielerin. Jede noch so kleine Unebenheit des flachgestampften Untergrunds zwischen Kirchhof und Obstgarten schien sie einzuberechnen. So folgte bis zum Vespergottesdient eine Runde nach der anderen. Auch die älteren der Karlskinder kamen zum Zuge, die Zofen natürlich und selbst einige der Mägde, die zur Pfalz gehörten. Den Siegern wurde ein Becher Wein eingeschenkt, so sie von edlem Blut waren; die übrigen durften einen Bierkrug ansetzen. Auch Erika, auf deren Seele das Schicksal von Ehemann und Sohn wie Blei lag, gehörte häufiger zu den Gewinnern. Fastrada quittierte das mit Wein und übertriebenem Lob, ganz so, als müsse sie ihre verwitwete Kammerfrau aufmuntern, die sie nur kurz zuvor mit der Regensburger Nachricht in eine dunkle Grube gestoßen hatte.

Selbst dem jungen Grimbald wollte sie etwas einflößen lassen. Er spielte eine Runde mit seiner Mutter zusammen und zeigte eine glückliche Hand. Zum Glück war seine Verletzung sauber ausgeheilt. Doch Erika verbat ihm den Wein mit ein paar trockenen Worten. Fastradas Lächeln wurde daraufhin frostig, aber nicht lange. Sie schlug vielmehr vor, den König selbst herbeizuholen: »Er soll gegen Euch antreten, Erika! Mit Euch würde er gerne spielen, meint Ihr nicht?« Erika sah die Königin an und spürte ein kleines Erschrecken unter dem Rippenbogen. *Ist das eine Anspielung auf Karls Drängen in der Mühle? Was kann Fastrada davon wissen?* In den blauen, klaren Augen der Königin entdeckte Erika kein Arg. »Der König, Herrin, wird sicher mit anderen Dingen beschäftigt sein …«

Damit lag Erika richtig. Karl führte an diesem Nachmittag einen Vorstoß seiner Erkunder nach Osten an. Feldarbeiter berichteten ihnen von einer größeren Truppenansammlung der Herzoglichen in der Nähe; gesehen hatte sie freilich niemand. Als Karl bei Sonnenuntergang wieder eintraf, lud er kurzentschlossen die Hauptleute der Scara und einige ihrer tüchtigsten Kriegsleute zum gemeinsamen Mahl in die große Halle. An Tischen aus Sägeböcken und Brettern verzehrten sie, was die übergelaufenen Edelherren herbeigebracht hatten. Und als hätte der König sie darum gebeten, erschien irgendwann auch die Königin. Sie war an diesem Abend gefällig wie ein Engel und verteilte reichlich liebenswürdige Worte an die rauen, narbenübersäten Krieger. Wie so oft zog sie die Blicke aller Männer auf sich; und wie die beste aller Gattinnen legte sie Karl irgendwann die Hand auf den Unterarm und berichtete von ihren Fortschritten mit dem Webhaus, der ›Teppichkammer‹ – schnell hatten die Mägde diesen neuen Namen parat. Der König nahm es mit Wohlwollen auf. Und überlegte insgeheim, was die so gute Laune Fastradas zu bedeuten hatte.

* * *

Erika trocknete Hals und Brust mit einem Handtuch ab. Der letzte körnige Seifenrest hatte sich beim Waschen zwischen ihren Händen aufgelöst. Das Wasser im Kübel der Gesindebaracke war bereits trübe. Die Kleine schlief schon, doch für Grimbald – wo streunte er herum? – hätte die Seife noch reichen sollen. Ein Dutzend Betten der Baracke, manche doppelstöckig, beherbergten die Kinder und einige der Zofen, bis bessere Quartiere hergestellt waren. Erika kleidete sich wieder an und griff zur silbernen Kiliankapsel. Sie murmelte ein Gebet und drückte die Reliquie auf Stirn, Brust und Bauch.

Komm zurück! Du darfst nicht tot sein!

Auf dem Weg zurück zur Teppichkammer hörte sie das Johlen aus der großen Halle. Sie hätte dort zu essen bekommen, aber sie wollte nicht zwischen einem Haufen angetrunkener Männer sitzen. Im abendlichen Dämmerlicht lief sie links der Kirche und des Kirchhofs entlang, an der Wurfbahn vorbei bis zur neuen Königsherberge. Im vorderen Raum, der mit Boden- und Wandteppichen geradezu vollgestopft war, brannten Öllichter. Auf dem Tisch stand eine Gebetskerze. Die Königin hatte ihre ältere Tochter auf dem Schoß und sprach ein Nachtgebet mit dem Kind.

Aus dem Hintergrund warf Judith, eine ältere, füllige Zofe mit herabgezogenen Mundwinkeln, der Kammerfrau Erika neidische Blicke zu. Sie schrieb es dem perlfarbenen Kleid zu, das sie trug: ein Geschenk Fastradas. *Die Königin kann großzügig sein.* Ärmelenden und Ausschnitt waren mit Goldfäden durchsetzt, in den Hüften lag der Stoff auf der Haut auf; Erika war nicht so spindeldünn wie ihre Herrin.

Auf dem Tisch stand eine Schale mit Honiggebäck und ein paar Erdbeeren – kein Brot, kein Fleisch … Aber Kelche mit Wein und Wasser. Fastrada küsste die Kleine und hieß Judith, sie ins Bett zu bringen.

»Auf die Meisterin der Kugeln!«, rief die Königin fröhlich und hob ein Weinglas. Erikas Finger schlossen sich um den dünnen Stiel eines Weinglases. Höflich lobte sie die überlegene Wurftechnik der Königin. »Wein aus umbrischen Reben«, verriet Fastrada. Ihre Wangen waren bereits leicht gerötet. »Vom Heiligen Vater. Die Frühjahrssendung, wisst Ihr noch?« Erika nickte und trank. Der Wein war süß und mild zugleich. »War die Sendung nicht längst ausgetrunken, Herrin?«

»Judith muss immer einen Krug für mich vorhalten«, zwinkerte die Königin, kicherte und lehnte sich etwas zurück. »Das Kleid steht Euch! Warum lauft Ihr sonst immer in diesen dunklen Stoffen herum, Edelfrau?«

»Das ist mein Falenblut, Herrin«, sagte Erika leichthin. »Braun ist das Hellste, was eine Sächsin trägt.« Die Königin lachte, ein entwaffnendes, beruhigendes Lachen. Heute drohte keine Gefahr. Erika füllte die Gläser halb mit Wein auf, denn es war keine Dienerin mehr im Raum. Der Wasserkelch jedoch war leer.

»Ich hole Wasser, Herrin.« Doch die Königin behandelte den Vorschlag wie einen Scherz. »Trinken wir unverdünnt, Edelfrau, nach Fürstenart!«, rief sie. Erika strich noch einmal über die Kiliankapsel und trank das zweite Glas unverschnitten.

Ein Fürstenwein, ohne Zweifel.

* * *

»Edelfrau? Wo ist mein Weib?«

Sie schreckte auf. Die Kerze vor ihr war eine halbe Fingerspitze weit herabgebrannt, lange konnte sie nicht geschlafen haben.

Erika schob ihren Stuhl zurück und stand auf. Der König hatte noch seine Reitsachen an. Sie roch Bratfleisch, gekochten Kohl und Sattelleder. »Die Königin, Herr?« Verlegen blinzelte sie einen Nebel weg, der den König kurzzeitig verschwimmen ließ. »Zum Hofkapellan wollte sie.« Rasch fiel ihr alles wieder ein: Die lebhafte Plauderei war noch mehrere Gläser weitergegangen. Irgendwann hörten sie die Nachtglocke der Kirche und Fastrada erinnerte mit ernstem Gesicht an Fulrad, den offenbar schwer kranken Hofkapellan. Kümmerte man sich in angemessener Weise um ihn? »Er ist dem Abgrund nahe oder dem Himmelreich.« Mit diesen ominösen Worten war die Königin aufgestanden, um den Siechenden auf seinem Lager zu besuchen.

Karl starrte sie an. Sein Gesicht war gerötet, ein paar Silberborsten ragten aus seinem kurzen Kinnbart. »Seltsam«, sagte er mit belegter Stimme. »Ich komme gerade vom Hofkapellan. Er hatte einen neuen Anfall und kann nicht mehr sprechen. Noch ein oder zwei Tage, und dann …«

Erika bekreuzigte sich. »Es geht Euch nahe, Herr, nicht wahr?«

Karl nickte, ohne den Blick von ihr zu nehmen. Mit einem Knistern verbrannte eine Mücke in der Kerze. Der König räusperte sich und machte ein paar Schritte in Richtung des Weidengeflechts, das den hinteren Teil des Raums abtrennte. Zwischen einem Haufen dicker, blockartiger Sitzkissen blieb er stehen und drehte sich zu ihr um. Es war völlig ruhig, bis auf ein paar bellende Hunde auf dem Hof.

»Dieses Kleid, Edelfrau, hat noch nie eine so gute Seele geschmückt. Und solch schöne Gliedmaßen.«

Erika wurde rot, sie spürte das Blut bis in die Ohren. *Schöne Gliedmaßen …?!* »Ich sollte gehen, Herr«, sagte sie und blickte auf ihre Hände.

»Fulrad war immer da!«, brach es aus dem König hervor. »Ich habe mich auf ihn verlassen können, seitdem ich zum ersten Mal auf den Thron meines Vaters stieg, versteht Ihr?« Die Züge des Herrschers fielen geradezu auseinander, stellte Erika etwas beängstigt fest. Er schnaubte. »Mann nennt mich den Herrn der Christenheit! Gottes Stellvertreter auf Erden – ha! Meine Frau ist eine Wahnsinnige, und meine Söhne sind Tölpel! Ich werde allein sein, Erika, wenn Fulrad hinübergeht.« Erika schluckte. Noch nie hatte sie solch einen Ton beim König gehört. Er kam auf sie zu und plötzlich war sie in seinen Armen. Er umschlang sie, riesig und stark. Ihr wurde heiß.

»Ihr seid nicht allein, Herr«, sagte sie stockend.

»Nicht, wenn Ihr zu mir haltet, Erika! Ich brauche Euch. Ich möchte, dass Ihr glücklich seid, versteht Ihr? Wünscht Euch etwas!«

»Dass Arnulf mit meinem Sohn zurückkehren möge«, murmelte sie. »Fastrada behandelt mich wie eine Verwitwete, mit der man Nachsicht haben muss!«

Aus seinem Brustkasten kam ein Brummen oder auch Seufzen. »Wir alle sind in Gottes Hand. Ich träumte letzte Nacht: Arthur ritt durch das Tor der Pfalz, in einem goldenen Kettenhemd. Ihr werdet ihn bald wieder haben, glaubt mir!«

Dann schob er sie zum Tisch, füllte ein Glas und hielt es an ihre Lippen. Sie schüttelte den Kopf. Er selbst leerte es, in einem Zug. Der Blick, der dann kam, war besitzergreifend und vollkommen ehrlich. Er küsste sie auf die Lippen, wobei seine Linke in ihrem Nacken lag – mit so viel Druck, wie man beim Umgang mit einem Fohlen ausübt. Seine Lippen waren erstaunlich weich. Erika erwiderte den Druck nicht, aber sie fand auch nicht die Kraft zur Abwehr. Die Küsse taten gut, das Gewolltwerden tat gut. Etwas Trost vom König, warum nicht? Wenn Arnulf nicht zurückkehrte, könnte der König sie beschützen? Aber Fastrada, durchfuhr es sie, konnte jeden Augenblick zurückkommen. Erika durfte nicht in Karls Armen gesehen werden. Oder war die Königin doch noch zu Fulrad gegangen, um dort auszuharren?

Dann hob er sie hoch.

Die Duftwässer der Königin hingen über dem Bettzeug. Das Bett der Königin … Erikas Verstand tauchte auf wie ein Schwimmer aus dem See. »Herr! Euer Weib …«

Er stellte sie auf die Füße – da war dickes Fell unter ihren Sohlen. Weitere Küsse, drängender. *Hinaus, weg von hier!* Aber sie konnte ihm nicht entkommen, wie ein Kind hielt er sie an einem Arm fest und zog sie wiederum an sich, gröber jetzt, fordernder. Sie hörte ihr eigenes Keuchen, dann zerrissen seine Hände Stoff. Seine Hand griff nach ihrer nackten Brust. Im nächsten Augenblick lag sie auf dem Rücken. Mit einem Grunzen zerrte er Kleid und Unterkleid über ihre Knie, bis zur Hüfte. Sie wollte die Beine zusammenpressen, doch er war stärker.

»Mutter! Seid Ihr da?« Eine Kinderstimme vor dem Haus.

Sie sah ihm in die Augen. »Das ist Grimmo«, flüsterte sie. »Lasst mich zu ihm!«

»Soll er dich so sehen, Erika?«, raunte Karl und hielt ihre Arme auf das Bett gedrückt, ohne das Gewicht seines Leibes auf ihrem zu verringern.

»Mutter?«

Der König presste seine Lippen auf ihren Mund, nun spürte sie sein Geschlecht. Dann ein Geräusch wie Schritte, die sich entfernen. Noch einmal erklang Grimmos Ruf, aber aus größerer Entfernung. Er richtete sich auf, seine Hände gingen zum Hosenband. Sie versuchte, ihre Finger in sein Gesicht zu stoßen. Er wich mit einer schnellen Kopfbewegung aus. »Ich habe mich gefragt, ob du kämpfen würdest, Erika … gut so! Du *bist* Widukinds Schwester!«

Um Hilfe schreien? Wer vertrieb den König aus seinem Bett?

»Herr, hört auf, bitte!« Sein Gesicht war nur noch ein Schemen, der sie anatmete: Bratfleisch, Zwiebel, Kohl … Als er in sie eindrang, zielsicher wie ein Scaraspeer, schrie sie auf. Sofort landete seine rechte Handfläche auf ihrem Gesicht. Seine Stöße wurden stärker, schienen ihren Unterleib zu zerreißen. Gleichzeitig rang sie verzweifelt um Luft. Wie ersticken fühlte sich das an. Endlich nahm er die Hand von ihrem Gesicht, im selben Augenblick ging ein Zittern durch seinen Körper, dann war sein Atem wieder ganz nahe. »Du kannst alles bekommen, *magad*. Du bleibst am Hof, auch als Witwe. Deine Kinder werden es gut haben!«

Erst jetzt lösten sich ihre Tränen. Und nun kam die Wut wie eine Hitzewelle von unten: die Wut, dass ihr Ehemann sie nicht beschützte. Die Wut, wie eine Sklavin genommen zu werden! »Arnulf bringt Euch um«, krächzte sie. Und für einen Moment hoffte sie das wirklich.

Er machte ein kehliges Geräusch. »Besser für dich, Erika, wenn dies unter uns bleibt. Und wenn nicht … Jeder würde glauben, dass du einfach einen neuen Schutzherrn für deine Familie suchst, nicht wahr?«

Kapitel XXV

Landshut an der Isar, Juli 787

Sieben Reiter näherten sich der Landshuter Furt. Einer von ihnen hatte eine Kapuze ins Gesicht gezogen und die Hände in den Ärmeln einer löchrigen Kutte stecken. Bei genauem Hinsehen hätte ein Vorbeigehender bemerkt, dass die Hände an den Sattelknauf gebunden waren. Aber es gab genügend andere Ablenkung an diesem Tag. Mehr als hundert Gestalten folgten einer Gruppe weiß gekleideter Mönche auf die halbierten Baumstämme, die den Übergang zur ersten Furtinsel darstellten, auf ihren Schultern trugen die Geistlichen einen Kasten mit rotem Stoffbehang. Auf dem Kasten war ein senkrechtes Kreuz aus Bronze angebracht, und auch vor und hinter der Gruppe reckten Mönche zwei mannshohe Holzkreuze in die Höhe. Der Gesang war inbrünstig, aber für fränkische Ohren nicht leicht zu verstehen. Der Name Korbinian fiel, wurde Arnulf klar, und von Huld und Segen war die Rede – *keine Krieger, keine Gefahr …*

»Ich rieche was«, vermeldete Gallo und sog die Luft ein wie ein Hund auf der Pirsch. Arnulf grinste. Der Geruch kam von ein paar halboffenen Hütten, die auf halbem Wege zwischen der Furt und einer über dem Uferhang errichteten Palisadenbefestigung standen. Mit einem wachsamen Blick nach links zu den Holzwällen trabten sie zu den Hütten hinüber. Sogleich umgaben sie kläffende Hunde und schmutzige Kinder, die mit dreisten Worten ihre Hände ausstreckten. Es roch nach geräuchertem Fisch und dampfender Suppe: Nicht nur Gallos Magen schlug Lärm. Ein Kerl mit schiefer Nase und riesigen Zahnlücken verkaufte ihnen für ein paar Denare Aal, den sie im Stehen hinabschlangen. Seine Worte waren schwer verständlich. »Gehört Ihr zu Tassilos Männern?« Arnulf nickte vorsichtshalber. Der Kerl wischte sich Tropfen von der Nase, warf Zwiebeln in einen Suppentopf und schnarrte etwas zu seinem Weib, das meckernd lachte.

Arnulf biss in den Fisch und musterte abermals die Umgebung. Da war der grüngraue Fluss, der schäumend um flache Landbuckel herumströmte; die vordersten Wallfahrer wateten von der letzten dieser Inseln durch knietiefes Wasser auf das gegenüberliegende Ufer zu. Dort lagen die eigentliche Siedlung und eine größere Festung mit zwei Wachtürmen. Die Furt war auf beiden Seiten befestigt. War das nicht zu erwarten gewesen? Und doch überkam ihn ein ungutes Gefühl. Die Prozession hatte offenbar auch für Zuschauer auf den Wällen an beiden Ufern gesorgt, denn Arnulf erkannte nun mehrere Bewaffnete, die von den Hangpalisaden zu ihrer Linken hinabstarrten – auf die Franken freilich, mit unverhohlener Neugier. Arthurs Blicke folgten denen seines Vaters. In verschwörerischem Ton fragte er: »Wollt Ihr hier queren, Hauptmann?«

Arnulf lächelte dünn. »Würdest du hier queren, Junge?« Arthur sah noch einmal zur Befestigung mit den Türmen auf der anderen Seite und schüttelte den Kopf. »Eben«, raunte Arnulf und wischte sich die öligen Hände an der Hose ab. »Wir könnten Pech haben und wie der Fuchs in der Falle enden.« Gallo trat schmatzend hinzu, ahnend, was Arnulf dachte. »Weiter?«

Der Offizier nickte. »Zum Kloster Freising. Da gibt's eine Fähre. Ihr werdet noch nicht mal nass, Gallo!« Eine Elster krächzte in diesem Moment über ihnen. Arnulf bemerkte Gallos schiefes Grinsen, doch der Gefährte wagte nichts zu sagen.

Wer Gold hat oder Unsinn redet, zieht die Elster an, hieß es. Gold hatten sie nicht …

Die Franken folgten der Uferstraße und kamen an einem riesigen Floß aus Baumstämmen vorbei, das hier eben angelandet war. Die Flößer lösten die Bastseile um die Stämme und zogen und rollten das Holz unter lautem Rufen und Ächzen an Land.

Die Krieger hielten schließlich in einer von Büschen umwachsenen Uferausbuchtung. Eine Rast war überfällig. Einer der Krieger, den man Swabo nannte, erzählte, dass die Flößer aus den Freisinger Forsten kamen. »Die bringen Bauholz, für die Palisaden.« Er war von kräftigem Körperbau mit massiven Schultern und Armen, doch sein jünglingshaftes Gesicht war noch ohne Narbe. Arnulf erschlug eine Mücke auf dem Handrücken. »Kennt Ihr Euch hier aus, Swabo? Wart Ihr schon mal hier?« Dass er an der oberen Isar aufgewachsen sei, erklärte der Krieger eifrig, sichtbar erfreut über Arnulfs Nachfrage. »Mein Vater hat einen Hof am Fluss …«

»Hölle!«, zischte Arnulf und stieß ihn zur Seite. »Wer kommt denn da?!« Er hastete die Uferböschung ein Stück hoch, bis er die Uferstraße bis zur Befestigung einsehen konnte. Eine Gruppe Reiter, Männer mit Schild, Helm und Lanze, hatte die Befestigung verlassen und ritt in ihre Richtung. Oder nur zu den Flößern? Arnulfs Magen zog sich zusammen. »Aufsitzen!«

Seine Befürchtung wurde wahr: Die Krieger von der Furtwache folgten ihnen. Und sie verkürzten stetig den Abstand, obwohl die Franken jetzt in schnellem Trab unterwegs waren. Bald führte die Straße weiter oberhalb des Ufers durch den Auwald, sie sahen den Fluss nicht mehr. Die Verfolger blieben hinter ihnen. Ein Abstand von einigen hundert Schritt pendelte sich ein. Etwa ein Dutzend Mann, schätzte Arnulf. Warum versuchten sie nicht, die Franken auf Teufel-komm-raus einzuholen?

Weil sie auf ein günstigeres Gelände warteten, ahnte Arnulf, eine Stelle, an der sie ihre zahlenmäßige Überlegenheit ausspielen konnten.

Das Pferd mit Grifo lief in der Mitte des Trupps. Krampfhaft drückte der Königsneffe, der ahnte, was passierte, seine Füße in die Flanken des Gauls. Sie durcheilten lichten Wald, dann Freiflächen mit Buschwiesen, auf denen Rinder grasten. Immer wieder drehte Arnulf sich im Sattel um, ließ sich zurückfallen bis auf Swabos Höhe, der an letzter Stelle ritt. Keiner der Verfolger sah aus wie Uto. *Uto hätte längst angegriffen …*

»Legen wir einen Hinterhalt, Herr?« Der Offizier schüttelte den Kopf. »Der Wald ist zu licht dafür.« Hier war viel geholzt worden. Dann streifte Arnulfs Blick den flachen Bogenköcher, der unter einer Satteltasche von Swabos Pferd vertäut war – der Awarenbogen! »Sagt die Wahrheit: Könnt Ihr mit dem Bogen umgehen, Mann?«

»Ja, Herr, ich trau's mir zu!« Der Kraftklotz konnte nicht älter als zwanzig sein. Arnulf zeigte nach vorne. Die Straße durchschnitt eine sumpfig wirkende, unbewachsene Niederung, um dahinter wieder in ein grünweißes Gemisch aus Birken, Eschen und Kiefern einzutauchen. »Ein Stück in den Wald rein und dann Halt!«

Arnulf überholte die anderen und ließ sie nach Durchqueren der leuchtend grünen Sumpfgräser im nächsten Forst halten. Er befahl Arthur, noch ein Stück mit Grifo weiterzureiten bis zur nächsten Biegung. Doch der Blick des Sohnes roch nach Meuterei. »Lasst mich neben Euch fechten, beim Bonifaz!« Arnulf stutzte, dann nickte er grollend. »Also – *hinter* mir, nicht neben mir!« Dem Gefangenen wurde die Kapuze ins Gesicht gezogen, sein Pferd an einen Baum gebunden.

Sechs Kämpfer würden sich den Verfolgern entgegenstellen – fünf Mann und ein Bogner gegen zwölf! Arthur drehte sein Halstuch zu einem festen Strang und legte ihn dreifach um den Hals, wie die anderen auch. Sie zogen die Schwerter und schlugen die Schwertspitzen aneinander – das stählerne Klingen der Kriegertreue! Ihre Verfolger waren nun in der Mitte der Wiese, etwa dreihundert Schritt entfernt. Im steten Trab kamen sie näher. Swabo hatte den ersten Pfeil auf der Sehne, drei weitere steckten vor ihm im Boden, die anderem im Pfeilköcher.

»Falls sie im Galopp auf uns losgehen«, rief Arnulf seinen Leuten noch zu, »dann kämpfen wir's nicht aus, sondern sehen zu, dass wir davonkommen!« *Oder gehen sang- und klanglos zu Grunde …* »Swabo? Schießt!«

Kaum hatte Arnulf die letzten Worte gesprochen, da surrte das erste Geschoss mit kräftigem Sehnenschlag davon. Atemlos verfolgten sie die Flugbahn: Der Pfeil schien in den Himmel zu steigen – viel zu hoch! Doch das war die Entfernung, natürlich. Ohne ein Schlingern, wie am Faden gezogen, senkte sich die Flugkurve auf die Höhe der ersten Verfolger …

Wock! Die Läufe des vordersten Pferdes knickten weg, der Reiter krachte zu Boden. Tier und Mensch überschlugen sich im Dreck.

»Nochmal, Swabo!«

Als der Pfeil einschlug, hatte Swabo bereits den nächsten auf die Sehne gelegt. Zog die Rechte wiederum bis zur Wange und verlagerte das Gewicht auf den rechten Fuß. Die Kolonne kam abrupt zum Stehen. Die Franken hörten Flüche über die Sumpfwiese schallen, die Verunsicherung und dann den Schmerzensschrei. Der zweite Schuss blieb im Bein eines Kriegers stecken. Dann der Dritte: zu kurz, er ging zwischen den Hufen der vorderen Gäule runter und verschwand im Matsch.

»Macht das Spaß, ihr Arschlöcher?«, brüllte Gallo und schwenkte höhnend seinen Schild über dem Kopf, als müsste er auf sich aufmerksam machen. »Weiter, Swabo!«, stieß Arthur aus. Arnulf sah die Knöchel von Schwertfaust seines Sohnes weiß hervortreten, so fest umklammerte er den Griff. Swabo grinste, die Wangen leuchteten rot vor Aufregung unter dunkelblondem Bartgekrussel. Schon stieg der vierte Federschaft in die Luft: eine herrliche, unglaublich lange Kurve. Ihr Ende war die Kruppe eines Rosses. Mit Wiehern sprang das gequälte Tier nach vorn, mühsam krallte sich der Reiter fest, bis das Pferd im tiefen Morast zum Stehen kam.

Planlos ritten die Verfolger durcheinander, versuchten dem Abgeworfenen aufzuhelfen, ohne sich für den harten Ausweg zu entscheiden: *Angriff um jeden Preis!* Der fünfte Awarenpfeil bohrte sich mit lautem Klopfgeräusch in einen Schild, denn nach ihren Schilden angelten sie nun. Es waren irgendwelche niederen Dienstmannen Tassilos, wurde Arnulf klar, die von der Grifo-Entführung gehört hatten, die aber – bei Gott! – nicht ihr Leben riskieren wollten, um diese fremden Reiter zu stellen.

»Die haben genug!«, prustete jemand. Ja, die Kerle machten sich davon! Mit breiter Brust blickte Swabo seinen Führer an, man sah ihn heftig atmen – die Bogensehne hatte enormen Widerstand! »Gut gemacht, Mann«, rief Arnulf. »Aufsitzen, weiter!« Aber Swabo hatte Spaß an der Sache gefunden und lief auf eigene Faust ein Stück vor, um noch einmal auf die Abziehenden zu schießen. Augenblicke später dröhnte ein scharfer Knall über die Wiese, das Geräusch von Stahl auf Stahl. Strahlend eilte der Bogner zurück. »Helmtreffer, *der* Mann hat Kopfweh!«

»Auf Euren Gaul, Isar-Aware!«, lachte Arnulf erleichtert. *Alles wird gut werden!*

Lob prasselte auf den Schützen nieder, nur zu gerne erzählte Swabo von seinen Schießübungen. Der junge Arthur ritt ein Stück neben ihm und verlangte, so bald wie möglich in die Kunst der Fernschüsse eingeweiht zu werden. Arnulf verfolgte es mit Genugtuung und setzte sich mit neuer Zuversicht an die Spitze der zusammengeschmolzenen Schar.

Sie ritten an Fronhöfen abseits der Straße vorbei, sahen halbnackte Gestalten Getreide sicheln. Manche starrten, manche winkten unsicher, die meisten arbeiteten einfach weiter. Ohne Pause trieb Arnulf seine Leute an. Dann, am Nachmittag, kam ihnen ein seltsamer Haufen auf der Straße entgegen. Kurzgeschorene Mönche in schweren Wollkutten, die Eselskarren mitführten. Die Männer hatten nicht nur knüppelartige Wanderstäbe, sondern auch Speere bei sich, mehrere trugen ein Schwert, einige hatten Beile unter dem Gürtel. Der Anführer, ein unmönchisch wirkender Hüne mit Lederpanzer, wildem Bart und einer Platzwunde über der Braue, schien die Straße in Beschlag nehmen zu wollen. »Macht Platz für den Bischof, Platz da!«

Arnulf zügelte sein Pferd. Auf dem vorderen Eselskarren lag ein etwa fünfzigjähriger Mann auf Kissen und Strohbündeln, dessen Züge er schon einmal gesehen hatte. »Bischof Atto?«, entfuhr es Arnulf. »Atto von Freising, seid Ihr das?« Die Begleiter nickten grimmig oder auch stolz und der Mann auf dem Karren richtete sich zu halb sitzender Position auf. Er wirkte sehr schwächlich, wie einer, der gestorben aber dann noch einmal zurückgekehrt war. Verklebte silberne Strähnen hingen ihm in die Stirn, ein graublaues Auge musterte Arnulf, das andere schielte den Hünen an. »Wer seid Ihr? Kennen wir uns?«

»Ich kenne Euch von einem der letzten Hoftage«, sagte Arnulf. »Ihr habt mit dem König getafelt.«

»Dann nennt Euren Namen, Mann«, keuchte der Bischof.

»Mann nennt mich Arnulf *sax hamar*«, sagte Arnulf knapp, wissend, dass der andere eigentlich erfahren wollte, auf wessen Seite Arnulf stand – Tassilo oder Karl? »Was ist Euch zugestoßen, Euer Gnaden?« Daraufhin beugte der Hüne sein Haupt zum Bischof hinunter, um ihm etwas ins Ohr zu flüstern. Arnulf warf einen schnellen Blick auf den zweiten Karren, auf dem eine sorgfältig mit Riemen gesicherte Kupferkiste lag – etwas, das nicht für alltägliche Dinge verwendet wurde. *Reliquien?*

»Des Herzogs Awaren haben uns besucht«, keifte der Kirchenfürst, »sie plündern und morden! Wir haben den Heiligen aus seinem Grab geholt und bringen ihn in Sicherheit. Dient Ihr dem König?«

Arnulf nickte und lockerte sein Halstuch – sie schienen demselben Herrn zu dienen. »Schließt Euch uns und dem Heiligen Korbinian an!«, forderte ihn der Bischof noch mit brüchiger Stimme auf, bevor er auf die Kissen zurücksank.

»Das geht nicht, Euer Gnaden«, stellte Arnulf knapp fest. »Wir müssen weiter.« Das eine Auge traf ihn wieder, zornig diesmal.

»Dann grüßt den königlichen *consiliarius* von mir! Den Einhard, der sich doch sonst meinen Freund nennt. Er hat Verstand und eine fromme Zunge, aber bei Gott – ich wünsche ihm die Krätze und Nagelfäule!«

Arnulf tauschte einen Blick mit Gallo aus. »Erzählt uns lieber, was passiert ist, Euer Gnaden! Und zwar rasch, wenn's geht ...«

Wenig später saßen sie wieder in den Sätteln und zogen mal im Trab, mal im Schritt auf der Uferstraße weiter nach Westen. Irgendwann trat der Wald zurück und sie erreichten eine Stelle, wo der Weg die treibholzübersäten Uferausläufer der Isar erreichte: in drei Bahnen floss der Fluss hier, mit schmalen, buschbewachsenen Schotterstreifen in der Mitte. Eine Rauchfahne stand über einer windschiefen Hütte nahe dem Ufer. Arnulf bildete sich ein, den geräucherten Fisch zu riechen. Als seine Männer auf Hörweite herangekommen waren – Arthur führte das Pferd mit dem Gefesselten am langen Zügel –, erzählte er ihnen, was er vom Freisinger Bischof gehört hatte.

»Die Awaren haben die Güter des Klosters heimgesucht. Hört sich an, als hätte Tassilo die Heiden auf den Bischof gehetzt, weil er nicht gegen den König rüsten will. Atto sagt, unser Einhard *gilerito* hätte ihm ein paar hundert Panzerreiter versprochen, als Schutz, wenn er dem Herzog trotzt.« Die Krieger sahen einander an und lachten grimmig, nicht ohne Schadenfreude: »War wohl ein Missverständnis! Können die Kerle sich nicht selbst wehren? Jesus' Jünger waren auch bewaffnet!«

Gallo aber lachte nicht. »Wenn die Freisinger Fähre in der Hand der Heiden ist, wie kommen wir dann rüber?«

»Abwarten! Wir müssen das Kloster irgendwie umgehen«, sagte Arnulf und fuhr sich über den sprießenden Kinnbart. *Warum sind wir nicht auf dem linken Isarufer an Land gegangen?*

»Umgehen?«, wiederholte Gallo übellaunig. »Umschwimmen, meint Ihr wohl? Dabei saufen wir ab oder verlieren die Pferde!«

Wie von selbst blickte jeder auf den Fluss hinaus. Bis zur ersten Insel sah das Wasser recht flach aus, doch dahinter … Ein entwurzelter Baum trieb in der Flussmitte vorbei, etwas, das Pferd wie Mensch ins Verderben reißen konnte.

»Herr«, meldete sich Swabo, der Mann von der Isar. »Einen guten Tagesmarsch stromaufwärts vom Kloster gibt es einen Übergang bei Feringas[7]! Mein Onkel hat einen Hof dort, sie werden uns helfen!«

»Oder verraten oder ausrauben?«, murmelte Arnulf und wischte Schweiß von der Stirn; plötzlich fühlte er sich müde.

---

7   Ad Feringas, »bei der Fähre«, ist der ursprüngliche Name von Föhring (heute = Ober- und Unterföhring). Wie auch andere Stadtteile von München (Grünwald, Schwabing, Frötmanning …) tauchte die Siedlung erstmals zur Zeit Karls des Großen in den Urkunden auf.

Alles war zuletzt so glatt gegangen, und nun … »Euer Onkel, Swabo, ist er sein eigener Herr? Oder ist er Tassilo hörig?«

Der Krieger beugte sich im Sattel etwas vor, hinter seiner breiten Stirn arbeitete es. »Mein Onkel zinst an den Bischof, tat es jedenfalls, als ich den Hof verließ, einerseits, aber andererseits …«

Arnulf runzelte die Stirn. »Genug davon«, rief er. »Wir werden etwas wagen müssen, so oder so. Aber beim Bonifaz, vielleicht sind die Awaren auch weitergezogen, und die Fähre ist wieder frei …«

Die letzten Worte hatte er für seine Männer gesprochen, um Hoffnung zu geben. Er selbst spürte, ja roch, dass da noch eine blutige Klippe vor ihnen lag. Bis zum Freisinger Übergang mochte es noch einen halben Tagesritt sein. Awarische Streiftrupps konnten jetzt jederzeit auftauchen! *Ich brauche eine Idee!* Swabos Übergang bei Feringas würde ihre Reise um Tage verlängern. *Wie lange sind wir schon unterwegs?* Er begann zu rechnen und kam auf zweieinhalb Wochen, dann fiel ihm ein, dass der Bischof von einem Vorstoß Karls auf Ingoldestat gesprochen hatte. Den Königshof zu erreichen, würde dem Rückweg wiederum einen Tag hinzufügen. *Zur richtigen Zeit am richtigen Ort sein* – Einhards Worte klangen wie Hohn in seiner Erinnerung! Er sah den König vor sich und den Grafen Udalrich, den Hofkapellan und Einhard: Wurden nicht bereits Entscheidungen am Hof gefällt, die Einfluss auf sein Schicksal hatten? *Haben sie mich nicht schon längst aufgegeben?*

Später hielten sie an einem Bach, der sich in die Isar schlängelte. Sie tranken und wuschen den gröbsten Dreck ab. Arnulf lief zum Flussufer, um die Wasserhöhe abzuschätzen. Da waren ein paar Felsen und Stromschnellen, das Flussbett hier war enger und entsprechend schneller floss das Wasser. Aber einfach weiterreiten erhöhte mit jeder Meile das Awaren-Risiko!

Angespannt kehrte Arnulf zu den anderen zurück. Dort trat ihm der Gefangene mit gefesselten Händen in den Weg. Sein Gesicht war von hundert Mückensticken geschwollen. »Ich kenne den Kaghan der Heiden gut, *hamar*. Ich kann Euch freies Geleit bis zu den fränkischen Truppen verschaffen!«

»Ihr gebt nicht auf, was?«, brummte Arnulf kopfschüttelnd, die Hände in die Hüften gestemmt. »Zu viel Blut ist Euretwegen geflossen! Ich kann Euch nicht preisgeben, Grifo.«

»Nein?« Der Ton Grifos wurde schärfer. »Ihr kommt nicht lebend ans Ziel, *sax hamar*! Die Awaren werden Euch umbringen und wenn Ihr Glück habt, dann töten sie Euch schnell!«

»Das reicht«, knurrte Arnulf. Aber Grifo hielt die gefesselten Hände in Brusthöhe, wie eine Anklage. »Ich habe Eurem Jungen gegen den Bären geholfen, weil er mir *leid* tat. Ihr seid nur ein kleines Werkzeug des großen Karls, *sax hamar*! Und Ihr schleppt ein Kind mit zu dieser Freveltat, weil er Euer Sohn ist, und deshalb wird auch er in der Hölle landen, wie Ihr alle! Aber *ich* bin der rechtmäßige König!«

Arnulf verzog das Gesicht. Grifo hatte es fertiggebracht, ihn zu ärgern. »Vielleicht bin ich ein Werkzeug für den König, Mann. Aber ein König braucht Werkzeuge, vor allem scharfe Klingen! Ohne Leute wie mich kann ein Herrscher nicht Herrscher sein, nicht wahr? Aber ich, Arnulf *sax hamar*, Sohn des Arthur aus Fritzlar, ich bin auch ohne einen König etwas!«

Der andere starrte ihn an. In Zorn und Hochmut schien sich eine Spur von Verunsicherung zu mischen. »Gewiss, gewiss. Aber ich kann Euch, Arnulf, eine Herrschaft verschaffen, die Eurem Rang entspricht. Schlagt Euch auf meine Seite!«

»Warum soll ich meinen König verraten?«, fragte Arnulf harsch. »Ihr könnt mir nicht mal ein Stück Brot verschaffen, Grifo! Selbst dazu fehlt Euch das Werkzeug.« Er ließ ihn stehen, ging zu seinem Pferd und stieg in den Sattel. Seine Leute, die dem Austausch mit gespitzten Ohren gefolgt waren, hievten den Königsneffen wiederum auf sein Pferd. Dass sie alle in der Hölle landen würden, zischte der Königsneffe dabei. Sie ritten an. Nach wenigen hundert Schritt aber hörten sie den Klang von Axtschlägen. Viele Axtschläge, schon fast ein Chor …

* * *

Ein drei, vier Fuß tiefer Wasserlauf, der sich durch einen gelichteten Auwald zur Isar wand: Das war der Nachschubweg der Floßbauer, auf die Arnulfs Männer stießen. Das Wasser trug die im Forst geschlagenen Stämme bequem bis zum Fluss. Dort, am Ufer, schlugen schwitzende Kerle die Stämme auf die richtige Länge zu. Andere standen bis zu den Oberschenkeln im Wasser und banden die Stämme mithilfe von Flechtstricken aus Weidenzweigen zu ganzen Flößen. »Damit kommen wir rüber!«, entfuhr es Arnulf.

Gallo protestierte. »Wie sollen die Pferde auf den Stämmen stehen, he? Irrsinn!«

»Uns wird etwas einfallen, Mann, es ist machbar«, beharrte Arnulf, der Gallos Einwände nicht mehr hören konnte. »Ihr habt nicht einfach Angst vor dem Wasser, oder?« Der Welsche schüttelte verärgert den Kopf.

Der Vorarbeiter, der die fremden Reiter ansprach, war ein vierschrötiger Kerl mit einem Hals wie ein Baumstamm und schrundigen Pratzen, deren Nägel gelben Krallen glichen. Zu Arnulfs Überraschung lud er sie ein, auf ihrem Lagerplatz zu kampieren. Unter einer weitausladenden Eiche hatte sich in einer Schleife des Zuflusses bereits ein kleiner Haufen Volk um ein Feuer versammelt. Pferde und angebundene Zugochsen waren zu sehen, und zwischen den Männern sah Arnulf auch drei oder vier Frauen. »Manche wollen zum Kloster, andere kommen von dort«, sagte der Vorarbeiter. »Ist gefährlich dort, Herr, die Heiden morden und plündern.«

Arnulf nickte und versuchte, zu erkennen, was für Leute dort am Feuer warteten. Aber noch dringender musste er wissen, ob sein Plan mit dem Floß wirklich funktionieren konnte. Sie durften keine Zeit verschwenden! »Ich sehe mich um«, raunte er Gallo zu. Der grinste nur und riss einem Burschen einen Krug aus der Hand, der wie der Sohn des Vorarbeiters aussah. »Bier?« Schon setzte er das Gefäß an und soff wie ein Verdurstender.

Arnulf lief zum Isarufer, vorbei an schulterhohen Stapeln von Bohlen. Die Sonne stand schräg, Mücken stachen ihn in Gesicht und Hände. Der Waldboden war übersät mit Ästen, Blattwerk und faustgroßen Holzsplittern. Am Ufer schlugen zwei Hauer Keile in einen Stamm, der mit lautem Krachen in zwei Hälften platzte. Sie nickten Arnulf zu, ohne ihn weiter zu beachten. Die flache Uferböschung war kreuz und quer mit Stämmen verschiedener Länge und Dicke übersät. Und auch eine fertige Plattform lag dort. Halb war das untere Ende vom Wasser umspült, halb hing sie auf Steinblöcken des Uferschotters.

Geländer mit Querhölzern auf dem Floß errichten, die Räume zwischen den Balken mit Ästen und Spänen füllen, die Pferde am Geländer anbinden, so kann es gehen!

Zuversicht lief wie eine warme Welle durch seinen Körper. Aus den Augenwinkeln sah er, wie die Hauer ihre Äxte in einen Stamm schlugen und davonschlenderten, dem Abendessen entgegen. *Gut so!* Er stemmte die Füße in die Böschung und versuchte, das Floß probeweise ein Stück weiter ins Wasser zu schieben. Zwei oder drei Zoll, weiter bewegte sich die Holzmasse nicht. Er löste das Halstuch und wischte sich Schweiß von Brust und Nacken. Es war schwül, und die Schwüle machte ihn noch ungeduldiger. *Wie lenkt man diese Ungetüme?* Er fand eine Flößerstange zwischen den Balken und nahm sie auf. Zwölf Fuß lang, doppelt so dick wie eine Stoßlanze, unzerbrechlich!

* * *

Eine Weise mit Frohsinn, etwas schneller, dann wieder langsam und lockend. Arthur warf einen nervösen Blick in Richtung des Mannes, der da pfeifend näherkam. Er trug eine feuchte Tunika, als hätte er sich mitsamt Hemd gewaschen. Zaumzeug hing über der Schulter. *Keine Gefahr.*

Der Stapel mit Holzbohlen verhieß einen gewissen Sichtschutz gegenüber dem Treiben an der Feuerstelle. Die Gefährten standen in der Nähe herum, ein oder zwei Mann waren dem Bratengeruch gefolgt. Mit jeder Faser spürte Arthur, wie leichtsinnig das war. Aber ihm blieb nichts, als auf Grifo aufzupassen! Mit trockener Kehle prüfte er die Handfesseln des Königsneffen. Der hob die Fäuste, als wollte er Arthur umstoßen. »Ich muss scheißen, Mann! Löst meine Fesseln!« Arthur zögerte. *Wie lange konnte er hier mit dem Gefangenen verharren?*

Das Pfeifen setzte aus. »Habt ihr meinen Pferdeknecht gesehen, Leute?« Der Mann musterte Arthur, dann betrachtete er Grifo. »Ein Sklave? Ich kauf' ihn Euch ab, einverstanden?«

Arthur wischte sich mit dem Unterarm Schweiß von der Stirn. »Geht weiter, Mann!«, stieß er aus und merkte, wie unsicher seine Stimme klang. »Euren Knecht kenn' ich nicht!«

Der andere sah sich um und ruckelte an den Ledersträngen über seiner Schulter. »Wenn Ihr ihn seht, gebt Ihr ihm das hier?«

»Was?«, fragte Arthur entnervt – und ihm wurde klar, dass er diese Stimme schon einmal gehört hatte.

»Das hier!«

In Regensburg, im Hof der Pfalz …

Mit voller Wucht klatschte das Zaumzeug in Arthurs Gesicht. Der Jungkrieger taumelte zurück, scharf spürte er die Holzbohlen im Rücken. Seine Rechte brachte das Schwert ein Stück weit aus der Scheide, dann setzte der andere nach: Utos Messerklinge drang eine Handbreit oberhalb von Arthurs Gürtel ein.

* * *

Das Rauschen des Flusses dämpfte den Schrei. Trotzdem ging der Laut Arnulf durch Mark und Bein. Mit zwei, drei Sprüngen war er auf der Uferböschung und spähte in das Halbdunkel des Waldes. Ein gellender Pfiff ertönte, dann »Vor! Vor!« – Kampfrufe bayrischer Krieger. Ein Steinwurf links war das moosige Ufer des Zuflusses, geradeaus der freigeschlagene Korridor mit den Bohlenstapeln und mittendrin ein Knäuel von Kriegern, behelmte Kerle gegen seine Männer!

Im Laufen wurde Arnulf klar, dass er noch die Stange in der Hand hatte. Er packte sie mit beiden Händen im unteren Drittel. Ein Bayernkrieger kam ihm mit einer Axt entgegen. Arnulf drosch ihm das Langholz um die Ohren, sodass der Mann zur Seite flog. Wieder holte Arnulf aus und ließ die Stange auf einen Kerl niederkrachen, der mit dem Schwert auf Gallo cindrosch. Er traf eine Schulter, mit einem Schmerzensschrei ging der andere in die Knie und Gallos Klinge durchbohrte den ungeschützten Hals.

Wo ist Arthur?

Arnulf schwenkte die Stange und rammte sie nun wie einen Speer gegen das Schild eines Mannes, auf dem der Steinbock prangte. Der Krieger taumelte zurück, doch dann hing seine Waffe fest. Ein Bursche in bloßer Tunika hatte das Stakholz mit einer Hand gepackt, die andere führte ein Schwert, von dem Blut troff. *Uto!*

Arnulf ließ das Holz fallen und riss sein eigenes Schwert aus der Scheide. Dann war der Herzogssohn auch schon da, mit einem Hagel von Hieben. »Der Kleine ist bei Gott!«, rief

Uto mit verzerrtem Gesicht. »Rächt ihn, wenn Ihr könnt!« Ein eiskalter Schrecken raste durch Arnulf, doch er brauchte jede Unze Aufmerksamkeit, um nicht von dieser wirbelnden Klinge zerfetzt zu werden. Er wich zurück, Schritt um Schritt. Er hörte einen abgehackten Triumpfschrei und die helle Stimme Swabos. Die Bayern hatten nicht genug Krieger für eine Einkreisung!

Dann verharrte Uto, breitbeinig, mit einem grausamen Lächeln. »Jetzt werdet Ihr müde, *hamar*, was?« Er setzte zu einem Schwertstoß an, doch daraus wurde ein Überkopfschlag. Irgendwie schaffte es Arnulf, die Klinge mit einer Sensenbewegung abzuwehren und zur Seite zu drücken. Mit der linken Faust stieß er nach Utos Kinn, streifte es, doch auch dessen Linke schoss vor. Das Messer verfehlte Arnulfs Auge und schlitzte die Wange auf. Glühender Schmerz durchschoss ihn und setzte neue Kraft frei. Arnulfs wilder Schwerthieb zwang Uto zurück, dann ein zweiter Hieb schräg von oben, abermals klirrten die Klingen gegeneinander, Stahl gegen Stahl, als Arnulfs Schwert kreischend brach. Die Überraschung war genauso groß für den anderen. Und der wütende Tritt des Offiziers war die nächste Überraschung. Sein Fuß traf Utos Knie, der Bayer taumelte, stürzte, Arnulf sprang hinterher und trat abermals zu, traf Uto in den Magen, sodass der sich ächzend zusammenkrümmte. Da nahm Arnulf eine Bewegung vor dem Bohlenstapel wahr. Auf den Knien, blutüberströmt, kroch Arthur heran wie ein Tier.

Mit zwei Sätzen war Arnulf bei ihm. Gurgelnde Laute kamen aus dem Mund seines Sohnes. Arnulf riss ihn hoch, packte ihn mit beiden Händen wie ein Kind. *Blut, Blut, Blut …*

Im letzten Augenblick sah Arnulf das Holz niedergehen: Grifos Schlag mit dem unförmigen Spaltholz hätte ihn töten können, doch Arnulf riss den linken Arm hoch, die Keule glitt über den Unterarmschutz und streifte seinen Schädel, zwei Herzschläge lang war er benommen und wie gelähmt. Hastig versuchte Grifo, den Holzklumpen in beide Hände zu nehmen und abermals niederfahren zu lassen. Arnulf aber drückte sich aus den Knien hoch und wich dem Schlag um Haaresbreite aus. Dann kehrte seine Kraft zurück. Er bekam den Königsneffen an einem Arm zu fassen und riss ihn herum. Grifos Kopf knallte gegen die Enden der aufgeschichteten Hölzer, doch er ging nicht zu Boden. Arnulfs Faust landete in Grifos Seite, traf ihn in die Rippen, musste ihn außer Gefecht setzen, doch Grifo ruderte wie ein Ertrinkender mit den Armen und krallte sich an Arnulf fest. Einen Herzschlag lang sah der Offizier in die dunklen Augen des Königsneffen, der ein Königssohn gewesen war, dessen Rückkehr zum Ruhm Arnulf zerstört hatte. »Ich verfluche Euch!«, knirschte Grifo und stieß mit dem Daumen nach Arnulfs Augenhöhle. Der Schmerz machte den Kriegsmann halb wahnsinnig. Arnulfs Linke bekam Grifos Kehle zu fassen, seine Rechte schüttelte den Stahlstift aus der Lederröhre seiner Unterarmschiene und rammte ihn in Grifos Leib, einmal, zweimal, dreimal … gurgelnd sackte der Karlmann-Sohn zusammen.

»Vater!«

Arthur versuchte, sich am Ende des Holzstapels hochzuziehen, eine Hand auf der blutigen Tunika; rote Fäden liefen zwischen den Fingern hindurch. Arnulf zog den Sohn hoch und legte sich einen Arm des Jungen über die Schulter. »Zum Fluss!«, brüllte er. »Alle zum Fluss!« *Nur dort ist Flucht, ist Rettung möglich …*

Mit panischer Hast hievte und schleifte Arnulf den Schwerverwundeten gen Ufer. Nur verschwommen sah er den um sich herumtobenden Kampf. Er konnte das rechte Auge nicht richtig öffnen, stoßartige Schmerzwellen kamen von dort, überlagert nur von der Angst um Arthur und ihr Überleben. Schemenhaft nahm er Utos Gestalt wahr – der Kerl rappelte sich hoch, schien nach einer Waffe auf dem Boden zu suchen … Eine Wurfaxt rotierte über Arnulfs Kopf hinweg. *Sechzig, siebzig Schritt bis zum Wasser* … Das Herz hämmerte in seiner Brust, er stürzte vorwärts mit seinem Sohn auf den Armen. Ein Blick über die Schulter zeigte ihm, dass Gallo, Swabo und der Rothaarige hinter ihm her taumelten.

Über die losen Stämme hinweg zur Böschung, zum Floß! Arthur krächzte etwas, die Augen waren offen, suchten Arnulfs Gesicht. Das seichte Wasser spritzte um Arnulfs Füße auf, als er den Sohn auf die miteinander vertäuten Stämme sinken ließ. Er riss dessen Schwert aus der Scheide – die Verfolger waren direkt hinter ihnen! Gallo keuchte herbei, blutig und zerschlagen, rutschte im Uferkies aus, rappelte sich wieder auf und stemmte sich mit den Füßen in den Boden: *Das Floß ins Wasser!* Arnulf aber lief ein paar Schritte zurück. Swabo und der Rotschopf kämpften oberhalb der Böschung um ihr Leben, hatten zwei, drei Mann gegen sich.

»Carolus Rex!«

Wie ein Berserker schlug Arnulf auf die Angreifer ein. Halb blind trennte er einem die Hand ab und schlug einem anderen ein Stück der Schädeldecke weg. Für einen Augenblick wichen die Bayern zurück, zauderten – auch sie wollten nicht sterben!

Die Franken rasten zum Floß zurück, schoben, hievten, zerrten wie irrsinnig, rechneten damit, im letzten Augenblick einen Pfeil in den Rücken zu bekommen. Knirschend glitt die Holzmasse endlich ins Wasser. Swabo sprang auf, während Arnulf und der Rothaarige die Plattform mit letzter Kraft weiter hinausstießen, in die Strömung. »Passt auf!« Gallos Gesicht mehr noch als seine Stimme warnten Arnulf. Er wirbelte herum. Uto stand da im knietiefen Wasser und schwang eine der Haueräxte, die Klinge erwischte *tobaswam*, der eben aufspringen wollte, im Nacken. Mit einem kurzen Schrei fiel der Rote ins Wasser und ging unter. Vergeblich versuchte Arnulf, einen Arm des Ertrinkenden zu packen. Keine Zeit, er taumelte zur Seite, um Utos nächstem Hieb auszuweichen, doch er sah die Axt nicht richtig und das Wasser verlangsamte ihn. Der Axtkopf prallte auf den Unterarmschutz, glitt ab und streifte seinen Schädel. Arnulf stürzte ins Wasser.

Er tauchte unter. Eiskalt war das Wasser, brachte ihn wieder zur Besinnung. Er stieß sich vom Boden ab, kam hoch, triefend, im Ohr das Gebrüll Gallos, weiter weg bereits, neben sich Uto, hüfttief im Wasser, mit hassverzerrtem Gesicht. Er holte aus, aber der nasse Axtstiel rutschte ihm aus der Hand. Arnulf stürzte vor und schlug mit der Faust zu. Der andere wich aus. Arnulf sah zu wenig und er war langsam geworden, zu langsam für einen wie Uto. Die Messerklinge schlitzte Arnulfs Tunika auf, der nächste Stich musste treffen! Verzweifelt griff Arnulf mit beiden Händen nach dem Messerarm und riss ihn nach unten. Ineinander verklammert tauchten beide unter. Als Arnulf prustend und würgend wieder hochkam, landete Utos Linke in seinem Gesicht. Abermals sackte Arnulf weg, spürte nur noch Wasser – aber seine Hand umklammerte immer noch Utos Handgelenk. Seine Rechte wischte über den Flussgrund – da war etwas Hartes, so groß wie ein Handteller. Seine Finger schlossen sich um den Stein.

Er schlug zu, ohne das Gesicht des Feindes richtig zu sehen. Schlug zu mit der letzten Kraft, die ihm geblieben war, die nichts war als der Wille zu überleben. Nach dem dritten oder vierten Treffer knickte Uto weg. Noch einmal setzte Arnulf nach und schlug auf den im Wasser verschwindenden Schädel ein. Rötliche Schlieren schienen den Kopf des Bayern zu umgeben – aber vielleicht war es auch nur das Blut, das Arnulf in die Augen lief …

Er begann zu schwimmen.

Kapitel XXVI

Ingoldestat, Juli 787

Der Pulsschlag des Königs beschleunigte sich. Fastrada war der einzige Mensch im ganzen Reich, der es wagte, ihm den Rücken zuzuwenden.

Sie saß neben ihrem Bett und studierte ihr Gesicht im Spiegel. Karl hatte die Zofen hinausgescheucht und blickte durchs Fenster auf das Geschehen im Hof. Zumindest tat er so. Kurz vor Sonnenuntergang war draußen noch ein Gewimmel von Arbeitern, die die Anlage nach und nach wieder in einen wohnlichen Königshof verwandelte, größer und besser ausgestattet als zuvor.

Er betrachtete ihren Hals: schlank, weiß, edel. Die Haare waren hochgesteckt, wie eine goldene Pyramide. Er räusperte sich. »Habt Ihr gehört, dass der Herzog sich in seiner Stadt eingeschlossen hat?«

»Ich hörte es, mein König.«

»Es scheint Euch nicht zu interessieren.«

Sie bewegte den Handspiegel und nahm seinen Blick auf. »Doch, doch, Herr …« Sie straffte die Lippen vor dem Spiegel, dann betrachtete sie ihre Zähne. »Aber meine Kammerfrau liegt mit einem starken Fieber danieder. Ich mache mir Sorgen, und Ihr solltet das auch. Wird sie nicht Eure neue Konkubine?« Für einen Augenblick kämpfte Karl mit dem Bedürfnis, seine beiden Hände um ihren schlanken Hals zu legen – und zuzudrücken. »Was für ein Gift wieder aus Eurem Mund kommt!«, zischte er. »Habt Ihr am Fenster gelauert, ja? Habt Ihr Euer Ohr an die Wand gelegt, Schandweib?«

»Das war gar nicht nötig, mein Herr«, sagte sie. Sie ließ den Spiegel sinken und drehte sich zu ihm um. »Ihr wart kaum zu überhören … Wenigstens kann sie meine Kleider tragen, ohne wie ein Sachsentrampel auszusehen. Sollte sie häufiger Gewänder von mir anlegen, Herr? Um Euch zu gefallen?«

Seine rechte Hand schoss vor und packte ihr Haar. Brutal riss er sie an sich. »Meint Ihr, Ihr könnt den Sohn Pippins, den Herrn der Christenheit steuern wie einen Köter, dem man Fleisch zuwirft?«

»Lasst mich los, Ihr vergesst Euch!«, schrie sie. Doch alter Groll fegte die Beherrschung des Königs davon wie ein vom Regen geschwollener Fluss einen Damm. Er zog ihren Kopf noch weiter nach hinten, sodass das Kinn fast zur Zimmerdecke zeigte. Die Finger seiner Linken fuhren über ihren Kehlkopf, so langsam wie ein Rasiermesser.

»Du verweigerst dich mir und doch bringst du die Rheinfränkin um!«, knirschte er in ihr Ohr. »Du gibst deine Zofe preis, betest vor ihrer Leiche zum Herrgott und nun – nun willst du die Edelfrau zu etwas machen, das sie nicht ist! Tagein, tagaus verhöhnst du mich, Weib – und das alles, weil du Bayern für einen Sohn haben willst, der vielleicht schon im nächsten Winter am Fieber stirbt? Das ist Irrsinn!«

»Ihr tut mir Unrecht«, brachte sie hervor und versuchte, ihn anzusehen. Doch er hielt Kopf und Hals fest wie bei einer Ziege, die zur Schlachtung anstand.

»Erkläre dich, Weib, hier und jetzt, sonst lernst du bald die Hölle von innen kennen!«

»Was bin ich denn für Euch als eine Konkubine mit einer Krone«, wimmerte sie schließlich. Angst lag in ihrer Stimme, die ihm gut tat.

»Du bist die Frau des mächtigsten Mannes der Welt«, keuchte er. »Und das reicht dir nicht, beim Satan?!« Die Fingerrasur war zu einem Griff geworden, der ihren Hals fast umschloss.

»Ihr wollt meinen Körper, Herr, aber nicht meinen Verstand!«, würgte sie hervor. »Warum gebt Ihr so wenig auf meinen Rat? Ich hatte Euch gewarnt, dass wir Hardrad nicht die Tochter nehmen dürfen!«

»Glaubst du, Fastrada, du könntest mir Fulrad ersetzen?«, schnaubte er. »Oder Einhard? Udalrich mag ein dummer Eber sein, aber er ist *mein* Eber! Und er hat so wenig Skrupel wie du selbst, darin seid ihr euch gleich!«

Er stieß sie von sich, so plötzlich, dass sie fast über den Stuhl gefallen wäre. »Die letzte Frau, die mir in die Geschäfte hineinredete, war meine Mutter Bertrada. Wär's nach ihr gegangen, müsste ich mich heute noch mit den Langobarden herumschlagen!« Sie rieb sich den Hals und betrachtete ihren Herrn – er kannte diese Miene. *Gleich wird sie wieder hochmütig …* Er räusperte sich, seine nächsten Sätze waren mit ruhiger Kälte gesprochen: »Wenn ich mit Tassilo fertig bin, schicke ich Euch nach Neustrien, nach Sankt Dinysios. Da könnt Ihr Zwiesprache mit den Mönchen halten, ohne dass Euch jemand an die Wäsche geht.«

»Das wäre eines großen Königs nicht würdig«, brachte sie hervor und schon flackerte in ihren Augen wieder etwas Drohendes auf, der Bogen der Brauen senkte sich zur Nasenwurzel hin. »Damit zerstört Ihr das Königsheil! Die Menschen – das Reich würde Euch verspotten!«

»Das *Reich*? Das Reich bin *ich*, Weib!«, höhnte er und ging zur Tür. Und über die Schulter ließ er sie noch wissen: »Ihr habt übrigens recht, Erika gefällt mir! Sie ist wie ein Waldsee für einen, der vom vertrockneten Wasserloch kommt!«

* * *

Ein Fieber hatte Erika niedergeworfen. Stundenlang lag sie fast reglos im Bett, während ihre kleine Tochter Gerswind mit einem Kätzchen spielte, einem Geschenk der Königin. »Mutter, Kralle jagt meine Wollkugel!« Doch Erikas Blick blieb glasig und teilnahmslos und das Mädchen schmiegte sich besorgt an ihren Arm, der aus dem Bett hing wie ein lebloses Anhängsel.

Irgendwann kam der Arzt und verordnete kalte Umschläge und ließ das Mädchen Kamille und Geißblatt für heilenden Sud pflücken. Vielleicht tat er es auch nur, um Erika Ruhe zu verschaffen. Als er sie nach Schmerzen fragte, presste sie die Lippen zusammen und sah durch ihn hindurch. Etwas wie Verstehen ging über seine Züge.

Auch Grimbald suchte mehrmals die kranke Mutter auf. Am ersten Tag brachte er ihr Blumen mit. Ansonsten schmiedete er Verse, mittlerweile war er beim vierten Pergament. Die Zeilenabstände wurden enger, denn Ziegenhäute waren teuer. Von Zeit zu Zeit sah der Junge auf, meistens blickte er dann in ein Reich der Fantasie. Aber nicht immer. »Wann kommt Vater wieder, Mutter?«

Sie setzte den Becher mit dem Heilsaft ab und sank wieder aufs Kissen. »Ich weiß es nicht, Grimmo.« *Aber wenn er kommt, kommt er zu spät. Es war nicht gut, eine Frau ohne Mann zu sein!*

»Die Kanzlisten sagen, Vater ist tot.« Sie drehte den Kopf und nahm Grimbalds Hand – eine schmale, weiche Hand, die immer kühl war, auch im Sommer. Sie sah Verunsicherung in seinen Augen. Irgendwie gelang es ihr, sich zusammenzureißen. »Ich würde es spüren, wenn dein Vater tot wäre. Wer sagt so etwas?« Er nannte den Namen eines jüngeren Kanzleischreibers; es war einer, den Grimbald häufig zum Fabulieren und Geschichten austauschen aufsuchte. Erika murmelte, dass der Schreiber keine Ahnung habe.

»Mein Awarentöter heißt Arnulf, Mutter«, sagte der Junge unvermittelt. »Soll ich ihm einen anderen Namen geben? Sigfrid, vielleicht?«

»Warum?« Grimbald betrachtete seine Fingernägel. Sie waren zu lang, sie mussten geschnitten werden. »Am Ende gibt's eine große Schlacht, da sterben alle. Und Sigfrid hieß ein Held bei den Nordmännern, hab' ich gehört.«

Sie griff wieder nach dem Becher auf dem Schemel neben dem Bett. »Du meinst die Geschichte mit den Burgundern und König Gunther?«

Grimbald nickte. »Sigfrid hat hunderte von Feinden für ihn erschlagen! Und er hat ihm ein, äh, Weib besorgt. Die wollte den Gunther eigentlich nicht, glaube ich. Aber Sigfrid hat sie dann *gefügig* gemacht, so geht die Erzählung. Was genau heißt das, Mutter?«

* * *

Das Floß trieb steuerlos auf dem Fluss. Einmal hielten sie durch die Gunst der Strömungen schon auf das linke Ufer zu, doch dann liefen sie auf eine Schotterinsel auf. Sie schafften es, die Plattform wieder ins Wasser zu schieben, gerieten in Wirbel, drehten sich um die eigene Achse, dann teilte das Flussbett sich in seichtere Ströme, nebeneinanderlaufend, als würde Gott mit ihnen spielen. Nicht lange, und ihr Gefährt trieb wieder ans Ufer – das rechte Isarufer, von dem sie unter Todesgefahr abgelegt hatten! Sie stolperten an Land. Arnulf trug den schwerverwundeten Sohn auf beiden Armen wie ein Kind.

Goldenes Abendlicht überstrahlte sie und ließ den Kies noch einmal hell glänzen. Mücken summten um sie herum. »Gebt mir Eure Tücher, alles, was Blut aufnimmt!« Arnulf zerschnitt Arthurs Tunika und band mehrere Schichten um seinen Bauch. Sofort sickerte Blut nach.

»Wir müssen hier weg!«, keuchte Gallo und betastete sein aufgeschlitztes Hosenbein. Er war mit einem Bein durch die Balken gerutscht. Die Bayern würden das Ufer absuchen. Arnulf nickte grimmig und musterte die Haselnussgebüsche am Ufer. »Hilf mir, Streben zu schneiden! Wir machen eine Schlepptrage für den Jungen. Swabo, was ist?« Das rosige Jünglingsgesicht war von einem Schwerthieb entstellt. Der linke Ärmel war geradewegs vollgesogen mit Blut, schlaff hing der Arm herab. Aber sein Geist war ungebrochen. »Ich kann noch laufen«, rief der Krieger trotzig. Der Bogen war ohnehin verloren. Und alles andere auch.

Wenig später eilten sie auf die Uferstraße zu, um dahinter im Forst zu verschwinden.

* * *

Erschöpft und ausgehungert erreichten sie am übernächsten Tag die Fähre von Feringas, von der Swabo gesprochen hatte. Und tatsächlich lag eine kleine Siedlung auf dem anderen Ufer: strohgedeckte Holzbauten, Vorratshäuser auf Stelzen und ein paar Werkstätten. Swabing[8]. Auch den Onkel Swabos gab es. Ein Kerl mit rötlichem Gesicht, kleinen Augen und einer vorspringenden Kugel in der Körpermitte, von der eine Lederschürze herabhing: ein Mann vieler Gewerke. Doch ihm war keine Freude über ein Wiedersehen mit seinem Neffen anzumerken. Er ließ die Männer in eine riesige Wohnstube führen, in der sich alles mit allem mischte: Geruch frischer Brotfladen mit dem von Hühnern und Hunden, der Rauch des Herdfeuers mit dem Dampf eines Braukessels und der Ausdünstung zu vieler Menschen. Mägde und Burschen drängten in den Raum,

---

8   Schwabing, heute ein Stadtteil Münchens, bedeutet so viel wie »Swabos Leute«.

die ähnlich fleischig und robust aussahen wie der junge Swabo. Mit den Händen in den Hüften hörte sich der Hausherr ihre Geschichte an. Er hatte wenig Mitleid: »Ihr bringt Unglück über uns, wenn man Euch hier findet!«

Arnulf und Gallo sahen sich an. Die ersten Abteilungen der Langobarden, stellte sich heraus, waren aufgetaucht und hatten Rinder weggetrieben. Freising und Umgebung hingegen wurden von den Awaren heimgesucht. Dass man zwischen die Mühlsteine gerate, grollte der Hausherr. Der Awarenfürst selbst hätte den Bischof mit einem Speer durchbohrt! Arnulf schüttelte den Kopf. »Bischof Atto lebt, wir haben mit ihm gesprochen. Helft uns, er wird's Euch vergelten und der große König Karl ebenso.«

»Der König ist weit weg«, grummelte der Onkel in seinen Bart.

»Mein Sohn hat viel Blut verloren, Mann«, sagte Arnulf eindringlich. »Ich brauche ein heilkundiges Weib, das eine Wunde vernähen kann.« Der Hausherr hakte die Daumen hinter die Schürze und blickte auf den verletzten Arthur hinab, der zu Arnulfs Füßen mit halboffenen Augen vor sich hin fieberte. »Na gut, Franke. Aber ich hab' eine Bitte an Euren König! Versprecht, dass Ihr das nicht vergesst, wenn Ihr wieder bei Hofe seid!«

* * *

»Ich fühl' mich so leicht, Vater.« Arnulf legte seine Hand auf Arthurs Wange und mahnte ihn, still zu sein. *Heiß, immer noch – warum fällt das Fieber nicht?* Im schmalen Streifen Mondlicht, das durch eine Luke fiel, konnte er die Augen seines Sohnes sehen.

»Sind wir bei Swabos Leuten?« Arnulf nickte. Dann, im selben schläfrigen Tonfall: »Das Blut …«

Arnulf verbiss sich einen Fluch. Seine Hand fühlte nach dem Wundverband. *Feucht!* Die Frau Swabos hatte mehrere Stiche gesetzt, aber Utos Messer war tief eingedrungen. Immer wieder verlangte Arthur nach Wasser, aber Arnulf wagte nicht, ihm mehr als ein paar Schlucke einzuflößen. Dutzende solcher Wunden hatte er auf den Schlachtfeldern schon gesehen. Die Überlebenden, die dann aßen und tranken, waren oft genug einen qualvollen Tod gestorben.

»Vater?«

»Still, spar deine Kraft!«

»Ich hab' Angst!«

Arnulf schluckte und nahm die Hand des Jungen – schwitzig und schlaff. »Du wirst leben! In ein paar Tagen erzählst du Mutter und Grimmo, wie wir beide uns durch den Gang gerettet haben, mein Wort drauf!«

Arthur krächzte etwas, das nicht zu verstehen war. Dann kamen noch ein paar Worte, wie gehaucht. »Es ist ... so ... schwer.« Arnulf wollte etwas sagen, aber seine Augen füllten sich mit Tränen. Er verharrte neben Arthur, bis dessen Atemzüge gleichmäßiger klangen. Dann legte er die Hand des Jungen vorsichtig zurück auf die Matratze.

Er döste ein. Irgendwann ließ ihn Hundegebell hochschrecken. Durch die offene Luke spähte er nach draußen. Dunkelheit, der Mond wurde von Wolken verborgen. *Keine Awaren, keine Tassilonen, kein Uto ...*

»Der Spanienzug«, flüsterte Arthur, kaum hörbar. Arnulf zuckte zusammen, hoffte, dass er im Traum gesprochen hatte. »Erzählt von den Sarazenen ... Vater?!« *Kein Traum.* Arthur hatte nicht vergessen, dass die letzte Geschichte vor dem Höhepunkt geendet hatte. Was blieb dem Vater als die Geschichte zu Ende zu erzählen?

»Da war der Sarazenenüberfall auf eine Christensiedlung, ein paar Stunden von unserem Lager entfernt. Roland, ein junger Markgraf mit reichlich Ehrgeiz, bekam vom König einige hundert Krieger und marschierte los, um die Plünderer zu stellen. Er war ein hübscher, gutgelaunter Kerl, der mit dem Schwert und der Leier umgehen konnte und bei allen beliebt war, besonders beim König.« Arnulf hielt inne, sah den jungen Recken vor seinem Auge, wie er sang und lachte und die Blicke der Frauen auf sich zog, sogar die der Königin. »Weiter«, kam es von Arthur.

»Ich war mit meiner Hundertschaft auch dabei«, fuhr Arnulf fort. »Beim Abmarsch zwinkerte Karl mir zu: ›Seht zu, *hamar*, dass unser Heißsporn nicht direkt zu Gott auffährt!‹ Wir kamen natürlich zu spät. Die Männer des Dorfes waren abgeschlachtet worden, ihre Köpfe lagen auf der Straße herum. Die Frauen und Kinder hatten die Heiden davongetrieben. Also verfolgten wir sie. Abends stießen wir auf ihr Zeltlager auf dem Grund eines tief eingeschnittenen Tals.«

»Habt Ihr sie angegriffen?«

Arnulf atmete durch. »Ich hatte viel über die Finten der Sarazenen gehört. Das Ganze sah zu leicht aus. Ich wollte Erkunder losschicken, Roland aber – er lachte mich aus! ›Vorsicht ist was für alte Weiber, Arnulf!‹ Der Narr stürzte sich tatsächlich im Galopp mit flatterndem Banner auf das Lager. Ich hielt meine Leute erstmal zurück, ich traute der Sache nicht. Nun, die Zelte waren leer! Die Sarazenen kamen dann in voller Rüstung hinter haushohen Felsen hervor und umzingelten Roland und seine Leute. Einer nach dem anderen wurden sie von den Pferden gehauen, wir konnten alles mit ansehen. Wir mussten ihnen helfen, das war klar. Also griff ich mit meinen Kriegern an, um den Ring der Heiden irgendwie aufzubrechen. Das Pferd Rolands kam mir entgegen: Er hing mit einem Fuß im Steigbügel, von Pfeilen durchbohrt. Und wenig später tauchte dieser Emir vor mir auf. Ein prachtvoller Kerl mit einem goldenen Halbmond auf dem Helm. Sein Schwert war gebogen, er konnte damit umgehen, und seine Leibwächter auch! Sie trugen schwarze

Gewänder, und selbst ihre Gesichter waren mit schwarzem Tuch bedeckt. Ich traf das Pferd des Emirs mit dem Speer. Es zerquetschte ihn unter sich. Darauf brachen die meisten Sarazenen den Kampf ab – sie tun das, wenn ihr Führer fällt. Aber seine Leibwache, die Schwarzen, die kämpften weiter. Wir mussten sie Mann für Mann totschlagen. Es war, als suchten sie den Tod!«

Arthur krächzte etwas. Er hörte zu, sog jedes einzelne Wort auf. Noch nie hatte der Vater mehr als zwei Sätze über das Drama verloren.

»Als wir Gräber für unsere Toten gruben, deckten wir sie mit den schwarzen Kaftanen ab. Da merkten wir, was für ein enorm fester, guter Stoff das war. Wir nahmen ein Dutzend der Gewänder mit, aufs Geratewohl, vielleicht weil sich sonst keine rechte Beute fand. Als wir im Feldlager ankamen und der König Rolands Leiche sah, wurde er traurig und zornig – zornig auf mich. Ich hatte nicht auf seinen Liebling aufgepasst! Später dann, beim Rückmarsch nach Aquitanien, brannte uns die Sonne das Hirn aus dem Schädel. Wir zerschnitten die Kaftane zu Streifen, um Kopf und Hals zu schützen. Wir haben das Zeug nie wieder abgelegt, um zu zeigen, dass wir in Spanien nicht nur Prügel kassiert hatten.«

Arthurs flacher Atem war kaum zu hören. Die Augen aber waren geöffnet, er war immer noch wach. In diesem Moment wurde dem Offizier etwas klar – etwas, das er als ein Mensch des Hier und Jetzt lange Zeit verdrängt hatte. »Rolands Tod hat mir der König niemals ganz verziehen, Arthur. Sonst wäre ich … « Er konnte den Satz nicht zu Ende bringen.

Wäre der Königsliebling Roland damals nicht gefallen, hätte Arnulf sich nicht auf ein Himmelfahrtskommando einlassen müssen, um Gaugraf von irgendwas zu werden!

Kapitel XXVII

Nahe der Regensburg, Juli 787

Auf einer Ebene südwestlich von Regensburg fiel an einem warmen Sommertag die Entscheidung. Ein fränkisches Heer zog nahe des Donaulaufs heran. Gleichzeitig berichteten herzogliche Kundschafter wie auch fliehende Landbewohner von einem weiteren Heer, das aus nördlicher Richtung anmarschierte. Tassilo musste eine Entscheidung treffen. Sich in seiner Festung einigeln? Oder dem Feind entgegen gehen und ihn stellen, bevor sich die Heere vereinigten? Die Aufgebote seiner Gefolgsleute, die um die Stadt herum kampierten, waren kleiner, als er erwartet hatte. Die Awaren des Kaghans standen irgendwo im Süden und waren noch nicht zurückgekehrt. Die slawischen Hilfstruppen, die der Herzog aus dem Nordosten herangeholt hatte, hatten kaum Pferde und zeigten wenig Kampfgeist, selbst nachdem man ihnen riesige Mengen Bier und zwei Dutzend Schafe für eine Feier gegeben hatte. Könnte Tassilo nicht einstweilen hinter seinen Festungsmauern ausharren, zumindest bis Uto den Königsneffen wieder zurückbrachte? Der Sohn König Karlmanns sollte die politische Gallionsfigur für Tassilos Revolte sein!

Aber nach einer Woche war Utos Truppe immer noch nicht zurückgekehrt. Stattdessen liefen Meldungen von Schiffern ein, die einen grotesk überladenen Kahn auf der Donau gesehen hatten, mit Pferden und Bewaffneten, auf Passau zu. War der fränkische Räuber Arnulf überhaupt noch einholbar?

»Ihr seid ihr Führer«, raunte Leutberga dem Zaudernden immer wieder ins Ohr. »Auf Euch werden sie schauen, Eurem Beispiel folgen sie!«

So kam es, dass der Herzog an jenem Tag auf offenem Feld mit seinen Kriegern niederkniete und die Priester die alten Formeln sprachen. Sie vergaben alle Sünden und bespritzten die Edlen mit geweihtem Wasser. Es war warm, aber nicht heiß. Dicke Wolken, weiß wie Milchschaum, segelten über den Himmel. Das Flattern der riesigen Kreuzfahnen und der ockerfarbenen Banner mit den Steinbockhörnern hatte etwas Beruhigendes. Vor dem Waldrand am Ende des Feldes war eine Vorausabteilung der Franken erschienen, einige hundert Mann, von Weitem waren die Schuppenpanzer zu erkennen.

»Wir können sie zerquetschen, wenn wir schnell vorstoßen, Herzog!« Graf Fagos Worte hatten Sinn, ein leichter Sieg war hier möglich, der den Seinen Mut machen würde.

Tassilo ließ sich seinen Helm geben – das Augenvisier war vergoldet und deckte die obere Gesichtshälfte ab – und stieg aufs Pferd. Es war der Apfelschimmel, den die Frankenkrieger zurückgelassen hatten, ein prachtvolles Kriegspferd, schneller und zugleich wendiger als die anderen Rösser Tassilos.

»Für Gott und den Herzog Tassilo!«, brüllte Fago, dessen Bart dieselbe Farbe hatte wie der bis auf die Schenkel fallende Kettenpanzer. Die Truppen ritten an und nahmen den Ruf auf. »Korbinian!«, riefen bischöfliche Streiter, und das siegesgewisse »Vor! Vor!« lief durch die vorwärts stampfenden Reihen. Tassilo konnte erkennen, dass im Lager der Franken der Bannerträger mit der Adlerfahne nach hinten verschwand. Würden sie fliehen?

Hasen flitzten vor ihnen über das Feld. Aber schnell wurde der Boden tiefer, schwerer und verlangsamte den Angriffsgalopp – allein Tassilos Apfelschimmel schien das Tempo ohne

Schwierigkeiten zu halten, und wie von selbst schob der Herzog sich unter die vorderen Angriffsreihen, seine Leibwache hinter sich lassend. Schon war er gleichauf mit Fagos schwerer, erdbrauner Stute, die wie ein Büffel dahinstampfte. Der Blick des Alten drückte Verwunderung und wohl auch Respekt aus, denn nun ritt nur noch eine Reihe schwergepanzerter Bayernkrieger vor ihnen, mit nach vorne gerichteten Lanzenspitzen. Tassilo fühlte die Augen seiner Krieger auf sich, fühlte sich geradezu vorwärtsgeschoben, auf den Feind zu, der nur zwei Bogenschussweiten vor ihnen die Reihen schloss.

Das Erdloch war von Gräsern verdeckt. Zwei, drei Reihen von Reitern hatten passieren können, ohne dass es zu einem Sturz kam. Abrupt knickte der Hengst mit den Vorderläufen ein, schlug auf dem Boden auf und schleuderte Tassilo aus dem Sattel. Der aus dem Galopp gerissene Pferdekörper wälzte sich einmal über den Herzog der Bayern und blieb zitternd mit gebrochenen Gliedern liegen.

Das Triumphgeheul der Franken vor dem Waldrand nahm der vom Sturz Betäubte nicht wahr. Auch dass seine Truppen mit schreckstarrenden Gesichtern abbremsten und sich dann bekreuzigten, bekam Tassilo nicht mit. Als er in Fagos Armen halbwegs wieder bei Besinnung war, sah er einen Ring betretener, ja angstvoller Gesichter um sich herum. Ein schreckliches Wort lief hinter diesen Gesichtern um, wie ein Gemurmel des Teufels: »Ein Zeichen!«

Wenig später kamen die ersten weißgefiederten Geschosse angeflogen, abgeschossen von dreisten Bognern der Franken. Wütend und gedemütigt ging Fago endlich mit einem Teil des Heeres auf die Karlskrieger los. Ein Geplänkel folgte, die Franken wichen alsbald aus, dann aber kehrte der Graf wieder um. Langsam und schwerfällig formierte sich das Reiterheer neu und begann den Rückmarsch nach Regensburg.

* * *

Ein oder zwei Tage nach der so schmählichen Rückkehr des Herzogs in seine Residenz ritt ein erschöpft wirkender Reitertrupp auf schweißigen Pferden auf das große Stadttor von Regensburg zu. Die Wachen erkannten die Männer, sahen die beiden quer über ein Pferd gebundenen Leichen und ließen sie ohne eine Frage passieren. Die Rückkehrer tauchten in die engen Gassen der Stadt ein und zogen die Blicke vieler Bewaffneter auf sich, die an Mauern lehnten und vor den Häusern hockten. Ihr Tuscheln und Murmeln schien die Nervosität noch zu verstärken, die wie eine Wolke über der Stadt hing.

Im Palas ritten die Krieger direkt zu den Stallungen. Bis auf einen: Ihr Führer, ein Mann mit zerpflügtem Gesicht, der das Herzogswappen auf dem Lederpanzer trug, sprang vor dem großen Brunnen vom Pferd und klatschte sich Wasser ins Gesicht. Dann betrat er das Hauptgebäude. Eine Treppe, ein lichtdurchfluteter Gang, schließlich erreichte er den Thronsaal. Einen kurzen Moment genoss er die Kühle des Gemäuers. Dann hörte er Tassilos hitzige Stimme von den Wänden widerhallen, sah den Grafen Fago und ein halbes Dutzend Herren der alten Geschlechter um eine Landkarte stehen, die auf einen Tisch genagelt war. Tassilo wandte dem Ankommenden den Rücken zu. So beachtete zunächst niemand die abgerissene Gestalt, bis auf die beiden Wachen neben der Tür. Diese aber wussten sofort, was es bedeutete, dass einer von Utos Männern und nicht er selbst zurückgekehrt war und sie blieben still. »Heil, Herzog Tassilo!«, brachte der Mann schließlich hervor. Alle sahen ihn an, auch der Herzog, der sich mit der Rechten auf einen Stock stützte. »Wo ist Uto?«

»Tot, Herr! Der Frankenkrieger hat ihn erschlagen, an der Isar.« Ein Wetterleuchten ging über das Gesicht des Herzogs. Die rechte Wange war geschwollen und schrundig, die Augen blutunterlaufen wie bei einem Säufer. Er bekreuzigte sich mit zwei Fingern, fast ohne die Hand zu bewegen. Dann fragte er lauernd: »Was ist mit Grifo?«

Der Bote des Unglücks knetete die Hände und sah zu Boden. »Der *hamar* … er hat beide umgebracht. Wir töteten einige Franken, aber er konnte entkommen.«

Tassilos Gesicht wurde noch dunkler. Er grunzte etwas, und der Krieger sah den riesigen Jagdhund zu Tassilos Füßen die Zähne blecken. »Dieser Franke«, grollte der Herzog, »bringt den Königsneffen und deinen Herrn um und du, Bursche, du lässt ihn laufen? Du jämmerlicher Kerl lebst? Wolfbiz!« Der Hund schoss los wie ein Bolzen vom Katapult. Er riss den Krieger zu Boden und grub seine Zähne in Fleisch und Knochen.

Für die Dauer von ein paar Atemzügen sah der Herzog dem grausamen Treiben zu, dann gab er den Leibwachen ein Zeichen. Sie rissen das Tier zurück, kassierten selbst ein paar Bisse, während sich ihr Kamerad mit schreckgeweiteten Augen aufrichtete und aus dem Thronsaal floh. »Wein!«, brüllte Tassilo, ohne einen der Edlen anzusehen. Da zerriss ein Schrei die Luft: das Aufschluchzen einer Frau. Tassilo humpelte ein paar Schritte auf das Fenster zu, laut schlug das Stockende auf die Steinfliesen. Er blickte in den Hof hinaus und erstarrte.

Der Geruch der Toten ließ Leutberga die Luft anhalten. Zwei Krieger lösten die Bande, zogen die Leichen von den Pferden und legten die Körper auf den Boden. Das erste Tuch wurde zurückgeschlagen: der Königsneffe. Der Mund stand etwas offen, die Miene wirkte andächtig, das Ziegenbärtchen stand grotesk vom Kinn ab. *Frieden im Tod.* Mitleid mit dem Gescheiterten streifte sie. Doch mindestens so stark war ihr Zorn:

Ihr großer Plan war gescheitert. Grifo hatte seine Probe nicht bestanden …

Ohne auf ein Wort von ihr zu warten, als sei dies nun notwendig, entblößten die Krieger auch den zweiten Toten. Sie fuhr zurück. Das Gesicht hatte die Farbe von schmutzigem Wachs, ein Auge war einen Spalt weit geöffnet, das Weiße schimmerte durch. Schwarze Blutreste hingen unter der Nase und schienen in den Schnurrbart hineinzuwachsen. Wo das Haar in die Stirn wächst, waren dunkle Verfärbungen und Risse in der Haut, kündeten von Schlägen, die Uto in den Tod gerissen hatten. Sie hörte einen Schrei – es war ihr eigener.

Um zu ihrer Kammer zu kommen, musste Leutberga durch den Vorraum des Thronsaals. Musste vorbei an Menschen, mit denen sie kurz zuvor über die beste Art der Verteidigung gesprochen hatte. Sie, die Starke, fühlte plötzlich kein Blut mehr in den Adern. Geliebt hatte er sie, wie sein Herzogs-Vater sie niemals geliebt hatte! Utos Kühnheit, die oft eine Tollkühnheit gewesen war, seine Gefühligkeit, seine Schmeichelei, seine Stärke – verschwunden und verweht.

»Was ist mit Euch, Weib?« Vor dem Thronsaal fing Tassilo sie ab – bullig, drohend, den Kopf ein wenig eingezogen. Die Frage verursachte ihr Ekel. *Unten liegt dein Bastardsohn, tot.* Mit feuchten Augen sah sie an ihm vorbei, nein über ihn hinweg, denn er war einen halben Zoll kleiner als sie. »Grifos Tod, Herr – ich möchte für ihn beten. Der Allmächtige spielt mit uns …«

Er packte sie am Arm. »Wollt Ihr mir weismachen, dass der Tod unseres Bettelkönigs Euch zu Tränen rührt, Weib?« Er quetschte ihren Arm, bis sie einen Schmerzlaut keuchte und ihm endlich in die Augen sah. »Ihr tut mir weh, Herr!« Sie sah Wut, Enttäuschung und so etwas wie Verletztheit in seinen Augen.

»Wollt Ihr mich zum Gespött machen, Königstochter?«
Seine Speicheltropfen landeten in ihrem Gesicht. »Zum Spiel-
ball Karls habt Ihr mich schon gemacht, verdammt!«

Sie schlug die Augen nieder, unfähig etwas zu sagen. Er ließ
sie los. Mit schnellen Schritten lief sie davon.

Als Tassilo sich zu seinen Edlen im Thronsaal umdrehte,
verstummte ihr Geraune. *Leutbergas Liebe zu einem der Leibwächter:
mehr als ein gehässiges Gerücht!* Tassilo merkte, wie Blut in seinen
Kopf stieg, das Pochen in der beim Pferdesturz zerschlagenen
Wange wurde stärker. Sein rechtes Knie schien aufzuschreien.
Der Apfelschimmel hatte beim Sturz sein Bein gequetscht,
irgendetwas war dort zerbrochen.

Schweiß trat auf seine Stirn, als hätte er ein Dampfbad betreten. Erschöpft musterte er seine Getreuen unter dem Arm Agilos. »Was ist? Habt Ihr noch nie eine trauernde Frau gesehen?«
Sie blickten zu Boden. »Hinaus mit Euch, mit Euch allen!«

Er griff nach einem Wasserbecher, füllte ihn mit Wein und
stürzte ihn hinunter. Nur das Knirschen von Leder und das
Klirren von Metall waren zu hören, als seine Gefolgsleute
nach und nach den Saal verließen. Wolfbiz, der die Katastro-
phe spürte, knurrte leise, drängte sich mit hin und her schwin-
gender Rute an die Beine seines Herrn und leckte Tassilos
Hand. Der Herzog ließ es geschehen. Die Schwüle schien ihm
plötzlich unerträglich. Er wischte sich Schweiß von der Stirn,
spürte das Pochen der zerschlagenen Wange und das Stechen
im Knie.

Zum tausendsten Mal starrte er auf den Arm seines Urahn,
der sich wie ein riesiges Geschwür unter der Decke der Halle
wand. Oder wie der Schwanz eines Drachen … *Drachentöter*, so
hieß eine Erzählung, die sein Vater Odilo ihm als Kind häufiger erzählt hatte. Ein kühner Recke von edler Geburt erlöste
ein ganzes Land, in dem er einen Lindwurm mit dem Schwert

erschlug. Aber ausgerechnet dieser Held wurde von einer Frau zerstört: dem Weib des Königs. Sie meuchelte den Starken von hinten, weil er ihr einst ein Leid angetan hatte. Nein, weil der König diesen Edelmann fürchtete! Beide, König und Königin, standen für die Franken und ihren Machthunger!

Mit einem ohnmächtigen Wutschrei schleuderte Tassilo den Becher gegen das Astholz. Das Gefäß zerplatzte, Scherben regneten auf den Steinboden. Wolfbiz bellte laut auf und trottete ein paar Schritte in Richtung der Scherben. Dort, unter dem Arm Agilos, lag noch etwas anderes. Der Hund beschnupperte das dünne Gewebe kurz und wandte sich gelangweilt wieder ab.

Zwei Kannen Wein, vielleicht mehr, hatte Tassilo geleert, als Stunden später sein Hofkanzler den Saal betrat und einen Unterhändler des König Karls meldete. Tassilo stierte den Kanzler aus trüben Augen an und nickte wortlos: *Er soll kommen.*

Der Hofkanzler wendete sich zur Tür und nahm dabei eine Bewegung in der Luft wahr. Zunächst hielt er es für einen der Spatzen. Doch die Fluglinie war eine Abfolge von Schleifen, und dann wurde dem Kanzler klar, dass die alte Agilo-Linde Blätter verlor. Im Hochsommer …

Gott hat sich vom Herzogtum abgewandt.

* * *

Die Stimmung war schlecht.

Die Hundertschaftsführer hatten sich mit zahlreichen Kriegern um ein paar Stützbalken mit Dach oberhalb des Donauufers versammelt, unter dem sonst Gerichtstage abgehalten wurden. Mehrere Stapel von Waffen, Brustpanzern, Sätteln, Decken und Zeltplanen lagen dort herum, dazwischen Fässer und verkorkte Krüge. Die magere Beute einer Schlacht, die keine war. Weil Tassilos Heer das Schlachtfeld zu schnell preisgegeben hatte. Der Sturz des Herzogs vom Pferd war wie ein direktes Eingreifen Gottes gewesen!

Die Franken hatten ein paar Höfe geplündert und Leute als Geiseln genommen, die als Tassilos Gefolgsleute galten. Bis der König auch das verbot. Der Herzog solle mit »den Waffen des Herrn« gestellt werden, hieß es nun. Ohne Blutvergießen. Ein Krieg ohne Beute. War das die vielgepriesene *neue Zeit*?

»Das haben ihm die ganzen Pfaffen eingegeben, die jetzt an Karls Tafel sitzen!«, rief ein Mann mit silbergrauem, kurzem Bart, dessen Schultern mit einem Wolfsfell bedeckt waren. Brummen, Nicken und ein paar Flüche aus dem Kreis um ihn herum verhießen Zustimmung.

»Nein, Dugo, das hat sich der *gilerito* Einhard ausgedacht«, entgegnete einer im Kettenhemd. »Er will Christenseelen schonen, schätze ich.«

»Zur Hölle!«, brüllte ein Dritter und trat gegen einen Sattel. »Am Lech haben Tassilos Krieger fünf meiner Männer erschlagen und jetzt soll ich mit den Bastarden beten, was? Bei Gott, das ist ja … *sax hamar*!«

Alle Köpfe drehten sich gleichzeitig zum Wasser hin, wo ein Stück flussaufwärts die Fähre angelegt hatte. Vorweg, einen gedrungenen Gaul am Zügel führend: Arnulf in einer zerschlissenen, fleckigen Tunika, ohne Schwert, nur mit einer Fällaxt im Gürtel. Dahinter humpelte ein Kerl mit riesigem Schnurrbart und einem noch schäbigeren Pferd an Land, das eine Schleiftrage zog. Den Schluss machte ein Krieger mit einem Arm in einer schwarzen Brustschlinge und einem Verband, der das halbe Gesicht bedeckte. Arnulf hob eine Hand, grinste und die Offiziere brachen in Heilsrufe aus. Mit raumgreifenden Schritten gingen sie ihm entgegen. Die einfachen Krieger hingegen, von denen einige das schwarze Tuch trugen, hielten im Laufschritt auf ihren Anführer zu.

»Willkommen!«, dröhnte Dugo. »Ihr galtet als tot, erschlagen in Tassilos Festung!« Arnulf musterte die Männer mit einem müden Lächeln. »Wir waren nahe dran. Ist der Medicus im Lager?«

Als das Wort »Medicus« erklang, ging ein Ruck durch die Gestalt auf der Schleiftrage. Leichenblass stand Arthur auf. Ein schwarzes Tuch bedeckte seinen Kopf, ein weiteres hing unter seiner Tunika hervor – das Hemd selbst war von braunen Blutflecken verfärbt. »Brauch' keinen Medicus, Hauptmann«, krächzte er, mit einer Hand Halt an der Pferdekruppe suchend.

»Vielleicht doch, Jungmann!«, rief einer kopfschüttelnd, zwei andere bekreuzigten sich. Arnulf fuhr herum. »Bleibt liegen, Arthur! Lasst es ruhig angehen!«

»Hab Euch vermisst!«, rief der Offizier im Kettenhemd und quetschte Arnulfs Hand. »Ihr solltet einen Kerl fangen, der sich für den König hält, ja?«

»Nahe dran, guter Heden! Ich erzähl' Euch alles heute Abend. Gallo, was meint Ihr? Braten wir einen Ochsen?«

»Besser zwei, und dazu drei Fässer Wein«, grunzte der Welsche. Die Krieger lachten und drangen auf Arnulf ein, überschütteten ihn und die anderen mit Fragen, während der Heimkehrer über die Köpfe hinweg die wachsende Siedlung betrachtete. Drei Gestalten schlenderten in diesem Augenblick am Beutehaufen vorbei: Einhard, mit etwas gebeugtem Haupt, daneben ein großgewachsener Geistlicher in dunkler Robe, heftig gestikulierend – und eine Frau mit bleichem Gesicht in dunkelblauem Kleid. Sie schaute mit einem Auge zu der Ansammlung von Kriegsleuten hinüber, sagte etwas zu ihren Begleitern, dann drehte sie noch einmal den Kopf und erkannte ihren Mann.

Sie lief los.

Öffentliche Zärteleien ließ man eigentlich nur Kindern und Knechten durchgehen. Als Erika in Arnulfs Arme flog, weinte sie. Und jeder der Kriegsmänner, die um sie herumstanden, sah den feuchten Schleier in Arnulfs Augen. Und doch hielt Arnulf sie und streichelte sie, als wären sie allein am Flussufer.

* * *

Ein Zwiegespräch mit dem König? »Besser morgen, Herr Arnulf, am Mittag?« Das konnte der Kanzler ihm in Aussicht stellen. Denn ein Strom von Prälaten traf nun täglich im Lager ein, darunter die Bischöfe von Trier, Mainz, Worms und Augsburg: Verbündete, die Karl gegen Tassilo in Stellung brachte. Besser noch, auch der Salzburger Bischof Virgil und ein Emissär des Freisinger Bischofs – war er tot oder in irgendeinem Versteck? – hatten Karls Lager erreicht, um zu »verhandeln«. Nicht über Tassilos Rolle im neuen Karls-Reich, wohlgemerkt, sondern um ihre eigenen Rollen: Pfründe, Sprengel, Steuereinnahmen …

Arnulf musste an die damalige Dringlichkeit und Vertraulichkeit des Königs auf der Lech-Insel denken. *Etwas hat sich geändert!* Zunächst freilich zeigte Karl sich von seiner freigiebigen Seite: Sein Kanzler ließ den Schwarzen fürs erste Ochsen und Wein aus den halbwegs aufgefüllten königlichen Kammern zuteilen. Und weil immer mehr Hauptleute und Krieger herbeikamen und von seinen Abenteuern hören wollten, kaufte Arnulf vom eigenen Silber noch ein halbes Dutzend Schafe, um alle beköstigen zu können. Er musste sich bei Einhard Silber leihen, um seine eigenen Männer zu belohnen: Gallo bekam einen Sack mit Silberbarren, Swabo einen Helm voll Münzen; und es entsprach Arnulfs Ruf von Großzügigkeit, dass er einen Helm voll auch an die gab, die mit den gefallenen Kriegern verschwistert oder verschägert waren und die somit die Beute für die Toten einstrichen. Viele strömten abends am Bratfeuer zusammen: Nicht allein, um sich den Magen zu füllen, es war auch Huldigung an einen der ihren, der vom Tod wiederauferstanden war. Und Teil des Trubels wurde Arthur, der auf ein paar Heuballen lag und die Flucht durch den Tunnel zum Besten gab und das Gefecht an der Isar nacherzählte. Der Arzt hatte ihm Ruhe auf dem Lager verordnet, aber Arnulf merkte, wie sehr Arthur die Aufmerksamkeit der anderen genoss und ließ ihn gewähren. Nicht nur Halbwüchsige und Königskinder lauschten den Ausführungen, während Arnulf wie so oft maulfaul blieb und sich von Gallo einen Weinbecher nach dem anderen geben ließ.

Es tat keinen Schaden, dass Einhard schließlich erschien, mit irgendeinem Grafen im Schlepp. Schulterklopfen, Einander-zuprosten: Wetten wurden von den Kriegsleuten abgeschlossen, wann Tassilo aufgeben würde. Einhard nahm daran nicht teil, er war zu gesittet für solches Spiel; gleichwohl fand Arnulf, dass der Gelehrte irgendwie fideler, selbstbewusster wirkte als sonst.

»Bis auf weiteres«, so begann einer seiner Sätze, den Arnulf mit einem halben Ohr verfolgte, »… Fulrads Platz … Berater des Königs.« Dann sickerte es ein: *Einhard als Nachfolger Fulrads?!* Arnulf schüttelte dem alten Gefährten die Hand und hob den Becher. Die Augen des anderen leuchteten. »Ich zähle Euch zu meinen Freunden, Arnulf, darauf bin ich stolz.« Wie warmes Öl lief es Arnulfs Nacken hinab. Und mit der ihm eigenen Demut fuhr Einhard fort: »Auf dass wir noch viele Jahre zusammen am Hof haben!« Später erzählte Arnulf vom Trunk beschwingt, wie sie an der Isar dem fliehenden Bischof von Freising und seinen Mönchen begegnet waren. »Knochenfäule oder so was hat er Euch gewünscht, *gilerito*! Der dachte, Ihr kämpft für ihn!« Die anderen Zuhörer lachten, als wäre die Sache lustig gewesen. Einhards Lächeln war sehr steif, und sogleich wollte er Arnulf alles erklären. Doch der wischte die Worte beiseite: »Übrigens, da ist dieser Kerl in Swabing, der wollte ein eigenes Fährrecht für den Isarübergang. Ich hab' ihm versprochen, die Bitte weiterzutragen.«

Aufmerksam musterte Einhard den Offizier. »Und der Bischof lässt das nicht zu, wollt Ihr sagen?« Arnulf nickte und sah in Gedanken den fassartigen, beschürzten Körper von Swabos Onkel vor sich. »Die Freisinger halten diese Isarsiedlungen kurz. Aber da sitzen gute Leute, sage ich, aus denen kann was werden.«

Arnulf war einigermaßen berauscht, aber noch Herr seiner Sinne, als er endlich mit Erika das Lager teilte. Er liebte sie, lustvoll und hungrig – so hungrig, dass er zunächst nichts merkte. Bis sie auf ihm zu sitzen kam. Ihr Becken wiegte seins, vielleicht war es auch umgekehrt. Aber ihr Blick ging zur Seite, verlor sich im Halbdunkel.

»Was ist?«

»Nichts.«

»Du machst dir Sorgen um Arthur?«

»Meine Gebete wurden erhört«, sagte sie nur. Und nach einem weiteren Augenblick des Schweigens: »Lass mich nie mehr allein, Arnulf.«

Die Bitterkeit der Worte tötete seine Lust. Er hob ihr rechtes Knie an, sodass sie neben ihm zu liegen kam. »Es tut mir leid, dass du Angst haben musstest. Aber es ist vorbei, der Königsneffe ist tot. Karl schuldet mir eine Belohnung!« Arnulf ging mit einer Fingerspitze um ihr Kinn, ohne dass sie reagierte. Er vermutete, dass die Königin seiner Frau zugesetzt hatte, aber Erika war das Gegenteil eines Klageweibes. »Mir gefällt die Luft am Hof nicht mehr, sie ist vergiftet«, sagte sie nach einer Weile. »Vielleicht ist dieses Fürstentum kein schlechter Platz, das der König Euch versprach.«

»Was ist passiert?« Er richtete sich auf einen Ellenbogen auf. »Was hat Fastrada mit dir gemacht?«

Ihr Blick ging durch ihn hindurch. »Gar nichts … aber manchmal glaube ich, sie ist mit dem Leibhaftigen im Bunde. Sie ist böse. Aber – er auch.«

Arnulf strich ihr über die Wange, hilflos beim Versuch zu helfen. »Satan? Oder meinst du den König?« Die letzten Worte hatten keinen ganz ernsten Klang, und als sie abermals schwieg, fragte sich Arnulf, ob sie ihm misstraute. Der Gedanke schmerzte. Er wälzte sich wieder auf den Rücken und starrte an die Decke. Sie würde es später erzählen, ahnte er. Wenn sie wieder vertrauter miteinander waren. »Der Nordgau ist nicht so leicht zu haben, wie es sich anhörte, Liebes. Ich werde Krieger brauchen, bevor ich die Dinge dort im Griff habe. Willst du hier …«

»Nein«, sagte sie brüsk. »Ich gehe mit, wo immer du hingehst« – als sei die Sache damit geklärt. Wieder sah er sie an, und das Gefühl wurde stärker, dass sie Wichtiges verschwiegen hatte. *Frauen – welcher Mann kann sie verstehen?*

Kapitel XXVIII

Ingoldestat, Juli 787

Einen Tag später empfing der große König ihn wie einen Vertrauten. Nach dem Handkuss nahm er den Kriegsmann in die Arme, musterte ihn von oben bis unten und sagte, wie froh er wäre. »Bringt Euren Sohn nachher zu meinem Medicus, wir wollen achtgeben, dass er sich bald erholt.«

Dass der König an Arthur dachte, gefiel Arnulf und ließ seine Laune ansteigen. Auch das offene, fast waldlose Land vor der Stadt gefiel ihm. *Es schmeichelt dem Auge*, hatte Einhard gesagt. Die Hitze war erträglich, eine Brise ging über Felder und Weiden. Sie standen ein Stück nördlich des Hofes, der König hatte mit dem Marschalk und Graf Udalrich den Ausbau der Palisade besprochen: Ein größerer Holzwall entstand hier. Es entlockte den Männern ein gehässiges Grinsen, als die Baumeister einen toten Steinbock von einem der Torpfosten hinabhängen ließen, Kopf nach unten.

»Erzählt, erzählt«, forderte der König ihn auf und spazierte mit Arnulf an seiner Seite auf die Koppel einer Pferdezucht zu, die zum Königsgut gehörte. Zu Arnulfs Überraschung lief Graf Udalrich mit einigen Bewaffneten hinter ihnen her. *Die neue Leibwache?* Alle trugen Kettenhemd. Eigentlich konnten nur Edelherren und große Krieger die Mittel für solche Rüstung aufbringen.

Die Schilderung der unterirdischen Flucht aus Regensburg hatte den König regelrecht gepackt. »Von diesem Gang haben sie schon zu meines Vaters Zeiten erzählt! Aber man weiß nie, ob so was mehr als eine gute Geschichte für einen Winterabend ist …« Der anerkennende Blick des Königs tat Arnulf gut, aber da waren auch die toten Kameraden, die nicht wiederaufstehen würden. *Ist diese Mission die Opfer überhaupt wert gewesen?*

Als der Offizier von seinen Verhandlungen mit Tassilo über die Pferde berichtete, lachte der König hart auf. »Graf, habt Ihr das gehört?« Udalrich kam näher, mit einem Daumen hinter dem Waffengurt. »Eure Sachsen wollte der Herzog zur Rebellion aufstacheln, um meinen Thron zu stürzen!« Der Angesprochene schüttelte mit verächtlichem Grinsen sein Haupt. Udalrichs Wisentbart war verschwunden, stellte Arnulf fest. Er hatte jetzt auf anderthalb Zoll gestutztes Kinnhaar – Königsbart nannte man das. Dadurch aber schien die Flechtenhaut umso deutlicher hervorzutreten. Arnulf fühlte förmlich die Schadenfreude Udalrichs, als er Arnulfs immer noch bläulich angelaufene Augenhöhle betrachtete. »Eine Schlägerei, *hamar*?«, grunzte der Sachse mit kaltem Lächeln.

Arnulf nickte. »Genau das. Mit einem, der König sein wollte.«

Udalrichs Lächeln verdunstete. »Warum habt Ihr Grifos Leiche nicht mitgebracht?«

Arnulf stutzte, die Frage hatte er vom König selbst erwartet. »Weil ich um mein Leben kämpfte, deshalb.«

»Woher sollen wir wissen, dass er wirklich tot ist, he?«

»Was?« Arnulfs Hand ging zum Schwertgriff. »Zeiht Ihr mich der Lüge, Graf?«

»Das nicht, aber … habt Ihr nicht einst behauptet, Ihr hättet Widukind erschlagen, in der Schlacht bei Hersfeld? Und später tauchte er wieder auf und macht neuen Ärger, nicht wahr?«

Heißer Zorn raste durch Arnulfs Adern. »Herr? Ihr schweigt dazu?« Der König, der an einem Juwelenring gedreht hatte, hob begütigend die Hände. »Niemand zeiht Euch der Lüge, Hauptmann.« Und mit einem Seitenblick: »Udalrich, wählt Eure Worte vorsichtiger! – Aber da wir gerade bei dieser Sache sind …« Karl berührte die Nase und ein Hauch von Verlegenheit huschte über seine Züge. »Ich bin froh, dass Ihr den Toten nicht mitgeschleppt habt. Es wäre besser für uns alle, wenn die Leute nicht erfahren, was Ihr im Herzogtum getrieben habt, nicht wahr? Die Sache mit Grifos Vater Karlmann, Arnulf, erinnert Ihr Euch? Meine Feinde sagen, ich hätte ihn ermorden lassen. Wenn sich herumspricht, dass Ihr Karlmanns Sohn getötet habt, in meinem Auftrag, nun – das klänge wie eine Fortsetzung des angeblichen Brudermordes, versteht Ihr?«

Arnulf nickte wortlos, ratlos. *War es also doch ein Brudermord gewesen? Was kommt als nächstes?*

»In Ordnung, Hauptmann«, sagte der König mit dünnem Lächeln. »Seht, da kommen neue Streiter!« Damit wendete er sich zur Straße hin, auf der inmitten einer großen Staubwolke eine Reiterschar in Richtung des Königshofes herantrabte. Krieger mit Kreuzbannern, die ihre Hand hoben und ein Heil auf den König riefen. Lässig grüßte Karl mit erhobener Hand und steuerte eine weit ausladende Eiche auf einer kleinen Anhöhe abseits der Straße an. Ein Baumstamm lag dort, auf dem er sich niederließ, als die letzten Reiter vorbeigezogen waren. Dann wies er auf Arbeiter mit nacktem Oberkörper und gerefften Hosenbeinen, die mit Schaufeln und Hacken ein Stück rechts der Straße einen Graben aushoben. »Entwässern, hegen und Kultur schaffen, Arnulf – die Herzoglichen sollen sehen, was ich von ihnen erwarte. Setzt Euch!«

Kultur schaffen …? Arnulf traute seinen Ohren nicht, das Gespräch nahm eine immer seltsamere Wendung. *Was ist hier los?* Dass der Blutgraf zu seinen Kriegern am Straßenrand geschlendert war, war keine Beruhigung. *Kann ich hier überhaupt offen mit dem König reden?*

Der Herrscher riss einen langen Grashalm aus dem Boden. »Was Ihr von Freising erzählt habt, ist schlimm – aber umso besser werden sich die Leute überlegen, ob sie die Heiden nochmal ins Land rufen.«

»Sollte man nicht erst die Awaren niederkämpfen?«, fragte Arnulf und musste an Swabos Hof denken. Der König schnaubte. »Eins nach dem anderen! Wenn wir mit Tassilo fertig sind, marschieren wir in die Awarensteppe[9] und rotten die Heiden aus. Und dabei, *sax hamar*, werdet Ihr einer meiner Heerführer sein!«

Arnulfs Herz klopfte schneller. »Herr, was den Nordgau angeht ...«

Der König winkte ab. »Später, *hamar* ... Freuen wir uns erstmal, dass Ihr heil zurück seid! Übrigens, ich will, dass Ihr Graf Udalrich schwört. Morgen, nach dem großen Gottesdienst. Alte Feindschaft muss begraben werden, das sagte schon König Salomo, wenn neue Freundschaft erwachsen soll.« Der König rollte den Halm zwischen zwei Fingern hin und her und schien die Wirkung seiner Worte nicht zu bemerken. Gedanken schossen durch Arnulfs Kopf, die nicht aussprechbar waren. »Der Graf«, fuhr der König fort, »übernimmt den Oberbefehl vom Grafen Worad, denn der kann keine Waffe mehr führen.« Er klapste dem Offizier auf den Oberarm. »Trotzdem bleibt Ihr mir lieb, Arnulf! Ihr habt Großartiges vollbracht!«

Arnulf stand auf. Karl bot ihm noch an, ein Pferd zu nehmen. Unweit der Eiche warteten Reitknechte mit dem Königsschimmel und weiteren Pferden, für welchen Bedarf auch immer. Der Offizier nickte mechanisch. Der König zeigte mit dem Halm auf Arnulfs Hals. »Diesem Sarazenentuch werden ja schon höhere Kräfte zugeschrieben«, lächelte er. »Ich muss

---

9   Der östliche Teil des heutigen Österreichs bzw. Ungarn.

immer an Markgraf Roland denken, wenn ich es sehe … Mein Ludwig hätte gerne zwei Ellen von dem Tuch. Zweigt bitte etwas für ihn ab!«

»Nein, Herr.« Arnulf versuchte, ruhig zu klingen, doch es gelang nicht. »Das Tuch muss man sich *verdienen*.«

* * *

Der Hofkapellan hatte nicht als eitler Mann gegolten. Macht, nicht Prunk war sein Elixier gewesen. Karl freilich zeigte der Welt, wie lieb ihm der Tote gewesen war. Bischof Fulrad von Metz war in einer golddurchwirkten Robe aufgebahrt, die einen eigenartigen Kontrast zum wächsern-violetten Gesicht ergab. Silberfarbene Bänder mit Segenssprüchen aus der Bibel lagen über dem Körper. Das Ganze ruhte auf einem hüfthohen Podest, der mit purpurfarbenem Tuch überzogen war. Aus bronzenen Becken stieg der Duft von Weihrauch empor. Eine ehrfürchtige Menge an Volk drückte sich vor der Kirche herum, dergleichen hatte man hier noch nie gesehen.

»Wie ein toter Wal, bereit für die Höllensee«, grummelte Hauptmann Dugo und bekreuzigte sich sicherheitshalber. Zwei Bischöfe bedachten ihn mit vernichtenden Blicken. Arnulf aber sah den großen Toten und musste abermals an Sigfrid und die anderen denken, die er unterwegs verloren hatte – für die Ergreifung Grifos. *Für einen Grafentitel?* Nach der Andachtszeremonie sprach ihn eine ältliche, in dunkle Seidenstoffe gekleidete Frau vor der Kirche an: Die Königin wünsche ihn zu sehen!

Misstrauisch folgte er der Zofe vorbei an den neuen, flachen Truppenbaracken bis zu einem über ein paar Pfosten gespannten Sonnensegel am Beginn der *wurf kliuwa* Bahn. Ein dunkles Kopftuch bedeckte die Haarpracht der Königin, das dieselbe Farbe hatte wie ihr hochgeschlossenes Überkleid. Ihr Lächeln war kühl und schön, die Brauen waren perfekte Bögen. Dass

»der große Fulrad« eine Lücke hinterlassen würde, begann sie und wies auf den Stuhl neben sich. Doch er blieb stehen und hakte die Hände im Waffengurt ein. An der linken Hüfte hing ein neues Schwert, ein Geschenk des Königs, rechts eine Wurfaxt.

»Was wollt Ihr von mir, Herrin?«

»Wir sind Verbündete, Arnulf«, sagte sie im vertraulichen Ton. Dann erhob sie sich und schritt mit ihm die Bahn ab. Er hatte Fragen nach Nibelung, dem Verräter, erwartet. Doch etwas völlig anderes beschäftigte die Königin, und abermals wurde Arnulf klar, dass er lange weggewesen war. »Der Graf Udalrich will Euch vernichten, Arnulf.« Sie ließ das wie ein guter Redner ein paar Augenblicke sacken. »Er ist neidisch auf Eure Taten«, fuhr sie dann fort, »und er hasst Euren Trotz. Und ich, ich hasse Udalrich, versteht Ihr? Meine Stimme findet kein Gehör mehr bei Karl, seitdem dieser Sachse hier ist.«

Sie machte einen Seitschritt, um einem kürbisgroßen Kugelloch auszuweichen und dabei streifte ihre Kleidung aneinander. Er blieb stehen und spürte ersten Schweiß im Nacken. »Soll ich Udalrich niederdolchen, ja?«, fragte er herausfordernd.

»Unsinn. Ihr schwört ihm und tut so, als würdet Ihr Euch unterwerfen. In Wirklichkeit aber lasst Ihr ihn nicht aus den Augen …«

Mit wachsendem Unglauben verfolgte Arnulf die Worte, die zwischen diesen weißen und so ebenen Zähnen hervorkamen. Einige von Udalrichs Kriegern zu bestechen, verlangte sie von ihm, er solle den Blutgrafen beobachten lassen, Tag wie Nacht, Erkenntnisse über sein Tun sammeln und sie an die Königin weitergeben.

»Der Kampf im Verborgenen liegt Euch, Herrin. Mir nicht. Sucht Euch einen anderen dafür!« Damit ließ er sie stehen und lief in großen Schritten in Richtung der Zeltplane. Zwei Zofen standen dort herum und taten, als würden sie nicht lauschen. Doch die Worte, die Fastrada ihm hinterherrief, bremsten ihn wie eine Holzwand. Mit mahlenden Kiefermuskeln machte er kehrt und baute sich vor ihr auf. »Was habt Ihr da gesagt?«

Sie bewegte einen Rosenkranz in der Hand, ihre Augen waren hart wie Glas. »Dass Ihr auf Euer Weib Acht geben solltet, wenn der König in der Nähe ist.«

Seine Hand schloss sich um ihren Oberarm. »Was zum Teufel soll das heißen?«

»Lasst mich los«, verlangte sie kühl. »Der große Karl ist meiner Kammerfrau sehr … sehr zugetan. Wusstet Ihr das nicht?«

Kapitel XXIX

Die Herzogspfalz in Regensburg, Juli 787

»Uns beide?« Leutberga schüttelte den Kopf, ihre Zöpfe berührten die Katze in ihren Armen. »Niemals, Herr! Niemals gebe ich mich in die Gewalt Karls!«

Tassilo grunzte etwas. Sein trunkenes Starren mit blutunterlaufenen Augen, das verformte Gesicht hätte einer Frau mit schwächeren Nerven Angst einflößen können. Schwer ging sein Atem, und sie sah sein verletztes Bein zittern: Es waren viele Stufen bis zur Turmkammer. Dass er den Weg gemacht hatte, gestützt auf einen knotigen Krückstock, konnte nur etwas Schwerwiegendes bedeuten.

Erst jetzt bemerkte sie den Kelch in seiner linken Hand: ein prachtvoller Pokal mit aufgeprägten Silbermedaillons und Figuren. »Der König stellt Geiseln für unsere Sicherheit«, sagte er schleppend und ließ den Kelch auf das Tischchen an der Wand krachen, sodass Kämme und Nadeln der Herzogin zu Boden fielen. »Dies ist ein Geschenk von Karl! *Königstochter* – so spricht er Euch an, immerhin!« Die letzten Worte waren schwer von Ironie.

Sie schluckte, fuhr der Katze über das Fell und betrachtete das Geschenk, als könnte eine Berührung Unheil auslösen. Da war ein Medaillon des Heilands Jesus Christus aufgeprägt, auf einem anderen Schild das Gesicht einer Frau, die ihr selbst glich. Deutlich konnte sie am Fuß des Pokals die Worte lesen:

Tassilo dux fortis + Luitpirc virga regalis

»Warum tut er das?«, presste sie hervor. »Nach allem, was passiert ist?«

»Ja, warum nur?«, höhnte er. »Diese Botschaft gehört dazu.« Er warf ein gefaltetes Pergament in den Kelch. Sie ließ die Katze los und griff danach. Die Unterschriften: Da waren die Zeichen mehrerer Verfasser. *Die Bischöfe, natürlich* ... Köln, Mainz, Trier, Augsburg – und dann ... »Dieses Schwein«, entfuhr es ihr. »Virgil von Salzburg! Einen größeren Verräter hat es nie gegeben.« Mit einem Gefühl, als würde sie Jauche trinken, las sie über die Linien sauber geschriebener Worte: Die Kirchenfürsten waren in Sorge um die Einheit und den Frieden des Reiches und wollten »beide Parteien« zu Versöhnungsgesprächen laden. Denn ein Krieg gegen Karl habe vor den Augen Gottes keine Berechtigung. Ein Herzog dürfe nicht dem Herrn der Christenheit trotzen. Auch sei auf dem Reichstag kein Platz für fremde Aufwiegler. Der »Byzantiner« sollte nach Ingoldestat gebracht werden, zum Verhör.

Leutberga sprang auf und warf das Pergament zu Boden. »Karl hat diese Leute alle in der Tasche! Er bezahlt sie mit neuen Pfründen, mit ... mit unseren Bistümern, die sie aufteilen werden! Heilige Mutter Gottes, wie großzügig habt Ihr diese Bischöfe immer behandelt, die Hufeisen habt Ihr ihnen versilbert! Und jetzt lassen sie Euch im Stich wie einen Todkranken! Ihr hättet unsere Schätze lieber Bewaffneten geben sollen, gedungenen Kriegern, die dann auch kämpfen!«

»Hört auf«, sagte er rau. Doch sie hatte sich in Wut geredet und sprach nun aus, was schon lange in ihr gärte. »Ihr denkt immer, Herzog, Ihr bekommt mit etwas Gold die Seele der Menschen, nur weil sie Euch dann huldigen. Aber sie suchen nur ihren Vorteil und später laufen sie davon. Weil sie keine *Angst* vor Euch haben! Vor Karl aber haben die Leute Angst.«

Er baute sich vor ihr auf, stiernackig und breitbeinig, so gut es mit dem Krückstock ging. »Wo sind denn Eure Verbündeten?«, krächzte er. »Die Thüringer und die Sachsen? Habt Ihr nicht geschworen, dass nach Hardrads Anschlag alle Fürsten gegen Karls Sippe aufstehen werden?«

»Herzog Hardrad ist tot«, sagte sie tonlos und holte einen Rosenkranz aus ihrem Gürteltäschchen. Er trat auf sie zu, ließ den Stock fallen und legte seine Rechte in ihren Nacken, sodass sein Daumen gegen ihren Hals drückte. »Hardrad hat sich doch nur Euretwegen auf das Ganze eingelassen, *Königstochter*! Warum eigentlich? Habt Ihr ihn auch in Euer Bett gelassen, he?«

»Nein, Herzog!« Sie versuchte, seinem Blick auszuweichen. Aber er schob seinen Bart geradezu in ihr Gesicht, der Druck der Hand wurde stärker. »Antwortet, Weib!«

»Ihr tut mir unrecht, bei allen Heiligen!«, rief sie. Weinatem hüllte sie ein wie fauliger Nebel.

»Ihr habt das Lager mit meinem Bastardsohn geteilt, Weib.«

»Das ist nicht wahr, Herr, nein!« Tränen flossen über ihre Wangen.

Doch Tassilo ahnte, wem diese Tränen galten. »Ich müsste Euch mit Ruten aus der Stadt peitschen lassen«, krächzte er und zwängte ihre Halsmuskeln mit seiner Rechten zusammen. Dann bekam seine Stimme plötzlich eine neue, fast weinerliche Färbung. »Wisst Ihr, dass ich Euch geliebt habe? Trotz Eures Hochmuts?«

Sie versuchte, den Kopf zu schütteln. Seine Linke landete auf ihrer Wange. Einmal, zweimal … ein Dutzend mal!

»Hochmütig und stark«, schrie er. »Und klug und sogar schön …« Wimmernd hob sie die Hände, und irgendwann wurden seine Schläge schwächer. Sein Keuchen brach ab. Stattdessen kam ein Laut tierischen Schmerzes aus seiner Kehle. Er presste seine Lippen auf ihren Mund, versuchte mit beiden Händen, ihr Gesicht gegen seines zu drücken. Sie riss sich los und wich stoßweise atmend rückwärts zum Fenster. Mit einem kräftigen Griff zog sie die gespannte Schweinsblase aus dem Rahmen. Ein Luftzug ging durch den Raum. Unten im Hof sah er Krieger, die die Hälse reckten.

»Keinen Schritt weiter!«, rief sie mit einer Stimme, die nicht mehr nach Tränen klang.

»Was soll das?«, fragte er ungläubig.

»Zu Karls Gericht geht Ihr ohne mich, Mann! Der Wolf wird nicht über mich triumphieren!«

»Kommt zur Besinnung«, grunzte er erschöpft. »Ihr seid mein Weib, beim Allmächtigen. Ihr habt an meiner Seite zu stehen.«

Aber nun schüttelte sie den Kopf, mit einer Hand auf dem Fensterbrett. »An Eurer Seite, Herzog, hielt ich aus, weil ich Rache an Karl wollte! Aber Ihr – Ihr seid nur mächtig innerhalb dieser Mauern. Draußen, da lasst Ihr Euch von hundert Panzerreitern verjagen, weil Ihr Angst um Euer Leben habt!«

»Schweig, Hexe!«, krächzte er und stürzte mit einem Wutschrei auf sie zu. Aber der Wein machte ihn langsam, während die Verzweiflung ihr Schnelligkeit gab. Einen Zipfel ihres Kleides bekam er in die Finger – da stürzte sie bereits in die Tiefe.

* * *

In der Unterkunft fand Arnulf nur seine Söhne. Arthur döste auf einer Liege. Der Verband um seine abgemagerte Körpermitte war weiß, ohne Blutspuren. Grimbald hingegen sprang sofort von einem schiefen Tischlein auf, ließ die Feder fallen und bot dem Vater mit rudernden Armbewegungen Neues von Hunnen und Awaren an.

»Wo ist Mutter?«, schnaubte Arnulf.

»Ich weiß nicht … aber ich hab' eine große Schlacht gedichtet, Vater, wollt Ihr sie hören?«

»Später, Junge!«, stieß Arnulf aus, dann fiel sein Blick auf ein in brüchiges Leder eingeschlagenes, hüfthohes Ding, das am

Tisch lehnte. Schockartig durchzuckten ihn die Erinnerungen. »Was macht der Axthammer hier?«, grollte er. Grimbald blickte verlegen zu seinem Bruder, der sich prompt auf einen Ellenbogen aufrichtete. »Wir haben ihn im Rüsthof gefunden ... Heden sagt, damit habt Ihr einst Herzog Widukind gefällt, in einem großen Kampf. Stimmt das, Hauptmann?« Aber Arnulf stürmte bereits aus dem Raum.

Kleinlaut wickelte Grimbald einen Riemen um das Pergamentbündel, das mittlerweile dick wie ein Holzscheit war. »Warum war er so böse?«, murmelte der Junge. »Wenn das Ding was nützte im Kampf, würde Vater es auf seine Züge mitnehmen.«

»Was weißt du schon?«, ließ sich der Ältere vom Bett aus vernehmen. »Deine ganzen Schlachtengesänge sind doch ein Quark!«

»Der König mag sie, Einhard auch!«, schleuderte Grimbald beleidigt zurück. Arthur räusperte sich. »Weil sie nett zu dir sind, Kleiner! Du weißt doch gar nichts ... Ich wäre fast verreckt, als die Bayern uns überfielen, verstehst du? Vater hat mich hierher geschleppt, er hat gezittert, ich hab's gesehen ...«

»Ist ja gut, hör auf«, rief der Jüngere und strich missmutig über den Kiel der Feder.

»Vielleicht gehst du einfach hinter ihm her, Grimmo?«

»Und warum?«

»Vater sah aus als ob, na ja ...« Arthur verstummte und richtete sich mit schmerzverzerrtem Gesicht etwas weiter auf.

»Als ob was?«, bohrte Grimbald nach.

»Als könnte er heute noch jemanden töten«, raunte Arthur.

* * *

Wenig später entdeckte Arnulf Erika in einer Traube teuer gekleideter Menschen vor der großen Halle. Verwandte des

Königs waren eingetroffen. Gleichzeitig drängten verschiedene Edelherren und die Offiziere der *unfortha* ins Gebäude, um am großen Mahl teilzuhaben: der Leichenschmaus für Fulrad, natürlich.

Er rempelte einen Mann zur Seite und riss Erika aus einem Gespräch mit zwei Fremden. Er zog sie bis zur Ecke des Gebäudes, doch dort waren sie genauso gut hörbar. Der Königshof Ingoldestat quoll über von Menschen.

»Was soll das, Arnulf?« Er antwortete nicht und ging ein paar Schritte weiter, bis sie hinter einer rechtwinkligen Blende aus schulterhohen Bohlen standen. Schwer hing Uringeruch in der Luft, und jeden Moment konnte einer kommen, um sich hier zu erleichtern.

Arnulf wiederholte die letzten Sätze der Königin, Wort für Wort. Er sah ihr in die Augen und wartete – worauf? Sie starrte zurück. Seine Hände waren auf ihren Schultern, er schüttelte sie. »Redet, verdammt! Ich bin Euer Mann!«

Ihre Miene verfinsterte sich. Die folgenden Worte hatten eine Kälte, die er bei ihr noch nie vernommen hatte. »Ihr seid mein Mann, ja! Und des Königs Krieger. Und wenn Ihr wochenlang verschwunden seid, wer hält dann einen König auf, *sax hamar*?« Keine Schuldgefühle, sondern Zorn blitzte ihm entgegen. Ein durch Härte gebändigter Zorn, der wie ein Leopard an einer Kette war.

»Hat er Euch …« Der tapferste Krieger war nicht tapfer genug, um das Wort auszusprechen. »Es war eine Falle«, sagte sie und berichtete, wie der König sie eingelullt und überwältigt hatte.

Arnulf atmete tief ein und aus. »Warum wart Ihr allein, Erika? Wo war die Königin?«

»Sie verschwand … sie ließ ihm Zeit«, sagte Erika mit belegter Stimme. »Es war wie – fast als hätte sie das irgendwie *erwartet*, glaube ich!«

300

Fassungslos starrte Arnulf sie an. »Und Ihr, Erika? Wolltet *Ihr*, dass etwas passiert?«

»Pfui!« Sie schlug ihm mit geballter Faust gegen die Brust. »Pfui über Euch, Ihr wisst ja nicht, was ich hier erduldet habe!«

Hart packte er ihr Handgelenk. »Und es tut mir leid, bei Gott. Aber Ihr hättet es mir besser gesagt, Weib. Von Anfang an!«

»Lasst mich los!«

Seine Hand öffnete sich. Er starrte sie an, sein von alten und neuen Wunden zerschundenes Gesicht lief rot an. »Er dachte, ich wäre tot, hm? Allmächtiger, der König hat mich zum Sterben geschickt wie David den Uriah[10]!«

Sie biss sich auf die Lippen, ein Ruck ging durch ihren Körper. »Lasst uns von hier fortgehen, Mann! Weg, weit weg. Bitte!«

Er atmete langsam aus, umarmte sie und hielt sie fest. Erika schien seinen Herzschlag zu spüren. »Ich habe an den König geglaubt«, sagte er und klang wie ein Fremder. »An seine Macht und an sein Recht. Vielleicht sogar mehr als an den Allmächtigen selbst.«

»Wenn Ihr jetzt Lärm schlagt und Rache wollt, dann lässt er Euch umbringen. Mich und die Kinder schleudert er ins Elend. Wollt Ihr das?«

Sein Blick ging durch sie hindurch. Da war die Kreuzsäule mit den Speeren. *Vereint durch Gott und meinen Willen …*

Sie fasste seinen Arm. Beschwor ihn, keine Vergeltung zu üben. Doch seine Augen waren kalt und trübe, und sie wusste, dass das Schicksal seinen Lauf nehmen würde, unaufhaltsam wie ein Sturm im Herbst.

---

10   Der biblische König David gelüstete nach der attraktiven Frau eines Offiziers. Um den Ehemann unauffällig loszuwerden, schickte er ihn bei einem Feldzug in die erste Schlachtreihe. Der Krieger fiel, der König konnte sich fortan ungestört mit der Witwe beschäftigen.

* * *

Im Leben eines Menschen gibt es Weggabelungen. Manchmal merkt er erst Jahre später, dass eine Entscheidung solch eine Gabelung war. Als Arnulf aber auf die große Halle zusteuerte, wusste er nur zu gut, dass danach alles anders sein würde.

Er drängte sich an Schaulustigen und Bettlern vorbei, die den Eingang der Halle umlagerten. Drinnen eilten Essensträger mit Fleischplatten hin und her, schwitzende Mundschenke schleppten Kannen mit Wein und Wasser. Der König saß mit Fastrada und den ranghöchsten Edlen am Kopf eines hufeisenförmigen Tisches. Durch das offene Ende trugen die Knechte die Reste einer gebratenen Ziege hinaus. Ein Sänger stimmte die ersten Verse an: auf den großen Christenkönig Karl, und dann auf einen gewissen Markgrafen Roland, einem strahlenden Helden, der in einem feigen Hinterhalt in einer Gebirgsschlucht seine letzten Schwertstreiche vollführt hatte ... Arnulf hörte nicht einmal hin. Ein gewaltiges Brummen und Summen lag über allem, an die hundert Menschen mochten hier tafeln.

Arnulf starrte über das Gewirr der Diener hinweg zum Herrscher, dessen Haupt ein schwerer goldener Reif schmückte. Hinter ihm hing eine gewaltige Kreuzfahne von einem Stützbalken herab. Und der König bemerkte ihn. Einen Pulsschlag lang erwiderte er den Blick, dann prostete er einem Kirchenfürsten in rotem Ornat zu. Einhard war im Gespräch mit Fastrada, der Kanzler ließ sich von einem der welschen Frankengrafen ausfragen. Die Becher gingen nach oben, Lachen, Johlen, irgendwo zersplitterte Glas.

Wie in einem Nebel nahm Arnulf das wahr. Er sah nur den König – sah ihn, wie er nach Erika griff, ihr Kleid wegriss und ... *von vorne? Von hinten?*

Seine Rechte tastete nach der Wurfaxt. *Vierzehn, fünfzehn Schritt ...*

Er begann Blicke auf sich zu ziehen. Da waren Hundertschaftsführer, die starrten ihn an und begannen zu flüstern. Und wieder hielt Karl inne und runzelte die Stirn. Dann verdeckte der herbeitänzelnde Sänger den Offizier und ein Trinkspruch Udalrichs lenkte den König abermals ab.

Arnulf zog die Axtklinge aus der Schlaufe.

»Heil dem Adler, der den Steinbock schlägt!« Die letzten Verse des Sängers gingen im Johlen und Klatschen der Tafel unter. Der Barde verbeugte sich. Münzen flogen. Der Herrscher klatschte in die Hände – und erstarrte: Arnulf machte eine halbe Körperdrehung, und Karl sah den angewinkelten rechten Arm mit der Axt. Sah die linke Hand, die auf ihn zielte. Schon wirbelte die Axt auf ihn zu. Hart schlug das Schaftende gegen den Rand des Kronreifs, die Waffe krachte in den Balken hinter dem Herrscher. Karl stierte sprachlos in Richtung seines Offiziers, mit offenem Mund. Der Kronreif hing schräg auf dem Haupt.

Frauen schrien, Geistliche riefen Gottes Namen, dann dröhnte Arnulfs Stimme über alles hinweg: »FLUCH ÜBER EUCH! Schande über einen König, der nach dem Weib seines Kriegers greift!« Arnulfs ausgestreckte Hand zeigte auf den Sünderkönig wie ein Richter auf einen Angeklagten.

»Ihr irrt, Arnulf!«, rief der König mit seiner merkwürdig hohen Stimme und richtete sich zu voller Größe auf. »Welcher Teufel flüstert Euch das ein?«

»Meine Treue endet hier«, donnerte Arnulf, »denn Ihr habt sie zerstört! Bliebe ich am Hofe, müsste ich Euer Blut fordern!«

Udalrich sprang auf und grunzte etwas zu langhaarigen Bewaffneten, die an der Wand standen. Karl blickte hin und her, drückte seine Krone zurecht und rief, dass Arnulf mit ihm allein sprechen könne, allein und in Ruhe …

Arnulfs Blick glitt auf die rechte Seite des Hufeisens, nahm die gefrorenen Mienen von Heden und anderen Truppenführern wahr. Und Arnulfs nächste Worte richteten sich nicht mehr an den Herrscher am Ende der Tafel. »Ich gehe mit der schwarzen Hundertschaft nach Norden! Fortan bin ich mein eigener Herr! Jeder, der nicht mehr an diesem Hof sein will, soll mit mir ziehen!«

Daraufhin drehte Arnulf sich entschlossen um und stapfte zum Ausgang.

Die Türflügel standen weit offen. Sie waren von einer Traube von Hofbewohnern, Mägden und einfachen Kriegern umlagert. Mitten im Weg stand ein Hänfling mit offenem Mund.

»Müssen wir fort, Vater?« Arnulf nahm Grimbalds Hand und lief mit großen Schritten weiter.

»Ja, mein Junge. Lauf zu Mutter und sag ihr, dass wir uns am Rüsthof treffen. Wir müssen schnell sein, sonst wird's böse enden! – Gallo, zu mir!«

Der Welsche, der im Eingang der Halle gestanden hatte, warf einen gefüllten Becher zu Boden und heftete sich an Arnulfs Seite. »Das nenn' ich einen Auftritt, Herr! Wann geht's los?«

»Jetzt, mein Freund. Scheucht unsere Männer raus, schlagt die Trommeln!«

* * *

Werran!

Wie ein Feuer lief das Wort durch die Unterkünfte und über die Plätze. Aufruhr am Hof, Aufruhr der *unfortha*!

»Die Schwarzen brechen ihren Eid!«

»*Sax hamar* wollte den König erschlagen!«

»Die Aufrührer holen die Wagen aus dem Rüsthof!«

Im Rüsthof standen die Planwagen, welche Zelte und Proviant, Ausrüstung und Schanzgerät und alles das transportierten, was auf Feldzügen von Nöten war. Auch Kriegsbeute natürlich, auch die spanischen Trommeln der Schwarzen.

Wum wum wum …

Schon umringten Dutzende narbige Männer mit schwarzem Halstuch Arnulfs Gestalt. Neugierig drängten die Stellmacher und Schmiede herbei, um zu hören, was passiert war. Ein Trosswagen stand mit gereffter, zum Laden bereiten Plane bereits im Tor des Hofs: Gallo schleppte mit einigen Kriegern Proviant und Weinkrüge herbei und Säcke voll Gerste. Frauen der Krieger eilten mit Kleiderbündeln und ein paar Habseligkeiten hin und her. Arnulf sah Erika mit den Kindern und zwei Kriegern, die ihre eigene Kiste mit dem wichtigsten Besitz herbeischleppten. Er fing ihren Blick auf, in dem etwas Starkes lag, das sich vor nichts fürchtete.

Wum wum wum …

Das so selten vernommene Dröhnen der Trommeln trieb das Volk herbei, lockte hunderte von Männern an, die mit ihrem Schwert dem König dienten – oder bisher gedient hatten.

Heden, der Führer der Bärenhäuter, drängte mit düsterem Gesicht durch die Menge und packe Arnulf am Oberarm.

»An die Sachsengrenze, ist das Euer Ernst, Mann? Als Abtrünniger?«

»Als Betrogener, Heden!« Das Stimmengewirr um Arnulf wurde leiser, alle wollten hören, was hinter dieser *werran* stand. »Der König schickte mich auf eine Höllenfahrt«, begann Arnulf mit verhaltener Stimme. »Und während wir um unser Leben kämpften …« Arnulf blickte in die Gesichter um ihn herum, »… verging sich *Carolus Rex* an meinem Weib!«

»Schande über ihn, das darf kein König!«, schrie ein Schwarzer, durch dessen Gesicht eine feuerrote Narben von oben nach unten lief.

»Schande über Karl!«, riefen auch zwei, drei andere.

»König Karlmanns Sohn haben wir aus Tassilos Festung geholt. Ein Fürstentum wollte Karl mir dafür geben. Und nun will er nichts mehr davon wissen!«

»Die großen Herren denken nur an sich!«, schrie einer von hinten. »Und nun macht der König«, fuhr Arnulf mit bebender Stimme fort, »den Blutgrafen Udalrich zum neuen Befehlshaber der Scara! Wollt Ihr das, Männer?«

»Ein Sachse als *gundfanari*? Pfui!« Nun brodelte es unter den Kriegern. »Ich folge Euch, *hamar*! Der König ist verrückt geworden! Heil, *hamar*!«

Heilsrufe wurden ausgestoßen und Schmähungen auf den Herrscher, aber auch Warnrufe und Beschwörungen, ruhig zu bleiben. Hedens schwarzes Stoppelgesicht sah geradezu düster aus. »Meint Ihr, Karl lässt Euch einfach abziehen, ja?«

»Wollt Ihr mich vielleicht aufhalten, Kamerad?«, knurrte Arnulf und nahm mit einem Auge die kräftigen Kerle hinter Heden mit den Bärenkrallen-Anhängern und schräg auf dem Kopf sitzenden Fellmützen wahr.

Heden grunzte und sah in Arnulfs Augen – blitzartig zog die gemeinsame Vergangenheit vorbei. Er reichte ihm die Rechte und ihre Hände rasteten förmlich ineinander ein. »Wir haben bei Hersfeld zusammen gegen Widukind gekämpft!«, sagte Heden in kehligem Ton. »Wir haben Spanien und die Sarazenen zusammen überstanden und am Süntel, da haben uns Eure Schwarzen den Arsch gerettet – also, die Bärenhäuter kommen mit!«

Jubelschreie dröhnten durch den Rüsthof, die Trommelschläge wurden noch schneller. Arnulf schlug Heden auf die Schulter und brüllte in die Menge: »Jeder Augenblick zählt, Männer! Wer mit uns ist, holt sein Zeug und dann weg von hier!«

In diesem Moment hielt eine eng marschierende Gruppe von vier oder fünf Dutzend vollgerüsteter Krieger auf den Pulk zwischen den Schuppen zu, vorweg ein alter Kampfgefährte: Hauptmann Dugo, der Mann mit dem Wolfsfell über den Schultern. Er trug seinen Helm mit Nasenschutz und Wangenklappen, was alles sagte. Sein Blick fand Arnulf. Eine Gasse in dem Pulk um Arnulf begann sich zu öffnen, gleichzeitig flog den Kriegern Dugos ein Sturm von Schmähungen entgegen, zumal die Hälfte von ihnen keine Franken waren, sondern langhaarige Sachsen mit rot bemalten Schilden.

»Folgt mir zum König, *sax hamar*!«, rief Dugo und stemmte die Hände in die Hüften. »Ihr anderen Leute: Nach Tassilos Sturz erhält jeder von Euch zehn Pfund Silber von unserem König!« Diese Ansage rief neues Geraune unter den Schwarzen und Bärenhäutern hervor, und Arnulf wusste, dass der Felsblock noch nicht über den Rand der Klippe war. Dass solch ein Versprechen noch einmal ein Keil unter dem Stein sein konnte …

»Die Versprechen des Königs kenne ich«, dröhnte Arnulf. »Aber warum gehorchen Euch Eure eigenen Leute nicht mehr, Herr der Eisenfüße? Warum kommt Ihr mit Udalrichs Sachsen? Habt Ihr dem Blutgrafen schon schwören müssen, alter Mann?« Nur die ersten Silben von Dugos Antwort waren zu verstehen, der Rest ging im Lärm von Arnulfs Leuten unter. *Einem Wodansbruder dienen?* Mit Stößen und Fausthieben traktierten sie die Vordersten der königlichen Greiftruppe. Arnulfs Blick streifte Heden, der Thüringer nickte: Nur Blut würde eine Umkehr unmöglich machen! Heden riss einem seiner Leute die Stoßlanze aus der Hand und schleuderte sie auf Kopfhöhe in die Truppe Dugos.

»Dann verreckt für den König, ihr Eisenfüße!«, brüllte Heden. Wutschreie kamen zurück, prompt zogen Dugos Männer die Waffen, schon klirrten die ersten Schwerter gegeneinander. Aber der Zorn der Rebellen war stärker als die Bereitschaft der anderen, Leib und Leben in dieser Sache dreinzugeben. Mit wilden Stößen ihrer Lanzen trieben Arnulfs Leute Dugos Männer zurück, machten einige von ihnen nieder und zerstreuten den Rest, bis der Weg aus dem Rüsthof zur Pfalzstraße frei war.

Arnulf selbst rief unterdessen die letzten Anweisungen. Im Nu wurden die noch unbespannten Wagen mit Pferden versehen und die Deichseln in Richtung der Lagerstraße ausgerichtet, die den Hof von West nach Ost durchschnitt.

»Herr!« Swabos fleischige Gestalt tauchte im Ring der Männer auf. »Udalrich sammelt Krieger am Donautor … das Nordtor ist noch offen!«

»Mir recht«, rief Arnulf. »Donauwasser hatten wir genug.« Und das Nordtor lag im Blickwinkel des Haupthauses, was gut war: *Wird Karl nicht öffentliches Blutvergießen vor all den Edlen vermeiden?!*

»Auf die Pferde, Leute!«, brüllte Arnulf in Schlachtenlautstärke. »Es geht los!«

Er setzte einen Fuß in den Steigbügel des Braunen, den der Marschalk ihm nach seiner Rückkehr gegeben hatte, und sah noch einmal über die Schulter auf den Kutschbock des ersten Wagens. Erika saß dort neben Arthur und Gallo, zwischen ihnen, halb im Wagen kauernd, blickte das schreckstarre Gesichtchen seiner Tochter hervor.

Da entfuhr der Mutter ein Schrei. »Wo ist Grimbald?«

Kapitel XXX

Ingoldestat, Juli 787

Niemand hatte es im Durcheinander bemerkt, aber der Junge war noch einmal zurück zur Unterkunft gelaufen, einem Block von mehreren Baracken südlich des Rüsthofs. »Er hat sein Sigfrid-Pergament vergessen«, stieß Arthur aus. »In unserer Kammer!«

Arnulf fluchte und packte Heden am Arm. »Ihr rollt los, vorwärts bis zur Kreuzung. Ich hole Euch gleich ein!«

»Geht nicht allein, Herr!«, schrie Gallo vom Kutschbock aus, doch schon ließ Arnulf sie stehen und eilte los.

Peitschenknallen, Hundegebell und gebrüllte Befehle zerrissen die Luft: Knirschend und scheppernd setzten sich die ersten Wagen in Gang. Von irgendwo eilten Weibsbilder mit bemalten Lippen herbei und verhandelten mit hastigen Zurufen an die Krieger das Aufspringen oder Hierbleiben, während immer mehr Spätentschlossene in flatternder Tunika auf Pferden ohne Sattel herbeieilten, die Schwertscheide in einer Hand, in der anderen den Schuppenpanzer. Wenn es jemals einen Blitzaufbruch gegeben hatte, dann an diesem Tag!

Arnulf eilte an ihnen vorbei, erkannte in einigen die Angehörigen anderer Hundertschaften. *Sie glauben an meinen Ruhm und hoffen auf Beute!*

»Grimmo!« Sein Sohn kam um die Ecke der ersten Baracke, rotwangig, ein Pergamentbündel unter dem Arm und gleichzeitig das unförmige Lederfutteral hinter sich her schleifend, das fast größer war als er selbst. »Den habt Ihr vergessen, Vater«, keuchte er halb schuldbewusst, halb stolz.

Arnulfs Erleichterung währte nur einen Herzschlag lang. Wenige Schritte hinter seinem Sohn tauchte der Sachsengraf mit dem rot leuchtenden Mal im Gesicht auf, flankiert von zwei Langhaarigen im Kettenhemd. »Das Kalb führt uns zum Bullen!«, höhnte Udalrich. Arnulfs Rechte ging zur Axtschlaufe – die Axt steckte unter dem Königsbanner! Er riss sein Schwert aus der Scheide, die Augen auf die drei Männer hinter seinem Sohn gerichtet.

»Lauf, Junge!«

Grimbald schluckte, ließ den Axthammer in den Staub sinken und rannte los, auf seinen Vater zu.

»Töte ihn, Ulf«, zischte Udalrich dem bärtigen Nebenmann mit Augenklappe und Wisentbart zu. Mit einem scharfen Grunzen ging der Krieger auf Arnulf los, während Grimbald mit vor Angst geweiteten Augen an seinem Vater vorbeilief, das Pergament an die Brust gepresst, auf den Rüsthof zu. Arnulf wehrte den ersten Schlag ab, doch die Wucht des Hiebs trieb seinen Schwertarm nach unten. Der zweite Schlag durchdrang fast den Panzer und riss ihm Schuppen aus der Schulterpartie. Arnulf wollte zurückweichen, aber genau damit würde der andere rechnen! *Sax hamar* stemmte stattdessen die Füße in den Boden und drang auf den Angreifer ein, schaffte es, dessen Klinge mit dem eigenen Schwertheft zurückzudrängen, sah die Bartfratze vor sich und stieß zwei Finger in das Auge des Sachsen. Brüllend wich der Mann zurück. Arnulf hörte Udalrich etwas rufen. Schon ging der andere Kerl auf Arnulf los, den Speer zum Wurf oder Stoß erhoben. Nur vier, fünf Schritt trennten sie. Arnulfs Schwertklinge wirbelte durch die Luft. Die Spitze traf den Sachsen unter dem Kehlkopf, er stolperte noch ein paar Schritte und ging röchelnd in die Knie.

310

Dann kam Udalrich selbst, mit einer silbrig scheinenden Schwertklinge, deren Spitze auf Arnulfs Körpermitte zeigte. »Womit wirfst du jetzt, Bastard?«, schnarrte der Blutgraf und Arnulf sah die Mordlust von Fardi in diesen Augen leuchten.

Sax hamar ließ sich auf die Knie fallen. Er sah Udalrichs Schwert nach oben gehen, eine bogenförmige Ausholbewegung. Dann griff er nach unten, riss den Axthammer an sich und schaffte es, den Hieb mit dem quer gehaltenen Schaft abzuwehren. Arnulf sah das Staunen in den Zügen Udalrichs. Er drückte sich vom Boden hoch, schwang seine Waffe und schlug ins Leere. Geschickt wich Udalrich der schweren Waffe nach hinten aus. »Damit?«, höhnte der Sachse. »Damit erschlägt man Kühe!«

Arnulf grunzte, holte beidhändig aus und ließ die Waffe dann mit nur einer Hand durchschwingen, was die Reichweite fast verdoppelte. Ein Knacken und ein Aufschrei ertönten, als der Axthammer Udalrichs Schulter traf. Das Schwert klirrte auf den Boden und der Sachse ging in die Knie.

»Widukind hat diese Waffe überlebt«, keuchte Arnulf und sah hinter der Hausecke weitere Krieger im Kettenhemd hervorkommen. »Aber der hatte Glück!«

Mit einem wuchtigen Schlag zertrümmerte er den Schädel des Blutgrafen Udalrich.

* * *

Irgendwie schafften sie es bis zum Nordtor. Hedens Männer hatten die Eisenfüße mit Pfeilschüssen zerstreut, hier und da kam es zu einem Austausch von Schwerthieben – aber die Königstreuen und auch die Torwachen zeigten wenig Bereitschaft, sich einem ausbrechenden Raubtier in den Weg zu stellen und dabei Gesundheit oder Leben dreinzugeben. Arnulf sah die versteinerten Gesichter der Wachtposten, als die wilde Kavalkade von Kriegern und Wagen durch das Tor polterte.

Mehr als zweihundert Männer folgten ihm zu Pferde. Weitere rannten neben den Wagen, andere saßen auf den Zugpferden selbst. Schon tauchten zu ihrer Linken die Gebäude des königlichen Pferdehofes auf.

Nervös zügelte Arnulf sein Pferd am Straßenrand, ließ die Kolonne vorbeiziehen und starrte zum Tor zurück: *Wird Karl uns ein Rache-Kommando hinterherschicken?* Er rechnete fest damit!

»Heil, *sax hamar*!«, riefen die Vorbeiziehenden, reckten die Fäuste und ließen Arnulfs Herz höher schlagen. Er gab seinem Pferd die Sporen und holte den ersten Wagen ein, auf dem nun Erika selbst die Zügel hielt.

* * *

»Erika?!« Sie sah ihn an, mit Wangen, die so rot waren, als hätte sie Farbe aufgelegt. Ihre grünen Augen leuchteten, und Arnulf wusste, dass er sie noch niemals so geliebt hatte wie in diesem Augenblick. Er streckte die Hand aus. »Macht Euch keine Sorgen!« Sie reichte ihm ihre Linke, für einige Augenblicke ritt Arnulf auf Höhe des Wagenbocks. Ihre Hände ruhten ineinander, und Arnulf ahnte, dass Gott sie doch ein wenig mochte. Dann nahm sie die Zügel wieder in beide Hände. »Wir werden uns verstecken müssen, nicht wahr?«

Arnulf lächelte. »Notfalls gehen wir zu den Nordelbiern oder den Abodriten. Irgendwohin, wo mehr Karlhasser als Karlfreunde sind.«

Sie sah ihn an. »Was ist mit Udalrich?«

»Er ist tot«, sagte Arnulf nur. Sie schluckte. Der Wagen polterte durch ein paar Löcher. Im Hintergrund hörte Arnulf das aufgeregte Schwatzen der Kinder. Dann, nach kurzem Schweigen: »Ich gehe überall mit Euch hin, Arnulf.«

Er sog ihre Worte förmlich auf. *Wir haben das Richtige getan!* Neue Zuversicht floss durch seine Adern, schien selbst in den

Fingern spürbar, die den Zügel hielten. Ein Warnruf Hedens von vorn aber beendete diesen Zustand gleich wieder.

»Reiter voraus!«

Voraus? Er galoppierte an zwei Dutzend Kriegern vorbei nach vorn. Heden drehte sich im Sattel um. »Das sind Herzogs-Krieger«, sagte er mit eigenartiger Stimme. Und dann erkannte Arnulf die Banner einer berittenen Abteilung, die ein paar hundert Schritt vor ihnen aus einem kleinen Forst hervorkam. Steinbockhörner auf gelbem Stoff flatterten in einer leichten Brise. Etwa hundert Mann mochte die Truppe stark sein, die da auf sie zukam. Krieger in vollem Harnisch – aber kein Kriegszug! Dafür ritten sie zu langsam. Und zu still.

»Lebhaft wie ein Totenzug«, feixte Heden und wischte sich mit dem Unterarm Schweiß von der Stirn. »Ob er sich unterwirft?«

»Ja«, brummte Arnulf. »Ich erkenne den Herzog. Neben ihm ist sein Sohn … Pest und Eiter, möchtet Ihr in deren Haut stecken?«

Heden zügelte sein Pferd und legte die Hände auf den Sattelknauf. »Nein«, sagte er halblaut, denn die Bayern waren nur noch wenige Wagenlängen entfernt. »Unsere Zukunft ist auch kein Rosenbeet, aber wenigsten jäten wir da selbst, was?« Arnulf nickte grimmig.

Die Kolonne der Rebellen war zum Stehen gekommen. Schweigend zogen die schwerbewaffneten Reiter der Bayern an ihnen vorbei. Unwillkürlich hielt Arnulf die Luft an, als der Herzog selbst nahte. Sein Gesicht wirkte aufgedunsen, trübe schimmerten die Augen über dicken Tränensäcken. Er musterte Heden, erkannte Arnulf und zügelte sein Ross. Feindselig starrte er den Franken an und einen Augenblick sah es so aus, als würde Tassilo ausspucken wollen.

»Heil, Herzog«, sagte Arnulf sanft und neigte den Kopf um einen Zoll vor dem Fürsten.

»Heil, *hamar*«, kam es düster zurück. »Ihr hättet *mir* dienen sollen, Mann.«

Arnulf atmete durch. »Ich diene niemandem mehr, Herzog. Aber – Euch wünsche ich Glück!« Und er meinte es so, wie er es sagte.

Als die Bayern vorbeigezogen waren, ließ Arnulf sich auf die Höhe von Erikas Wagen zurückfallen. Was der Herzog zu ihrem Mann gesagt hatte, wollte sie wissen.

Nachdenklich hob und senkte Arnulf die Schultern. »Er hat mir Respekt gezollt … Ist das nicht verrückt?« Sie sah ihn an und beide dachten an den König und was er getan hatte. Gleich darauf war Arnulfs Verstand wieder in der Gegenwart, bei Fragen des Überlebens: »Der Triumpf über Tassilo wird den König erstmal beschäftigen«, sagte er zuversichtlich. »Er wird uns nicht verfolgen.«

»Heute nicht«, schränkte sie ein und legte einen Arm um Grimbald, der das geschehen ließ. Arthur hatte sich auf Ballen und Decken im Wagen ein Lager gemacht. Arnulf gab seinem Pferd die Sporen, dann aber wendete er den Braunen abrupt und war nach einem kleinen Kreis wieder neben Erika mit einem merkwürdigen Grinsen im Gesicht.

»Was ist?«, rief sie gespannt.

»Ich habe ein Idee«, rief er und sah plötzlich ein klein wenig aus wie Grimmo, wenn er zündenden Stoff aufs Pergament gebracht hatte.

»Heraus damit!«, rief sie forsch.

»Euer Bruder«, stieß er aus. »Im Kloster der Reichenau – wollen wir bei ihm anklopfen? Fragen, ob der Herzog mitkommen möchte?«

ENDE

Nachwort

Arnulf, Tassilo und ich

Die Stadt Regensburg lernte ich 2017 kennen. In meinem Historikerhirn war sie bis dahin vor allem als Sitz des »Immerwährenden Reichstages« abgespeichert, denn meine Magisterarbeit handelte vom Dreißigjährigen Krieg. Im Juni 2017 schoben wir – ein paar Freunde auf Fahrradtour – die Räder über die Eiserne Brücke und dachten nicht an Krieg und Frieden, sondern an Dusche, Dunkelbier und ein paar Schnitzel …

Tatsächlich gerieten wir in eine riesige Feier hinein, das Regensburger Bürgerfest. Die Stadt quoll über von Menschen! Abends landeten wir schließlich – geduscht – auf den Bänken einer Brauerei am Rand eines mittelgroßen Platzes. Die Band auf der Bühne tobte sich durch die Hits des Universums und bald verbrüderten wir uns mit den Menschen um uns herum. Irgendwann fiel mein Auge auf das Straßenschild neben bzw. über uns: »Arnulfsplatz«, stand da.

Neugierig geworden, frischte ich nach der Rückkehr meine Kenntnisse über die möglichen Namenspatrone des Platzes auf. Den Kaiser Arnulf von Kärnten, einen Urenkel Karls des Großen, kannte ich halbwegs, er wurde 899 in der Regensburger Kirche St. Emmeram beigesetzt. Noch interessanter erschien aber Herzog Arnulf I. von Bayern aus dem Luitpoldinger-Geschlecht, der 907 seine Herrschaft antrat, gleichsam im Sturm fortwährender Ungarneinfälle. Um ihrer Herr zu werden und gleichzeitig seine Machtbasis abzusichern, verteilte er reichlich

Kirchengut an alte und neue Vasallen. Als die anderen deutschen Stämme später den Sachsenherzog Heinrich zum König der Ostfranken ausriefen, erhoben offenbar die irritierten Bayern ihren Arnulf im Gegenzug ebenfalls zum König. Was Arnulf einen baldigen Besuch des »rechtmäßigen« Königs Heinrich eintrug – sicherheitshalber brachte er gleich sein Heer mit. Und siehe, man arrangierte sich: Arnulf begnügte sich fortan mit der Herzogskrone, während Heinrich ihm fortan nicht mehr in die Quere kam. Ein wirkmächtiger Prozess begann, an dessen Ende ein Land namens Deutschland stand ...

Ich tauchte immer tiefer in die Geschichte der Bayern ein, mit denen ich mich – es sei gestanden - nie systematisch beschäftigt hatte. Das, obwohl Herzog Tassilo III. – ja, der Roman-Tassilo – eine Gastrolle im ersten Arnulf-Band spielt (»Die Axt der Hessen«). Bei einem gemeinsamen Feldzug mit dem König ließ ich ihn Fahnenflucht begehen. Dazu hatte mich die in den Reichsannalen überlieferte Darstellung inspiriert; dass der König diesem treulosen Fürsten später sein Herzogtum wegnahm, erschien mir damals halbwegs plausibel.

Jedoch musste ich nun feststellen, dass die Fahnenflucht offenbar eine Erfindung seitens Karls war und die Eingliederung des Herzogtums ins Frankenreich vor allem Karls rigoroser Großmachtpolitik entsprang. Tatsächlich haben einige Historiker in den letzten Jahrzehnten darauf hingewiesen, dass Karl der Große offenbar einen Schauprozess inszeniert hatte. War also der Schurke im Stück nicht eher der König als der Herzog?

Beide waren, vorsichtig ausgedrückt, keine Heiligen – auch ihre Frauen nicht: Tassilos Ehefrau Leutberga muss einen enormen Hass auf Karl gehabt haben, den Zerstörer ihrer langobardischen Familie. Sie gilt denn auch als »Scharfmacherin« am Regensburger Hof. Fastrada wiederum, Karls Gattin also, erscheint in den Quellen als schöne, aber streitsüchtige Intrigantin, die Zofen wegen Kleinigkeiten durchprügeln ließ.

Ich selbst freue mich immer, wenn ich am Ende eines historischen Romans lesen kann, was Fiktion und was harte Wirklichkeit war. Im Folgenden, liebe Leserin, lieber Leser, können Sie deshalb einen Schnelldurchlauf durch das Drama der Jahre 787/788 lesen. Und natürlich hatte dieses Drama ein Vorspiel ...

Tassilo und Karl

Die Bayernherzöge waren seit alters her mit ihren Nachbarn südlich der Alpen verbandelt, den Langobarden (nach denen die Lombardei benannt ist). Sie standen zusammen, Rücken an Rücken quasi, wenn es Ärger mit den Franken oder auch den Byzantinern gab. 773 ging der Langobardenkönig Desiderius, der fast ganz Italien kontrollierte, mit einer Offensive gegen den Papst vor, einen weiteren Machtfaktor in italienischen Landen. Rom wurde in der Folge fast völlig von langobardischen Streitkräften eingeschnürt. Der Heilige Vater rief verständlicherweise nicht den Bayernherzog, sondern den Frankenkönig Karl um Hilfe an. Karl reagierte gerne und schnell. Sein Heer zog über die Alpen und belagerte König Desiderius in Pavia, wo er 774 kapitulierte. Der König und seine Sippe verschwanden in fränkischen Klostergefängnissen nördlich der Alpen. Dies, obwohl Desiderius eigentlich Karls vormaliger Schwiegervater war: Ein paar Jahre zuvor hatte Karl dessen Tochter Desiderata zur Frau genommen. 771 aber hatte er sie verstoßen und zu den Eltern zurückgeschickt. Die Gedemütigte war also die Schwester von Tassilos Frau Leutberga.

Aber warum sah das Herzogspaar dem Sturz des alten Königsgeschlechtes scheinbar tatenlos zu? Hatte Karl Tassilos Wohlverhalten erkauft, hatte er ihn durch Zusagen gewonnen?

Wir wissen es nicht. Aber wir können uns vorstellen, wie oft Leutberga ihrem Mann später vorgeworfen haben muss, Desiderius nicht in der Stunde der Not geholfen zu haben!

Mit Desiderius' Sturz war also Bayerns großer Verbündeter im Süden ausgeschaltet. Tassilos Sanduhr begann zu rinnen … Nach einigen Jahren der Ruhe lud der König den Herzog nach Worms, wo er den Vasalleneid einforderte. Karls Selbstverständnis als Frankenkönig von Gottes Gnaden vertrug sich nicht damit, dass ein Fürst in der Nachbarschaft so tat, als sei er »unabhängig« (bzw. königsgleich). Doch scheint Tassilo – die Quellenlage ist sehr dünn – seine Sonderrolle bei dem Treffen halbwegs behauptet zu haben, ohne sich zur Heerfolge zu verpflichten. Fortan kümmerte der Bayer sich um den Ausbau seines Landes und war 784 militärisch auf der Höhe, als ein langobardischer Vasall Karls, der Graf von Trient, die Tiroler Pässe angriff. Tassilo konnte den Stoß abwehren und das feindliche Heer zerschlagen. Der Graf fiel. Karl wird es mit säuerlicher Miene verfolgt haben; noch war er mit der Niederwerfung der trutzigen Sachsen und ihres Anführers Widukind beschäftigt. Der kroch schließlich 785 zu Kreuze und nahm die Taufe. Auch die Sachsen waren besiegt.

Karl, Karlmann und seine Rächer

Ein Jahr später passierte etwas, das wie ein Schock gewirkt haben muss: Thüringische Edle verübten einen Mordanschlag auf den König. Der König entkam, aber wir dürfen vermuten, dass seine Kampfbereitschaft neuen Auftrieb bekam. Gab es noch Widersacher, die man ausschalten musste? Tatsächlich war gerade das Herzogtum Tassilos ein stetes Sammelbecken für die Karlsopposition im Reich, für Sachsen, Langobarden und renitente Aquitanier. Und an dieser Stelle, liebe Leserin, lieber Leser, kommt Grifo ins Spiel, der Neffe Karls und Sohn Karlmanns, Karls früh verstorbenem Bruder. Es sei deutlich gesagt: Wir begeben uns damit vom Boden der Tatsachen in den Sumpf von Verdacht und Spekulation. Im Roman habe ich bereits dargelegt, dass König Karlmanns plötzlicher Tod im Jahr 771 den Bruder bzw. Mit-König Karl von einem Rivalen befreite, mit dem er nicht gut ausgekommen war. Dass Karlmanns Witwe Gerberga daraufhin mit ihren Kindern an den langobardischen Königshof floh, ließ Karl nicht gut aussehen (obwohl er vermutlich unschuldig am Tod des Bruders war).

Als Karl dann 774 Pavia und auch Verona eroberte, fiel ihm wohl die flüchtige Schwägerin in die Hände. Womit sich ihre Spur in der Geschichte verliert. Was aber passierte mit ihren Kindern? Der Verdacht steht im Raum, dass Karl sie auf die eine oder andere Weise beseitigen ließ. Denn der Sohn Karlmanns hätte ja einen Anspruch auf das frühere Regnum seines Vaters anmelden können.

Was, wenn Gerberga dank einiger treuer Helfer mit den Kindern entkommen wäre? Byzanz hätte sich dann als sicherer Fluchtort angeboten. Und anders herum betrachtet: Das bayerische Herzogspaar hätte einen Sohn Karlmanns als eine Art Trumpfkarte für besondere Fälle in Verwahrung halten können, zumal in Erwartung größerer politischer Konflikte mit Karl. Freilich, so wie Karl (Machtmensch) disponiert war, hätte eine massive Bedrohung seiner Reputation wie Grifo nur die Entschlossenheit erhöht, dessen Protektoren – Tassilo und Leutberga – den Garaus zu machen. Will sagen: Die Sache hätte vermutlich so oder so zu Tassilos und Leutbergas Untergang geführt.

Aber zurück zu den historisch belegten Ereignissen: 787 dürfte Tassilo gespürt haben, dass ein direkter Konflikt mit Karl wahrscheinlicher wurde. Der Herzog schickte eine Gesandtschaft zum Papst, auf dass der zwischen beiden vermittele. Einer der Gesandten war Bischof Arn von Salzburg, im Buch Virgil genannt (um die Namensverwirrung in Grenzen zu halten). Die Mission scheiterte. Einige Experten der Materie glauben, dass der Salzburger bei dieser Gelegenheit sogar den Papst bzw. Emissäre Karls vor Leutbergas Rachedurst warnte. Diese Verrats-Version breitet zum Beispiel Klaus Zehrfeld in seinem Buch »Karl der Große gegen Herzog Tassilo III. von Bayern« aus. Es klingt fantasievoll, aber nicht unmöglich: Arn/Virgil war durch Karls Fürsprache zu seinem Bischofshut gekommen und harmonierte später, nach Tassilos Sturz, ganz prächtig mit dem Frankenkönig (ähnlich auch der Freisinger Bischof Atto).

So oder so: Karl beschloss nun, mit Gewalt gegen den widerspenstigen Bayernfürsten vorzugehen. Nur sollte es dabei nicht zu grobschlächtig zugehen! Ein gewaltiges Militärmanöver von europäischen Ausmaßen begann: Drei Heeressäulen bewegten sich von Norden, Süden und Westen kommend auf Tassilos Hauptstadt zu. Nicht, um Regensburg einzunehmen, sondern um Tassilo – ganz im Rahmen des Rechts – zur Unterwerfung zu zwingen. Kurioserweise hob sich kaum eine Hand zu seiner Verteidigung, seine Gefolgsleute müssen reihenweise von ihm abgefallen sein – vielleicht in der Erwartung einer fränkischen Machtübernahme, die ihnen mehr Freiraum gegeben hätte? Eine ausgeprägte Menschenkenntnis war dem Bayernfürsten wohl nicht unbedingt zu eigen. Tassilo musste sich auf dem Lechfeld bei Augsburg einfinden. Dort leistete er endlich ohne Wenn und Aber Karl den Vasalleneid und empfing das Herzogtum aus Karls Händen zum Lehen. Damit war die Hierarchie zwischen beiden klargestellt.

Ein Jahr hielt der Friede, dann folgte der letzte Teil des Dramas. Was genau in der Zwischenzeit passierte, ob Leutberga ihren Mann zum militärischen Widerstand mithilfe der Awaren aufreizte oder Karl sich schlicht überlegte, klaren Tisch zu machen, ist ungewiss. In Ingelheim am Rhein verurteilte ein mit Edlen des Reiches besetztes Gericht – auch bayrische Herren taten hier mit – den Herzog wegen Eidbruchs, Aufwiegelung der Awaren und einer »Fahnenflucht« (aus dem Jahr 763) zum Tode. Mit einer Art Kommandounternehmen ließ Karl gleichzeitig Tassilos Familie und den bayerischen Staatsschatz aus Regensburg herausschaffen. Der König zeigte sich wieder einmal als ein kühler Meister in der Wahl des effizientesten Mittels.

Der Sieger konnte somit gnädig sein: In Sankt Goar wurde der begnadigte Tassilo »zum Mönch geschoren«, man ließ ihn sowie Leutberga und die Kinder in fränkischen Klöstern verschwinden. Dadurch ist Tassilos Grablege auch bis heute unbekannt.

Ende gut, vieles gut

In den folgenden Jahren zerschlugen Karls Heere die awarischen Reiterarmeen und öffneten die östlichen Lande bis in die ungarische Ebene für bayrische Neusiedler. Mit feierlichen Worten fasste Sigmund Riezler, der Nestor der bayerischen Geschichtsschreibung, diese Entwicklung in seiner »Geschichte Baierns« zusammen: *»Indem so der vereinten Kraft deutscher Stämme unter der energischen und umsichtigen Leitung des großen Königs ein Werk gelang, das die Baiern allein nie hätten vollbringen können, zeigte sich gleich zu Anfang, was dem Lande der Eintritt in die große fränkische Monarchie bedeutete.«*

Bei der damaligen Gemengelage half es sicher, dass ein Enkel Karls des Großen, Ludwig der Deutsche nämlich, seine Residenz in Regensburg aufschlug. Er war der erste König der Ostfranken und wurde als solcher auch *Rex Bajuvariorum* genannt, was etwas über seine bayerische Machtbasis aussagt.

Dadurch fühlten die Bayern sich wiederum aufgewertet, bald blühte der Drang zur Verselbständigung wieder auf. Bayerische Delegierte waren wohl gar nicht anwesend, als – wie bereits weiter vorn erwähnt – ein paar Jahre später der sächsische Herzog Heinrich im hessischen Fritzlar zum König der Ostfranken gewählt wurde. Zum Glück für Deutschland und Bayern beharrte jener Arnulf nicht auf seinem »bayerischen« Königtum, sondern öffnete König Heinrich die Tore Regensburgs. Das gebot die Bedrohung von außen: Die Einfälle ungarischer Reiterheere kamen so zuverlässig wie der Sommer dem Frühjahr folgt. Die Stämme mussten zusammenstehen! Eine Generation später erfochten die Reichstruppen 955 auf dem Lechfeld unter König Heinrichs Sohn Otto dem Großen endlich »den« finalen Sieg über den alten Feind. Die Ungarn wurden geschlagen und größtenteils vernichtet. Erstmals hatten die deutschen Kernstämme – Franken, Sachsen, Schwaben und Bayern – zusammen für eine Sache gekämpft. Die wunderbare Einsicht dieser Tage: Uns verbindet mehr, als uns trennt.

Heute stellt der bayerische »Freistaat« die älteste politische Einheit Deutschlands dar. Und obschon es manchmal so klingt, als sei Bayern älter als die Alpen, ist dem durchaus nicht so. Erst im sechsten Jahrhundert, vermutet man, war die bayerische Volkwerdung – »Ethnogenese« – abgeschlossen. Nach dem Abzug der Römer durchmengten sich zwischen Lech und Böhmerwald nach und nach Langobarden, Schwaben (Alemannen), Slawen, romanisierte Kelten und womöglich markomannische Zuwanderer aus Böhmen. Selbst ein paar Awaren sollen irgendwann dazugekommen sein … Über Generationen hinweg wuchsen sie zu einer politischen Einheit heran. Und mehr als tausend Jahre später ist dieses Konglomerat zu einem »Mia san mia!« geworden.

Können wir daraus etwas für die Gegenwart mitnehmen? In der Hinsicht bin ich eher vorsichtig. Jeder nimmt sich gerne das aus dem Geschichtsregal, was er gerade braucht – ganz wie friedliche Konsumenten, die den Supermarkt nur zum Erwerb von Fischstäbchen oder Bananen betreten; sonst haben sie mit dem Markt nichts zu tun. Gleichwohl macht mich die bayerisch-deutsche Geschichte zuversichtlich, dass auch unser manchmal so divers-chaotisches Europa noch das Beste vor sich hat: als eine Truppe der Gleichgesinnten, nicht Gleichgeschalteten. Nur Zeit wird es brauchen! Wir leben heute in einer seligen Ära des Sofort: Dass der DHL-Bote schon ein paar Stunden nach dem Klick im Internet vor der Tür steht, hinterlässt Spuren bei allen von uns. Ob dies immer positiv ist, weiß ich nicht. Die erdige, gottergebene Geduld, die früheren Generationen zu eigen war, hatte auch Vorteile. Große Dinge reifen langsam!

Sollte ich Sie mit diesem Sermon nicht völlig abgeschreckt haben: Auf www.robertfocken.de können Sie mein weiteres Treiben verfolgen. Und mit mir Kontakt aufnehmen. Apropos: Die Romanfigur Arnulf wird weiterreiten. Versprochen!

Robert Focken, im März 2019

Der Autor

Robert Focken wuchs in Holz-
minden an der Weser auf. Den
schulisch-akademischen Über-
druss baute er nach dem Abitur
als Zeitsoldat in Northeim (nahe
Göttingen) ab; damals begann
er auch regelmäßig für eine
Lokalzeitung zu schreiben. Ein
Volontariat bei der Frankfurter
Allgemeinen Zeitung schloss
sich an, gefolgt von Streifzü-
gen durch Afrika und andere
entfernte Ecken. 1990 bis

© Ingeborg Wiessler

1994 studierte er Mittelalterliche Geschichte in Bonn. Seit 1994
arbeitet Robert Focken in der Finanzindustrie und lebt mit seiner Familie im Vordertaunus.

Weitere Titel im acabus Verlag

Robert Focken

Arnulf
Die Axt der Hessen

ISBN: 978-3-86282-340-6
380 Seiten
Paperback

Es ist die Zeit Karls des Großen. Als heidnische Sachsenstämme unter Führung des legendären Widukind in Hessen einfallen, versammelt Karl ein riesiges Heer am Main. Wider Willen wird der mittellose Arnulf zum Dienst im Heerbann gezwungen. In blutigen Gefechten erwirbt er sich mit seiner Streitaxt Waffenruhm und gewinnt das Wohlwollen des Königsberaters Einhard. Als Arnulf schließlich die Irminsul, das größte sächsische Heiligtum, zerstört, scheint ihm eine glänzende Zukunft zu winken. Doch eine Geisel am Königshof bringt die Welt des Kriegers ins Wanken: Es ist Widukinds Schwester. Und gegen ihre Reize hilft dem Hessen kein Schild und keine Axt …

Mit dem Beginn der Arnulf-Saga entwirft der Autor ein packendes Porträt des ausklingenden 8. Jahrhunderts, geprägt von Aberglaube und Brutalität, Frömmigkeit und Leidenschaft. Quer durch das Frankenlager verläuft die Kluft zwischen zivilisierten Gelehrten wie Einhard und dem fanatischen Hofkapellan Karls, der den heidnischen Glauben ausrotten will. Beide Seiten ringen mit allen Mitteln um ihren Einfluss auf den König …

Holger Weinbach

Die Eiswolf-Saga
Teil 1: Brudermord

ISBN: 978-3-86282-006-1
340 Seiten
Paperback

Im Jahr 956 herrscht wieder Frieden im ostfränkischen Reich, nachdem im Vorjahr die ungarischen Horden dort ihr Unwesen getrieben haben. Doch die vermeintliche Ruhe trügt. Die noch vor wenigen Monaten einig hinter König Otto stehenden Fürsten trachten danach, ihre Macht im Reich zu festigen. Kaltblütige Intrigen werden geschmiedet, selbst gegen die eigene Familie!

Der Verrat seines Bruders kostet Graf Farold und dessen Gemahlin das Leben. Einzig ihrem Sohn Rogar gelingt die Flucht. Traumatisiert und ohne Kenntnis über seine wahre Identität, wird er als Waisenkind unter dem Namen Faolán in das Noviziat eines Benediktinerordens aufgenommen, wo ihn der Abt vor den meuchelnden Fingern des Verräters zu bewahren versucht.
Als der Jüngling Faolán aber eines Tages das Mädchen Svea kennen lernt, beginnt sich sein Leben auf dramatische Weise zu verändern. Sein bisheriges Weltbild gerät ins Wanken und seine Häscher wittern nach all den Jahren die Gelegenheit, ihren einstigen Verrat für immer vollkommen zu machen.

Jörg Olbrich

Der Winterkönig
Geschichten des Dreißigjährigen
Krieges. Band 1

ISBN: 978-3-86282-528-8
476 Seiten
Paperback

Wie durch ein Wunder überlebt der Sekretär Philipp Fabricius zusammen mit zwei Statthaltern den gewaltsamen Fenstersturz aus
der Prager Burg. Philipp macht sich schwer verletzt auf den Weg
nach Wien, um den Kaiser über die protestantischen Aufstände zu
informieren. Mit Hilfe der schönen Magdalena erreicht seine Botschaft die Residenzstadt, doch die Lage zwischen Katholiken und
Protestanten spitzt sich weiter zu und Philipp gerät ins Visier der
gegnerischen Parteien.
Der Krieg lässt sich nicht mehr aufhalten …
Währenddessen tritt in Pilsen der Schmied Hermann den kaiser-
lichen Truppen bei. Als Söldner in Tillys Armee begeht und erleidet
er die Schrecken des Krieges. Die Chronik eines jungen Schreibers
in Wien dokumentiert die Gräuel.

Verwüstung, Hungersnöte, Armut und Pest kosteten zwischen 1618
und 1648 rund sechs Millionen Menschen das Leben. Die mehr-
bändige Romanreihe „Geschichten des Dreißigjährigen Krieges"
überzeugt mit historischen Fakten und einer spannungsgeladenen
Entwicklung.

Unser gesamtes Verlagsprogramm
finden Sie unter:

www.acabus-verlag.de
http://de-de.facebook.com/acabusverlag